高等医药院校基础医学实验教学系列教材

局部解剖学实训指导

主　编　李文春　王配军

副主编　陈龙菊　王　军　王汉琴

编　委（以姓氏笔画为序）

王　军（湖北医药学院）　　王汉琴（湖北医药学院）

王振富（湖北民族大学医学院）　　王配军（湖北医药学院）

李文春（湖北医药学院）　　李国贵（湖北民族大学医学院）

吴　刚（湖北民族大学医学院）　　陈龙菊（湖北民族大学医学院）

姚柏春（湖北医药学院）　　贺细菊（湖北医药学院）

唐　杰（湖北医药学院）　　谭　刚（湖北民族大学医学院）

谭文波（湖北民族大学医学院）

科学出版社

北京

内 容 简 介

《局部解剖学实训指导》是《局部解剖学》的配套实训教材。本教材分为头部、颈部、胸部、腹部、盆部与会阴、脊柱区、上肢和下肢八章，其内容根据教育部《高等医学院校人体解剖学教学大纲》的要求编写，教材突出基础理论、基本知识和基本技能，具有规范性和实用性的特点。每个实训项目包括目的和要求、实训教具、实训内容及方法和复习思考题。

本书可供高等医药院校临床、麻醉和影像等医学专业学生进行局部解剖学实训时使用。

图书在版编目（CIP）数据

局部解剖学实训指导 / 李文春，王配军主编. — 北京：科学出版社，2019.5

ISBN 978-7-03-061130-7

Ⅰ. ①局… Ⅱ. ①李… ②王… Ⅲ. ①局部解剖学-医学院校-教学参考资料 Ⅳ. ①R323

中国版本图书馆 CIP 数据核字(2019)第 083632 号

责任编辑：周 园 / 责任校对：郭瑞芝
责任印制：赵 博 / 封面设计：陈 敬

科 学 出 版 社 出版
北京东黄城根北街 16 号
邮政编码：100717
http://www.sciencep.com
三河市骏杰印刷有限公司印刷
科学出版社发行 各地新华书店经销

*

2019 年 5 月第 一 版 开本：787×1092 1/16
2025 年 7 月第八次印刷 印张：10 1/2
字数：253 000

定价：46.00 元

（如有印装质量问题，我社负责调换）

总　　序

随着现代生命科学及其各种实验技术的飞速发展和高校教学模式的改革，现代高等医学教育更加强调培养学生的探索精神、科学思维、实践能力和创新能力。这就要求从根本上改变实验教学依附于理论教学的传统观念，要从人才培养体系的整体出发，建立以能力培养为主线，分层次、多模块、相互衔接的科学实验教学体系，使实验教学与理论教学既有机结合又相对独立。同时，必须加大对实验项目、实验条件、实验教学体系的改革力度，改革传统的以教研室为单位的教学实验室模式，整合完善现代医学实验室功能和管理，从而提高医学实验教学质量。

本系列实验教材由湖北医药学院组织编写，共9册，包括《人体解剖学实训指导》《系统解剖学实训指导》《局部解剖学实训指导》《医学显微形态学实训指导》《医学微生物学实训指导》《医学免疫学实训指导》《医学生物化学与分子生物学实训指导》《医学生物学实训指导》《预防医学实训指导》。系统介绍了系统解剖学、局部解剖学、组织胚胎学、医学微生物学、医学免疫学、生物化学与分子生物学、医学细胞生物学和医学遗传学、预防医学的实验研究所必需的知识与技术。此套教材是按照建设国家实验教学示范中心要求的实验教学模式编写，并借鉴国内外同类实验教材的编写方法，力求做到体系创新、理念创新及制作精美。内容上将基础医学实验教学按照基础医学实验体系进行重组和有机融合，按照实验教学逻辑和规律，将实验内容按模块层次进行编写，基本上包括：①实验操作及常用仪器使用；②基本实验或经典验证性实验；③综合性实验；④研究创新性实验；⑤习题。不同层次学生可按照本专业培养特点和要求，对不同板块的必选实验项目和自选实验项目进行适当取舍。

其基本理念和设计思路具有以下特点：

1. 明确目标，准确定位　本系列实验教材编写过程中增加了临床应用多、意义较大的实验内容，适当选编新的内容，力求突出基础医学知识在医学相关专业临床工作中的应用。

2. 突出能力，结合专业　以“自主学习能力、临床执业能力”培养为根本，将各学科的相关知识与临床实践应用“链接”为一体，增强学生学习兴趣，突出应用能力培养，提高学生自主学习能力和学习效果。教材重视生命科学研究中如何发挥学生观察、分析与思辨能力的培养，主要任务是使大学生通过动手，得到实验技术的基本操作技能训练、科学思维和创新能力的培养，同时也要使他们初步了解或掌握先进技术和方法，与迅速发展的学科前沿接轨。

3. 增减内容，突出重点　本系列实验教材在编写过程中，坚持基本理论和基本知识以“必需、实用、够用”的原则。实验内容去旧增新，删繁就简。将原来一些经典实验与现代科学思维相结合，适当压缩，并进行内容和教学方法的改革。精心挑选了每幅插图。对所开设的每一个实验要求达到的培养目标作了清晰而明确的阐述。

4. 整体优化，彰显特色　教材在整体结构上，既考虑到教与学的传统习惯，力求整体上系统化，又考虑到教材内容的创新，体现教材的思想性和先进性；在教材内容的编写上突出专业特色，体现专业特点，强化知识应用，部分教材增加实验流程图以及实验要点和实验结果图，使规划教材具有更广泛的适应性；在结构及内容编排上条理清楚，层次分明，充分体现规范化特点。为扩大学生的知识面，启发其思维，根据每部分的内容在临床工作中的应用情况，精选与临床密切相关的学科知识及有应用前景的新进展和新技术，将各相关学科有机结合在一起，具有基础扎实、应用性强、科研创新性突出的优势。

本规划教材的使用对象以本科临床医学专业为主，兼顾预防、麻醉、口腔、影像、药学、检验、护理、康复、生物科学与生物技术、公共事业管理、信息管理与信息系统等专业需求，涵盖全部医学生的基础医学实验教学。

由于基础医学实验教学模式尚存在地区和校际间的差异，本规划教材可能存在偏颇之处，也会有不足和疏漏，敬请广大医学教育专家和同学提出宝贵意见，以便修订再版。

湖北医药学院

高等医药院校基础医学实验教学系列教材　编委会

2018 年 5 月

前　　言

《局部解剖学实训指导》是《局部解剖学》的配套实训教材，可供高等医药院校临床、麻醉和影像等医学类专业学生进行局部解剖学实训时使用。

本书共有八章，其内容根据教育部《高等医学院校人体解剖学教学大纲》的要求编写，教材突出基础理论、基本知识和基本技能，具有规范性和实用性的特点。每个实训项目包括目的和要求、实训教具、实训内容及方法、复习思考题等。其目的是指导学生根据实训内容进行实训操作或辨认标本、模型，同时也提出了每次实训需要准备的标本和模型，以便实训教师课前做好准备。每个实训项目后配有相应的复习思考题，便于学生复习及检测对所学知识的掌握程度。为了提高学生的医学英语水平，本书对重要的人体解剖学名词加注英文。复习思考题部分包括判断题、最佳选择题、多项选择题、名词解释、填空题和综合应用题六种常用题型，部分章节还有临床思维能力训练题，并附有参考答案。通过练习及解答可以使读者有效地回顾、复习和总结所学的知识，开阔思路，提高综合分析问题、解决问题的能力。如果学生能够熟练掌握本书的内容，不仅能为学习其他医学课程打下坚实的基础，而且也能提高应试成绩。判断题正确答案用 A 表示，错误答案用 B 表示；最佳选择题，每个题干有 5 个备选答案，只有一个是最佳答案；多项选择题，有 5 个备选答案，要求选择 2 个或 2 个以上正确答案，必须每个答案均正确才能得分。

我们期望本书能适应我国医学教育的需求，适合教学实际的需要。由于编者水平所限，疏漏或不足之处在所难免，我们真诚期待广大读者在使用本书的过程中，提出宝贵意见，为今后的修订提供依据，使其质量不断提高并日臻完善。

李文春　王配军

2018 年 8 月

目　　录

第一章　头　　部

头部分为颅与面两部分。颅的内腔为颅腔，容纳脑及其被膜等结构；面部有视器、位听器、口、鼻等器官。头部以下颌骨下缘、下颌角、乳突尖端、上项线和枕外隆凸的连线为界与颈部区分；头部又以眶上缘、颧弓上缘、外耳门上缘至乳突的连线为界，分为后上方的颅部和前下方的面部。

【目的和要求】

1. 掌握头部重要的体表标志及其临床意义；脑膜中动脉、腮腺管和面动脉的体表投影；面动脉、面静脉的行程、特点和“危险三角”的位置及临床意义；三叉神经和面神经在面部的行径和分布；腮腺的位置、毗邻及腮腺鞘的结构特点和临床意义；额顶枕区、颞区软组织的层次和结构特点；垂体的位置及毗邻；海绵窦的位置、构成及穿经的结构。

2. 熟悉蝶鞍区的主要结构；颞下窝的位置和内容。

3. 了解头部的境界，面部皮肤特点，表情肌的名称、作用，面部间隙的位置、意义。

【实训教具】

1. 标本　颅整体观标本（示头部的体表标志）；颅水平切面标本（示颅底内面、外面的结构）；头颈矢状切面标本（示面部、颅顶的层次结构）；大体标本（示头部的肌肉、血管和神经）。

2. 模型　头颈浅表神经、血管、肌肉模型；头颈胸部局部解剖模型；头颈矢状切面模型。

【实训内容及方法】

在尸体上分两部分进行操作，先作头部手术切口，再按层次解剖、观察头部内容。

（一）头部手术切口

1. 自颅顶正中向前下，经鼻背、人中至下颌体下缘作矢状切口；并向后延长颅顶正中切口达枕外隆凸。

2. 从颅顶正中向两侧作冠状切口至耳郭上端。

3. 沿上下睑缘、鼻孔周围及唇缘各作环行切口。

4. 沿下颌骨下缘作切口至下颌角，然后转向后上方至乳突尖。

（二）面部

1. 面部浅层结构

（1）皮肤（skin）与浅筋膜（superficial fascia）：同学之间相互观察理解面部皮肤与浅筋膜的特点。观察“危险三角”的位置。

（2）面肌：在显示面部层次结构的头颈矢状切面标本上，观察辨认睑裂和口裂周围的眼轮匝肌、口轮匝肌及枕额肌的枕、额肌。

（3）血管、淋巴引流及神经

1）面动脉（facial artery）：在显示面部层次结构的头颈矢状切面标本上的咬肌前缘与下颌骨

下缘交点处，观察辨认面动脉，面动脉斜向前上行，经口角和鼻翼外侧至内眦，改称内眦动脉。

2）面静脉（facial vein）：在显示面部层次结构的头颈矢状切面标本上，观察辨认面静脉，其起自内眦静脉，面静脉伴行于面动脉后方，位置较浅。

3）淋巴引流：观察淋巴引流途径。

4）三叉神经（trigeminal nerve）：在显示面部层次结构的头颈矢状切面标本上观察辨认三叉神经末梢支的出孔位置，在眶上缘内、中1/3交界处自眶上孔（切迹）浅出的眶上血管和神经；在眶下缘中点下方约0.8cm处穿出眶下孔的眶下血管和神经；在下颌体上下缘连线的中点，距正中线2.5cm处自颏孔浅出的颏血管和神经。

5）面神经（facial nerve）：在显示面部层次结构的头颈矢状切面标本上观察面神经发出5组分支穿出腮腺。颞支由腮腺上缘穿出，越过颧弓中份浅面，支配眼轮匝肌上份和额肌；颧支由腮腺前缘上份穿出，与面横动脉伴行，分布于眼轮匝肌、提上唇肌；颊支由腮腺前缘穿出，支配颊肌和口裂周围诸肌；下颌缘支从腮腺下端穿出，跨过面动脉、面静脉的浅面，支配下唇诸肌；颈支由腮腺下端穿出，在下颌角下方进入颈部，支配颈阔肌。

2. 面侧区　位于颧弓、鼻唇沟、下颌骨下缘与胸锁乳突肌上份前缘之间的区域，包括颊区、腮腺咬肌区和面侧深区。

（1）腮腺咬肌区：在显示面部层次结构的头颈矢状切面标本上观察以下结构

1）腮腺：略呈锥体形，底向外侧，尖向内侧突向咽旁，可分为浅、深两部，通常以下颌骨后缘或以穿过腮腺的面神经丛作为两者的分界。

A. 腮腺的位置和毗邻：腮腺位于面侧区，上缘邻接颧弓、外耳道和颞下颌关节；下平下颌角；前邻咬肌、下颌支和翼内肌的后缘，浅部向前延伸，覆盖于咬肌后份的浅面；后缘邻接乳突前缘及胸锁乳突肌前缘的上份；深部位于下颌后窝内及下颌支的深面，向内深至咽侧壁。腮腺的深面与茎突诸肌及深部血管、神经相邻。这些肌肉、血管（包括颈内动静脉）、神经（舌咽神经、迷走神经、副神经及舌下神经）共同形成“腮腺床”。

B. 腮腺咬肌筋膜：为颈深筋膜浅层向上的延续，在腮腺后缘分为深、浅两层，包绕腮腺形成腮腺鞘，深浅两层在腮腺前缘处融合，覆盖于咬肌表面，称为咬肌筋膜。腮腺鞘与腮腺接合紧密，并发出间隔，深入腺实质内，将腮腺分隔成许多小叶。

C. 腮腺管（parotid duct）：由腮腺浅部的前缘发出，在颧弓下一横指处，向前横行越过咬肌表面，至咬肌前缘急转向内侧，穿颊肌，开口于与上颌第二磨牙相对处的颊黏膜。腮腺管的体表投影相当于自鼻翼与口角间的中点至耳屏间切迹连线的中1/3段。

D. 腮腺淋巴结：观察腮腺淋巴结的分布。

2）面神经（facial nerve）与腮腺的关系：面神经在颅外的行程中，因穿经腮腺而分为3段。第1段：是面神经干从茎乳孔穿出至进入腮腺以前的一段，位于乳突与外耳道之间的切迹内。此段虽被腮腺所遮盖，但尚未进入腮腺实质内，故显露面神经主干可在此处进行。第2段：为腮腺内段。面神经主干于腮腺后内侧面进入腮腺，在腮腺内通常分为上、下两干，再发出分支，彼此交织成丛，最后形成颞、颧、颊、下颌缘、颈5组分支。第3段：为面神经穿出腮腺以后的部分。面神经的5组分支，分别由腮腺浅部的上缘、前缘和下端穿出，呈扇形分布，至各相应区域，支配面肌。

3）穿经腮腺的血管和神经：纵行的有颈外动脉、颞浅动静脉、下颌后静脉及耳颞神经；横行的有上颌动、静脉，面横动、静脉和面神经及其分支。这些血管、神经的位置关系，由浅入深，依次为面神经及其分支、下颌后静脉、颈外动脉及耳颞神经。

4）咬肌（masseter）：起自颧弓下缘及其深面，止于下颌支外侧面和咬肌粗隆。

（2）面侧深区及面部的间隙：不必辨认，复习面侧深区的结构及面部的间隙即可。

（三）颅部

颅部由颅顶、颅底和颅腔3部分组成。颅顶又分为额顶枕区和颞区。颅底有内、外面之分，内面分为颅前窝、颅中窝和颅后窝3部分。

1. 颅顶

（1）额顶枕区：在显示颅顶层次结构的头颈矢状切面标本上观察，额顶枕区的软组织由浅入深依次为皮肤、浅筋膜、帽状腱膜及枕额肌、腱膜下疏松结缔组织和颅骨外膜。其中，浅部3层紧密连接，难以将其各自分开，常将此3层合称“头皮”。

1）皮肤：此区皮肤厚而致密，并有两个显著特点。一是含有大量毛囊、汗腺和皮脂腺，为疖肿或皮脂腺囊肿的好发部位；二是具有丰富的血管，外伤时易致出血，但创口愈合较快。

2）浅筋膜：由致密结缔组织和脂肪组织构成，并有许多结缔组织小梁，使皮肤和帽状腱膜紧密相连，并将脂肪分隔成许多小格，内有血管和神经穿行。浅筋膜内的血管和神经，可分为前、后、外3组。

3）帽状腱膜（epicranial aponeurosis）：前连枕额肌的额腹，后连枕腹，两侧逐渐变薄，续于颞筋膜。整个帽状腱膜都很厚实坚韧，并与浅层的皮肤和浅筋膜紧密相连，临床上的所谓头皮，就是这3层的合称。

4）腱膜下疏松结缔组织：此层又称腱膜下间隙，是位于帽状腱膜与骨膜之间的薄层疏松结缔组织。头皮借此层与颅骨外膜疏松连接，故移动性大，开颅时可经此间隙将皮瓣游离后翻起，头皮撕脱伤也多沿此层分离。此间隙内的静脉，经导静脉与颅骨的板障静脉及颅内的硬脑膜静脉窦相通，若发生感染，可经上述途径继发颅骨骨髓炎或向颅内扩散。因此此层被认为是颅顶部的“危险层”。

5）颅骨外膜：腱膜下疏松结缔组织深面即为颅骨外膜，借少量结缔组织与颅骨表面相连，两者易于剥离，骨膜与颅缝紧密愈着。

（2）颞区：在显示颅顶层次结构的头颈矢状切面标本上观察，颞区软组织由浅入深依次为皮肤、浅筋膜、颞筋膜、颞肌和颅骨外膜。

1）皮肤：此区皮肤较额顶枕区稍薄，移动性较大，手术时无论选择纵行还是横行切口，均易缝合，愈合后的瘢痕也不明显。

2）浅筋膜：此层中含脂肪组织较少，血管和神经可分为耳前和耳后2组。耳前组有颞浅动静脉和耳颞神经；耳后组有耳后动静脉和枕小神经。

3）颞筋膜（temporal fascia）：上方附着于上颞线，向下分为深、浅2层，浅层附着于颧弓的外面，深层附着于颧弓的内面。两层之间夹有脂肪组织，颞中动脉及颞中静脉由此经过。

4）颞肌（temporal muscle）：起自颞窝和颞筋膜深面，前部肌纤维向下，后部肌纤维向前，逐渐集中，经颧弓深面，止于下颌骨的冠突。经颞区开颅术切除部分颞骨鳞部后，颞肌和颞筋膜有保护脑膜和脑组织的作用，故开颅减压术常采用颞区入路。

5）颅骨外膜：在颞肌深面紧贴颞骨表面。

（3）颅顶骨：颅顶各骨均属扁骨。前方为额骨，后方为枕骨。在额骨、枕骨之间是左顶骨和右顶骨。

2. 颅底内面 在颅水平切面标本上观察颅底内面，分为颅前窝、颅中窝和颅后窝 3 部分。

（1）颅前窝（anterior cranial fossa）：由筛骨筛板构成鼻腔顶，前外侧部形成额窦和眶的顶部。

（2）颅中窝（middle cranial fossa）：可分为较小的中央部（蝶鞍区）和两个较大而凹陷的外侧部。

蝶鞍区位于蝶骨体上面，为蝶鞍及其周围区域。该区主要的结构有垂体、垂体窝和两侧的海绵窦等。在颅水平切面标本上观察有如下结构。

1）蝶鞍（sella）：包括前床突、交叉前沟、鞍结节、垂体窝、鞍背和后床突。

2）垂体（hypophysis）：位于蝶鞍中央的垂体窝内，借漏斗和垂体柄穿过鞍膈与第三脑室底的灰结节相连。垂体肿瘤可突入第三脑室，发生脑脊液循环障碍，引起颅内压增高。

3）垂体窝（hypophyseal fossa）：顶为硬脑膜形成的鞍膈，鞍膈的前上方有视交叉和经视神经管入颅的视神经。垂体前叶的肿瘤可将鞍膈的前部推向上方，压迫视交叉，出现视野缺损。垂体窝的底，仅隔一薄层骨壁与蝶窦相邻。垂体病变时，可使垂体窝的深度增加，甚至侵及蝶窦。垂体窝的前方为鞍结节，后方为鞍背，垂体肿瘤时，两处的骨质可因受压而变薄，甚至出现骨质破坏现象。垂体窝的两侧为海绵窦，垂体肿瘤向两侧扩展时，可压迫海绵窦，发生海绵窦瘀血及脑神经受损的症状。

4）海绵窦（cavermms sinus）：窦位于蝶鞍的两侧，前达眶上裂内侧部，后至颞骨岩部的尖端，为一对重要的硬脑膜静脉窦，由硬脑膜两层间的腔隙构成。窦内有颈内动脉和展神经通行。窦内间隙有许多结缔组织小梁，将窦腔分隔成许多小的腔隙，窦中血流缓慢，感染时易形成栓塞。在窦的外侧壁内，自上而下排列有动眼神经、滑车神经、眼神经与上颌神经。

（3）复习颅后窝的结构。

【复习思考题】

（一）判断题（正确答案用 A 表示，错误答案用 B 表示）

1. 眶上孔，位于眶上缘的外、中 1/3 交界处，眶上血管和神经由此通过。（ ）
2. 眶上切迹、眶下孔和颏孔三者之间的连线，一般为一条直线。（ ）
3. 翼点内面有脑膜中动脉后支通过，此处受暴力打击时，易发生骨折，并常伴有上述动脉的撕裂出血，形成硬膜外血肿。（ ）
4. 面动脉供区出血时，在下颌骨下缘与咬肌前缘相交处压迫可有一定的止血作用。（ ）
5. 面神经由茎乳孔出颅，向前穿入腮腺，先分为上、下两干，再各分为数支并相互交织成丛，最后呈扇形分为 4 组分支。（ ）
6. 由于腮腺有致密的筋膜鞘包裹，炎症时常引起剧痛。（ ）
7. 腮腺管的体表投影相当于自鼻翼与口角间的中点至耳屏间切迹连线的中 1/3 段。（ ）
8. 面神经在颅外的行程中，因穿经腮腺而分为 4 段。（ ）
9. 额顶枕区皮肤具有丰富的血管，外伤时易致出血，但创口愈合较快。（ ）
10. 经颞区开颅术切除部分颞骨鳞部后，颞肌和颞筋膜有保护脑膜和脑组织的作用。（ ）
11. 垂体肿瘤可突入第三脑室，发生脑脊液循环障碍，引起颅内压增高。（ ）
12. 海绵窦内间隙有许多结缔组织小梁，将窦腔分隔成许多小的腔隙，窦中血流缓慢，感染时易形成栓塞。（ ）

（二）最佳选择题

1. 眶下孔位于（　　）

A. 眶下缘内、中 1/3 交点处
B. 眶下缘下方 2cm 处
C. 眶下缘外、中 1/3 交点处
D. 眶下缘中点下方约 0.8cm 处
E. 无上述情况

2. 颏孔位于（　　）

A. 下颌第二磨牙根的下方
B. 下颌第二前磨牙根的下方
C. 尖牙根的下方
D. 距中线 3cm
E. 无上述情况

3. 翼点（　　）

A. 在顶骨、枕骨、颞骨、蝶骨汇合处
B. 在顶骨、筛骨、颞骨、蝶骨汇合处
C. 在额骨、顶骨、颞骨、蝶骨汇合处
D. 在蝶骨小翼与额骨、颞骨汇合处
E. 无上述情况

4. 颞区外伤时，硬膜外血肿最常见损伤的血管是（　　）

A. 顶导血管
B. 板障血管
C. 脑膜中动脉前支
D. 大脑中动脉
E. 以上都不是

5. 眶下神经（　　）

A. 在眶下缘中点下方 0.8cm 处穿出
B. 经眶达面部
C. 分布于下颌牙齿
D. 分支支配翼内肌
E. 分布于下唇皮肤

6. 面静脉（　　）

A. 注入颈内静脉
B. 不注入面总静脉
C. 借面深静脉与翼丛相交通
D. 有静脉瓣，血液不能逆流至颅内
E. 无上述情况

7. 面神经颅外支（　　）

A. 颞支与颞浅动、静脉伴行
B. 颧支与腮腺管伴行
C. 颊支出腮腺前缘，支配颊肌和口裂周围诸肌
D. 下颌缘支与面动、静脉伴行
E. 颈支与面总静脉伴行

8. 面神经下颌缘支（　　）

A. 在颈阔肌浅面前行
B. 支配颈阔肌
C. 越过面动脉、面静脉深面向前
D. 沿下颌支下缘前行
E. 越过面动脉、面静脉浅面

9. 腮腺管的体表投影是（　　）

A. 腮腺前缘至口角连线的后 1/3 段
B. 眶下孔至腮腺前缘
C. 口角与腮腺前缘中点的连线的后 1/3 段
D. 鼻翼与口角间的中点至耳屏间切迹连线的中 1/3 段
E. 以上都不是

10. 横行穿过腮腺的结构是（　　）

A. 上颌动脉
B. 耳颞神经
C. 腮腺管

D. 下牙槽神经　E. 颞浅动脉

11. 纵行穿过腮腺的结构是（　　）

A. 颈内静脉与颈内动脉　B. 颈外动脉与颈外静脉　C. 颈内动脉与迷走神经

D. 颈外动脉与耳颞神经　E. 面神经与颈外动脉

12. 面动脉起自（　　）

A. 上颌动脉　B. 面动脉　C. 颈内动脉

D. 颈外动脉　E. 颞浅动脉

13. 面神经（　　）

A. 分布于面部皮肤　B. 支配咀嚼肌　C. 从棘孔出颅

D. 支配面肌　E. 以上都不是

14. 头皮（　　）

A. 由 3 层组成　B. 由皮下组织连接帽状腱膜而成

C. 帽状腱膜是头皮的中层　D. 血管、神经走行于腱膜下层内

E. 无上述情况

15. 额顶枕区层次（　　）

A. 分为 6 层　B. 分为 4 层

C. 第 2 层、第 3 层之间有疏松间隙　D. 第 3 层是帽状腱膜及枕额肌

E. 以上都不是

16. 额顶枕区血管、神经主要走行于（　　）

A. 额枕肌的深面　B. 帽状腱膜的深面　C. 浅筋膜

D. 腱膜下疏松结缔组织层　E. 颅骨外膜深面

17. 帽状腱膜（　　）

A. 是颅顶软组织的第 4 层　B. 是颅顶软组织的第 2 层

C. 该层疏松内有导血管　D. 是枕额肌中间腱膜

E. 是颞肌的中间腱膜

18. 腱膜下疏松结缔组织（　　）

A. 十分疏松，与浅筋膜相连

B. 比较疏松，与骨缝相连

C. 该层出血时范围与各颅骨一致

D. 与浅筋膜、皮肤合称头皮

E. 此间隙内有静脉网，经导静脉与颅内的硬脑膜静脉窦相通

19. 海绵窦外侧壁的神经从上向下依次为（　　）

A. 动眼神经、滑车神经、眼神经和上颌神经

B. 动眼神经、眼神经、滑车神经和上颌神经

C. 滑车神经、动眼神经、眼神经和上颌神经

D. 眼神经、动眼神经、滑车神经和上颌神经

E. 动眼神经、滑车神经、上颌神经和眼神经

20. 垂体的毗邻（　　）

A. 后为鞍结节　B. 两侧为海绵窦　C. 下方为鼻腔

D. 两侧是蝶窦　　　　E. 前方是鞍背

21. 垂体前叶肿大时可压迫（　　）

A. 视束　　B. 眼神经　　C. 颈内动脉　　D. 眼动脉　　E. 视交叉

（三）多项选择题

1. 面部“危险三角区”感染延及海绵窦的途径是（　　）

A. 额静脉　　B. 眼静脉　　C. 面深静脉　　D. 面横静脉　　E. 翼静脉丛

2. 三叉神经的三个终末支穿经的孔是（　　）

A. 眶上孔　　B. 眶上裂　　C. 破裂孔　　D. 眶下孔　　E. 颏孔

3. 关于腮腺管的叙述，正确的是（　　）

A. 由腮腺浅部的前缘发出

B. 越过咬肌深面

C. 开口于与上颌第二磨牙相对处的颊黏膜

D. 在颧弓下一横指处，向前横行越过咬肌表面

E. 体表投影相当于自鼻翼与口角间的中点至耳屏间切迹连线的中 1/3 段

4. 穿经腮腺的结构纵行的有（　　）

A. 颈外动脉　　B. 下颌后静脉　　C. 颞浅动脉

D. 颞浅静脉　　E. 耳颞神经

5. 面神经在颅外的分段正确的是（　　）

A. 从茎乳孔穿出至进入腮腺以前为第一段

B. 第二段为腮腺内段

C. 在腮腺内通常分为上、下两干

D. 最后形成颞、颧、颊、下颌缘、颈 5 组分支

E. 穿出腮腺以后的部分为第三段

6. 关于帽状腱膜的叙述，正确的是（　　）

A. 是额顶枕区软组织的第 2 层　　B. 是额顶枕区软组织的第 3 层

C. 前连枕额肌的额腹，后连枕额肌的枕腹　　D. 该层致密，内有导血管

E. 与颞筋膜相续

7. 关于腱膜下疏松结缔组织的叙述，正确的是（　　）

A. 与骨缝相愈着

B. 与浅筋膜、皮肤合称头皮

C. 腱膜下间隙出血，易广泛蔓延，形成较大的血肿

D. 此间隙内的静脉，经导静脉与颅骨的板障静脉及颅内的硬脑膜静脉窦相通

E. 又称腱膜下间隙

8. 关于垂体窝的叙述，正确的是（　　）

A. 位于蝶骨体之上　　B. 是颅中窝结构的一部分　　C. 底与蝶窦相邻

D. 前后有海绵窦　　E. 顶为硬脑膜形成的鞍膈

9. 关于海绵窦的叙述，正确的是（　　）

A. 是重要的硬脑膜窦

B. 窦中血流缓慢，感染时易形成栓塞
C. 位于蝶鞍的两侧
D. 窦内间隙有许多结缔组织小梁，将窦腔分隔成许多小的腔隙
E. 在窦的外侧壁内，自上而下排列有动眼神经、滑车神经、眼神经与上颌神经

10. 横行穿过腮腺的结构有（　　）
A. 上颌动脉　　B. 上颌静脉　　C. 面横动脉
D. 面横静脉　　E. 面神经及其分支

（四）名词解释

1. 局部解剖学
2. 翼点
3. “危险三角区”
4. 头皮
5. 颅顶部的“危险层”
6. 海绵窦

（五）填空题

1. 头部可分为________与________两部分。
2. 眶上切迹位于眶上缘的________交界处，有________通过。
3. 眶下孔位于眶下缘________处，有________由此穿出。
4. 颏孔有________通过，为________的穿刺部位。
5. 颧弓由________与________共同构成。
6. 翼点是颅骨的薄弱部分，其内面有________经过，此处受暴力打击时易发生骨折，形成________。
7. 在________与________相交处可触及面动脉搏动，面浅部出血可压迫此处止血。
8. 三叉神经发出________、上颌神经和________三大分支。
9. 腮腺分为浅、深两部，浅部覆盖于________的浅面；深部位于________的深面。
10. 腮腺管在________处向前横行越过咬肌表面，开口于________。
11. 腮腺管的体表投影相当于________的中点至________连线的中 1/3 段。
12. 面神经在颅外的行程中，因穿腮腺而分为________段；显露面神经主干可在________段进行。
13. 腮腺切除术时应注意保护________神经，以免引起________。
14. 帽状腱膜前连________，后连________。
15. 缝合头皮时应将________缝合，头皮撕脱伤多自________层分离。
16. 垂体位于蝶鞍中央的________内。与第三脑室底的________相连。
17. 海绵窦为一对重要的________，位于________的两侧。
18. 海绵窦腔内有________和________通过。

（六）综合应用题

1. 三叉神经痛患者需进行局部阻滞麻醉以缓解疼痛，可在体表哪些部位进针？
2. 翼点位于何处？有何意义？

3. 简述脑膜中动脉的体表投影。
4. 面浅部出血应在何处压迫止血？
5. 面神经在面部有哪几组分支？
6. 腮腺鞘有何特点？
7. 简述腮腺的位置、毗邻。
8. 简述腮腺的分部及腮腺管的体表投影。
9. 穿经腮腺的血管和神经有哪些？
10. 腮腺手术中最易损伤何结构？若发生损伤，会出现什么症状？
11. 额顶枕区和颞区软组织各分为哪几层？
12. 海绵窦位于何处？穿经海绵窦的血管、神经有哪些？
13. 一女工在事故中头皮撕裂。请问累及了哪几层软组织？此时只缝合皮肤可以吗？为什么？头皮下血肿发生在哪一层中？若发生感染为什么会向颅内扩散？
14. 试述垂体的位置、毗邻，垂体肿瘤时可累及何结构？出现何症状？

（七）临床思维能力训练题

1. 患者，男性，20岁。交通事故撞击到头部右侧颞区，短暂意识不清，近40秒后清醒，无其他神经症状及尿便障碍。被送到急诊室，患者意识清楚，状态良好。4小时后患者出现头痛加剧、烦躁不安等症状，急诊入院。既往健康，无家族遗传病史。体格检查：一般状态差，面色苍白，伴有喷射性呕吐，右侧瞳孔散大且对光反射迟钝。急诊医生怀疑有颅内出血，行头部CT检查。

初步诊断：硬膜外血肿。

请思考以下问题。

（1）为什么颞区损伤易造成硬膜外血肿？
（2）如何在体表标定出损伤血管的位置？
（3）若从颞区开颅取出血肿，所经层次结构有哪些？

2. 患者，女性，32岁。因右外耳道下方无痛性肿物3年余，加重2个月入院。该患者3年前发现左侧外耳道下方面侧区有一肿块，无痛，未介意。随着时间的推移，该肿块逐渐变大变硬，近3个月加重而就诊。CT：左侧腮腺肿块大小约3.2cm×2.8cm，异常密度灶，边界欠清。

临床诊断：腮腺混合瘤。

入院治疗：手术后出现口角下垂且向健侧偏斜，流泪或流涎，左侧鼻唇沟变浅、消失，额纹消失，不能皱眉、闭目等。

请思考以下问题。

（1）解释术后出现临床症状的原因。术中重点保护的结构是什么？
（2）在腮腺手术切除中有可能损伤哪些结构？
（3）简述腮腺正常的位置、毗邻及形态。
（4）简述面神经出颅的部位及颅外的走行、分支与分布。

（李文春）

第二章　颈　　部

颈部位于头部、胸部和上肢之间，其前部正中有呼吸道和消化管颈段；两侧有纵向走行的大血管和神经；后部正中为脊柱颈段；颈根部除有斜行的血管神经束外，还有胸膜顶和肺尖由胸腔突入颈根部。颈部各结构之间有疏松结缔组织填充，形成诸多筋膜间隙。颈肌分为颈浅肌群、舌骨上肌群、舌骨下肌群和颈深肌群，可使头、颈灵活运动，并参与呼吸、吞咽和发音等运动。颈部淋巴结丰富，多沿血管神经排列。

境界与分区：颈部上界为下颌骨下缘、下颌角、乳突尖、上项线和枕外隆凸的连线，与头部分界；下界是胸骨颈静脉切迹、胸锁关节、锁骨上缘及肩峰至第 7 颈椎棘突的连线，与胸部及上肢分界。

颈部分为固有颈部和项部。两侧斜方肌前缘之间和脊柱前方称为固有颈部；两侧斜方肌前缘之后和脊柱后方的区域称为项部；固有颈部又以胸锁乳突肌前缘、后缘为界，分为颈前区、胸锁乳突肌区和颈外侧区，各区又借一些标志划分为若干个三角。颈部按下列次序进行实训：①颈部层次结构、舌骨上区和颈动脉三角；②肌三角、胸锁乳突肌及颈根部、颈外侧区。

一、颈部层次结构、舌骨上区和颈动脉三角

【目的和要求】

1. 掌握颈部的表面解剖、颈筋膜间隙及交通；颈部浅静脉的特点及其临床意义，颈动脉三角的境界、层次，颈动脉鞘的构成、内容及毗邻关系。

2. 熟悉颈部皮神经的分布。

3. 了解下颌下三角的构成及内容。

【实训教具】

1. 标本　尸体；头颈矢状切面标本；颈部横断面标本；颈部浅、中、深各层次解剖标本。

2. 模型　头颈矢状切面模型。头颈部血管、神经模型。

【实训内容及方法】

（一）表面解剖

1. 尸体取仰卧位，头部尽量后仰。结合活体审视、摸认颈部范围、分部及表面结构：包括舌骨、甲状软骨、环状软骨和喉结、颈动脉结节、胸锁乳突肌、胸骨上窝和锁骨上大窝。

2. 作 3 条皮肤切口

（1）从颏下中点沿颈前正中线向下切至胸骨颈静脉切迹。

（2）自颈部正中切口的上端向左、右沿下颌骨下缘切至乳突。

（3）从颈部正中切口的下端向左、右沿锁骨切至肩峰。

（二）颈部层次结构

1. 皮肤（skin）　先观察颈部皮纹走向，从正中切口处将皮肤自正中线剥离翻向外后，

注意颈部皮肤较薄，切开、翻离皮肤时切勿过深。

2. 浅筋膜（superficial fascia） 含有脂肪，脂肪的深面有菲薄的颈阔肌，观察颈阔肌的起止点和肌纤维走向后，横断该肌中部，并将断端向上、下翻起。该肌深面主要有：

（1）面神经颈支（cervical branch of facial nerve）：在下颌骨下缘下方浅筋膜内行向前下支配颈阔肌。

（2）颈前静脉（anterior jugular vein）：在颈前正中线两侧寻找辨认颈前静脉，观察它如何穿入深筋膜汇入颈外静脉。并观察沿其排列的颈前淋巴结。

（3）颈外静脉（external jugular vein）：在下颌角后下方，胸锁乳突肌的表面辨认颈外静脉，向上至下颌角，向下穿入深筋膜汇入锁骨下静脉或静脉角。该静脉末端虽有一对瓣膜，但不能阻止血液反流，当上腔静脉血回心受阻时，可致颈外静脉扩张。颈外静脉穿深筋膜处，两者彼此紧密愈着，当静脉壁受伤破裂时，管腔不易闭合，可致气体栓塞。并观察沿其排列的颈外侧浅淋巴结。

（4）颈丛皮支：在胸锁乳突肌后缘中点寻找神经点并辨认颈丛皮支。追踪枕小神经、耳大神经、颈横神经和锁骨上神经的走向及分布范围。

3. 颈筋膜及筋膜间隙

（1）颈筋膜浅层（superficial layer）：又称封套筋膜，其后部包绕斜方肌，前侧部包裹胸锁乳突肌，形成两肌的鞘，并分别覆盖颈后三角及颈前三角。观察其在距胸骨柄上缘3～4cm处分为两层，分别附着于胸骨柄前缘、后缘形成的胸骨上间隙及其内容（胸锁乳突肌胸骨头、颈前静脉下端、颈静脉弓、淋巴结）。

（2）气管前筋膜（pretracheal fascia）：又称颈深筋膜中层或内脏筋膜。它紧贴舌骨下肌群后面，修洁舌骨下肌群并切断即可见。注意找出支配舌骨下肌群的颈袢，观察颈袢的上、下两根。气管前筋膜覆盖在颈部喉、气管的前方。包绕甲状腺的部分构成甲状腺鞘。鞘的后层增厚形成甲状腺悬韧带连于气管和食管上端。后上部筋膜覆盖颊肌和咽缩肌称为颊咽筋膜。

（3）椎前筋膜（prevertebral fascia）：又称颈深筋膜深层或椎前层。此层位于气管与食管深面，椎体、椎前肌、斜角肌、肩胛提肌、颈交感干、膈神经、臂丛及锁骨下血管之前。其向上附于颅底，向下续前纵韧带及胸内筋膜，向外由斜角肌间隙开始包裹臂丛及锁骨下血管形成腋鞘，向前与颊咽筋膜之间的间隙为咽后间隙。向后与脊柱颈段间的潜在间隙称椎前间隙。

（三）舌骨上区

切开并剥除舌骨与下颌骨下缘间的颈筋膜浅层，暴露舌骨上肌群三块浅层肌：二腹肌、茎突舌骨肌与下颌舌骨肌。观察以下结构。

1. 颏下三角（submental triangle） 由左右二腹肌前腹与舌骨体围成，其深面有两侧的下颌舌骨肌及其筋膜。内有颏下淋巴结。

2. 下颌下三角（submandibular triangle） 由二腹肌前腹、后腹和下颌骨体下缘围成，其深面有下颌舌骨肌、舌骨舌肌及咽中缩肌。

3. 下颌下腺（submandibular gland）的形态及其毗邻 观察腺体的分部，寻找深部前端发出下颌下腺管，其在下颌舌骨肌深面向前上开口于舌下阜。在腺体后外侧表面有面静脉，向前上越过下颌骨体下缘。在腺体的深部有面动脉，观察其于咬肌前缘处越过下颌骨体下缘与面静脉伴行至面部。然后在舌骨舌肌表面自上而下观察舌神经、下颌下腺导管及舌下神经的排列关系。

4. 舌动脉　在舌骨大角上方与舌下神经之间寻找舌动脉及舌静脉。

（四）颈动脉三角

颈动脉三角位于胸锁乳突肌上份前缘，肩胛舌骨肌上腹与二腹肌后腹之间，深面为椎前筋膜及其覆盖的椎前肌和颈丛、臂丛神经，表面被覆颈筋膜浅层。解剖颈外侧深淋巴结：沿颈动脉鞘寻找颈深淋巴结群。该淋巴结群以肩胛舌骨肌中间腱为界分为上、下两组；解剖观察颈动脉鞘，沿血管长轴将鞘的前壁轻轻切开暴露鞘内结构，观察颈总动脉（common carotid artery）位于内侧，其在甲状软骨上缘分为颈内动脉、颈外动脉。颈内静脉位于外侧，两者之间的后内方有迷走神经。

1. 颈动脉窦（carotid sinus）和颈动脉小球（carotid glomus）　观察颈总动脉末端和颈内动脉起始处膨大的颈动脉窦，在颈内、外动脉分叉处的后方寻认颈动脉小球，及至颈动脉小球和颈动脉窦的神经（舌咽神经颈动脉窦支）后，向上分别修洁颈内动脉和颈外动脉。

2. 颈外动脉（external carotid artery）及其主要分支　颈外动脉初在颈内动脉的前内，继则跨其前方至外侧，经二腹肌后腹和茎突舌骨肌深面上行至下颌后窝，在腮腺内继续上行，达下颌颈高度分为颞浅动脉和上颌动脉两终支。自下而上颈外动脉的主要分支有甲状腺上动脉、舌动脉、面动脉。甲状腺上动脉走向前下，分布于喉和甲状腺；舌动脉在舌骨大角上方向前上，潜入口腔底部；面动脉通过二腹肌后腹与茎突舌骨肌深侧入下颌下三角。

3. 颈内静脉（internal jugular vein）　位于胸锁乳突肌前缘深面、颈总动脉外侧，其属支自上至下依次为面总静脉、舌静脉和甲状腺上静脉、甲状腺中静脉。清理颈内静脉下段时注意勿损伤颈干、右淋巴导管和胸导管。并观察沿颈内静脉排列的颈深淋巴结群。

4. 舌下神经（hypoglossal nerve）　经二腹肌后腹深面进入三角，越过颈内动脉、颈外动脉浅面，发出降支，称为颈袢上根，该根神经沿颈总动脉浅面下降，在环状软骨水平与来自颈丛第 2、3 颈神经的颈袢下根组成颈袢。

5. 副神经（accessory nerve）　经二腹肌后腹深面进入颈动脉三角，从胸锁乳突肌上份深面穿过，并在其前缘发肌支支配该肌，主干向后下进入枕三角。

6. 迷走神经（vagus nerve）　行于颈动脉鞘内。在颈动脉三角内的分支有喉上神经和心支，心支入胸腔参与组成心丛。

【复习思考题】

（一）判断题（正确答案用 A 表示，错误答案用 B 表示）

1. 颈内静脉、舌静脉、甲状腺上静脉、甲状腺中静脉、甲状腺下静脉都属于颈部深静脉。（　）
2. 颈总动脉压迫止血点在平环状软骨弓，胸锁乳突肌前缘中点。（　）
3. 腮腺鞘是由气管前筋膜包裹腮腺形成的。（　）
4. 椎前间隙位于气管前筋膜和椎前筋膜之间。（　）
5. 下颌下三角的底由下颌舌骨肌、舌骨舌肌和咽中缩肌构成。（　）
6. 腮腺淋巴结、下颌下淋巴结主要注入颈外侧上深淋巴结。（　）
7. 颈动脉三角浅面依次为皮肤、浅筋膜、颈阔肌、封套筋膜，故在颈动脉三角隔浅层结构可摸到颈总动脉搏动。（　）

8. 颈部寻找舌下神经的标志是二腹肌后腹。( )

9. Virchow 淋巴结应在右侧胸锁乳突肌后缘与锁骨上缘交角处触摸。( )

10. 二腹肌后腹浅面有耳大神经、下颌后静脉和面神经颈支。( )

(二)最佳选择题

1. 颈部的体表标志( )

A. 当双目平视时，舌骨平第 4 颈椎
B. 颈动脉结节为第 7 颈椎横突前结节
C. 甲状软骨上缘平第 5 颈椎
D. 环状软骨弓两侧平第 6 颈椎横突
E. 在锁骨上大窝底部可触及锁骨下静脉的搏动

2. 颈部血管体表投影( )

A. 颈总动脉平环状软骨上缘分颈内动脉、颈外动脉
B. 颈外静脉为自下颌角至锁骨中点的连线
C. 副神经为自乳突尖至斜方肌前缘中点
D. 臂丛为自胸锁乳突肌后缘中点至锁骨中点
E. 胸膜顶位于锁骨外 1/3 上方

3. 颈前静脉( )

A. 位于颈阔肌浅面，注入颈内静脉
B. 位于颈阔肌深面，注入颈内静脉
C. 位于胸锁乳突肌表面，注入锁骨下静脉
D. 注入颈外静脉，由颈静脉弓左右连通
E. 注入颈内静脉，由颈静脉弓左右连通

4. 颈筋膜浅层包绕( )

A. 颈阔肌与胸锁乳突肌
B. 颈阔肌与斜方肌
C. 舌骨下肌与斜方肌
D. 舌骨下肌与胸锁乳突肌
E. 胸锁乳突肌与斜方肌

5. 颊咽筋膜与椎前筋膜之间称为( )

A. 下颌下间隙
B. 气管前间隙
C. 咽后间隙
D. 椎前间隙
E. 咽旁间隙

6. 颈筋膜中层( )

A. 也称椎前筋膜
B. 包绕胸锁乳突肌
C. 包绕甲状腺形成甲状腺鞘
D. 包绕下颌下腺形成下颌下腺鞘
E. 无上述情况

7. 颈横神经( )

A. 是颈丛的肌支，支配颈阔肌
B. 是臂丛的分支
C. 从胸锁乳肌前缘中点浅出
D. 从胸锁乳肌后缘中点浅出
E. 支配颈阔肌

8. 支配颈阔肌的神经是( )

A. 耳大神经
B. 枕小神经
C. 颈横神经
D. 锁骨上神经
E. 面神经颈支

9. 下颌下三角的内容不包括( )

A. 舌动脉
B. 舌下神经及下颌下腺
C. 舌神经及下颌下淋巴结
D. 面静脉、面动脉
E. 舌咽神经

10. 关于颈部浅层结构的叙述不正确的是（　　）
A. 颈前外侧部皮肤移动性大　B. 颈前外侧部浅筋膜内有颈阔肌
C. 颈外静脉属于浅静脉　D. 面神经颈支走行于颈阔肌深面
E. 颈静脉弓位于浅筋膜内
11. 形成腋鞘的颈筋膜是（　　）
A. 颈筋膜浅层　B. 颈筋膜中层　C. 颈筋膜深层
D. 内脏筋膜　E. 颈部浅筋膜
12. 颏下三角位于（　　）
A. 左右二腹肌后腹与舌骨体之间　B. 左右二腹肌前腹与舌骨体之间
C. 左右二腹肌前腹、后腹之间　D. 左右二腹肌前腹之间
E. 左右二腹肌后腹之间
13. 气管前筋膜不包裹的结构有（　　）
A. 咽　B. 食管颈部　C. 气管颈部
D. 舌骨下肌群　E. 甲状腺
14. 参与围成颈动脉三角的结构有（　　）
A. 斜方肌前缘　B. 胸锁乳突肌后缘　C. 肩胛舌骨肌上腹
D. 二腹肌前腹　E. 气管前筋膜
15. 颈丛皮支阻滞麻醉穿刺处为（　　）
A. 斜方肌前缘中点　B. 胸锁乳突肌后缘中点
C. 胸锁乳突肌前缘中点　D. 胸锁乳突肌前缘上、中 1/3 交界处
E. 胸锁乳突肌后缘上、中 1/3 交界处
16. 颈动脉三角的结构不包括（　　）
A. 颈总动脉及其分支　B. 颈动脉窦及颈动脉小球　C. 舌下神经
D. 舌神经　E. 迷走神经

（三）多项选择题

1. 舌骨下区分为（　　）
A. 肌三角　B. 颈动脉三角　C. 锁骨上三角
D. 枕三角　E. 下颌下三角
2. 颈阔肌深面的浅筋膜内含有（　　）
A. 颈静脉弓　B. 颈前浅淋巴结　C. 颈外静脉
D. 颈丛皮支　E. 面神经颈支
3. 关于颈外静脉的叙述正确的是（　　）
A. 由下颌后静脉后支与耳后静脉和枕静脉汇合而成
B. 由下颌后静脉前支与颈前静脉汇合而成
C. 沿胸锁乳突肌浅面走行
D. 末端汇入锁骨下静脉或静脉角
E. 该静脉末端有一对静脉瓣，不能阻止血液逆流
4. 下列何结构的表面由椎前筋膜覆盖（　　）
A. 臂丛　B. 膈神经　C. 锁骨下动脉　D. 颈交感干　E. 颈内动脉

5. 关于气管前筋膜，下列叙述正确的是（ ）
A. 又称内脏筋膜 B. 包绕胸锁乳突肌 C. 形成甲状腺鞘
D. 形成甲状腺悬韧带 E. 向下外方包绕腋血管及臂丛，形成腋鞘
6. 颈筋膜形成的间隙有（ ）
A. 胸骨上间隙 B. 椎前间隙 C. 气管前间隙
D. 咽后间隙 E. 无上述情况
7. 气管颈部前方的层次结构有（ ）
A. 皮肤、浅筋膜 B. 颈筋膜浅层 C. 胸骨上间隙及颈静脉弓
D. 舌骨下肌群 E. 颈筋膜中层
8. 关于颈内动脉的描述，错误的是（ ）
A. 在颈部无分支 B. 只给脑供血 C. 在颈外动脉内侧
D. 由枕骨大孔进入颅腔 E. 迷走神经在其前方下行
9. 椎动脉（ ）
A. 由锁骨下动脉发出 B. 穿第 7 颈椎至第 1 颈椎的横突孔
C. 从枕骨大孔入颅 D. 由颈外动脉发出 E. 营养脑和脊髓
10. 颈前静脉（ ）
A. 多注入颈内静脉 B. 多注入颈外静脉
C. 有颈静脉弓连于左右颈前静脉间 D. 在胸锁乳突肌表面
E. 可有颈前浅淋巴结伴行

（四）名词解释

1. 颈动脉鞘
2. 神经点
3. 颈静脉弓
4. 气管前间隙
5. 咽后间隙
6. 椎前间隙

（五）填空题

1. 斜角肌间隙由________和________及第 1 肋共同围成。
2. 胸骨上窝位于________处，在此可触及________。
3. 锁骨上大窝窝底可以扪到________、________及第 1 肋。
4. 小儿静脉穿刺的常用静脉是________；________后缘中点是颈丛皮支浅出颈筋膜的集中点。
5. 颈外静脉由________与________和耳后静脉汇合而成。
6. 颈丛皮支有枕小神经、________、颈横神经和________四支。
7. 颈筋膜浅层又称封套筋膜，包绕________和________，形成两肌的鞘。
8. 气管前间隙位于________与________之间。
9. 咽后间隙位于________与________之间。
10. 椎前间隙位于脊柱颈部、颈深肌群与________之间。________多积于此间隙。

11. 颈动脉三角由________、肩胛舌骨肌上腹和________围成。
12. 二腹肌后腹是________与________的分界标志，也是颈部及颌面部手术的主要标志。
13. 颈总动脉平甲状软骨上缘处分为________及________。
14. 颈外动脉前壁发出________、________和面动脉 3 个分支。
15. 副神经经二腹肌后腹的深面进入________，继经颈内动脉、颈内静脉之间行向后外侧，发出肌支支配________，本干向后至枕三角。
16. 舌下神经从二腹肌后腹深面进入________，呈弓形向前越过颈内动脉、颈外动脉浅面，再经二腹肌后腹深面进入________。

（六）综合应用题

1. 简述颈部筋膜的层次。
2. 颈筋膜间隙有哪些？
3. 简述颈动脉三角的构成及内容。
4. 气管前间隙位于何处？内有何结构？
5. 简述下颌下三角的组成及其内容。

（七）临床思维能力训练题

患儿，男性，3 岁。发热、咳嗽伴呼吸困难 2 天。患儿于 2 天前开始发热、咳嗽，最高体温 38.5℃。在家口服抗生素及镇咳药不见好转，而且症状不断加重，并出现呼吸困难，急来院就诊。

检查所见：患儿呼吸极度困难，惊恐不安，犬吠样咳嗽，声音嘶哑，鼻翼扇动，口唇发绀，面色苍白，吸气样喉鸣伴三凹征，咽喉红肿，体温 39.6℃，脉搏 105 次/分；双肺呼吸音低，可闻及哮鸣音，心音低钝，心率快。诊断为急性感染性喉炎伴喉梗阻而急症入院。

入院后立即给予吸氧，静脉滴注抗生素及肾上腺皮质激素并对症治疗，但上述症状并未缓解，患儿仍处于极度呼吸困难和严重缺氧状态，随即施行气管切开术。术后患儿病情好转，继续抗生素治疗，拔管后痊愈出院。

请思考以下问题。

（1）急性感染性喉炎引起呼吸困难、喉梗阻的原因是什么？
（2）为何要为患儿施行气管切开术？
（3）气管切开时患儿应取何体位？为什么？
（4）气管切开时应作何切口？需经过哪些层次方可暴露气管？应在什么部位切开气管？
（5）气管切开时应注意避免损伤哪些结构？

（唐　杰）

二、肌三角、胸锁乳突肌区及颈根部、颈外侧区

【目的和要求】

1. 掌握肌三角的层次，甲状腺的位置、被膜、毗邻和固定装置及其血管和神经；胸锁乳头肌深面的结构及毗邻关系。

2. 熟悉肩胛舌骨肌锁骨三角的境界和内容。

3. 了解枕三角的构成及其内容，颈根部的主要结构。

【实训教具】

1. **标本** 尸体；头颈矢状切面标本；颈部横断面标本；颈部浅、中、深各层次解剖标本。
2. **模型** 头颈矢状切面模型。头颈部血管、神经模型。

【实训内容及方法】

（一）肌三角

肌三角（muscular triangle）位于颈前正中线、胸锁乳突肌前缘和肩胛舌骨肌上腹之间，其浅面的结构由浅入深依次有皮肤、浅筋膜、颈阔肌、颈前静脉、皮神经和封套筋膜，深面为椎前筋膜。在头颈层次标本上观察下列结构。

1. 甲状腺（thyroid gland）的位置、形态及毗邻 清除气管前筋膜，暴露出甲状腺，注意观察甲状腺下方气管前间隙内的结构。并观察甲状腺侧叶、峡和锥状叶。甲状腺呈“H”形，分为左、右两侧叶及其中间的甲状腺峡。甲状腺的前面由浅入深有皮肤、浅筋膜、封套筋膜、舌骨下肌群及气管前筋膜；两侧叶的后内侧面邻喉与气管、咽与食管及喉返神经；后外侧面与颈动脉鞘及颈交感干相邻。

2. 甲状腺被膜 在暴露出甲状腺和邻近颈部器官时，可观察甲状腺被气管前筋膜包裹形成甲状腺假被膜即甲状腺鞘。切开假被膜进入囊鞘间隙，可观察其中含有甲状腺的血管、神经，并有上、下甲状旁腺。再切开甲状腺外膜，又称真被膜即纤维囊。体会真被膜紧贴甲状腺实质。假被膜在侧叶内侧和峡部后面与甲状软骨、环状软骨及气管软骨环的软骨膜愈着并增厚，形成甲状腺悬韧带，将甲状腺固定于喉及气管壁上；因此，吞咽时，甲状腺可随喉上下移动。

3. 甲状腺的血管与喉的神经

（1）甲状腺上动脉（superior thyroid artery）及喉上神经：在甲状腺上极附近，剖出甲状腺上动脉及伴行走向环甲肌的喉上神经外支。甲状腺上动脉，起自颈外动脉起始部前壁，至甲状腺上端附近分为前、后两支；喉上神经（superior laryngeal nerve）发自迷走神经，沿咽侧壁下行，于舌骨大角处分为内、外两支。喉上神经内支与喉上动脉（甲状腺上动脉分支）伴行，穿甲状舌骨膜入喉。喉上神经外支伴甲状腺上动脉行向前下，在距甲状腺上极 0.5～1.0cm 处离开动脉弯向内侧，发出肌支支配环甲肌及咽下缩肌。故甲状腺手术结扎甲状腺上动脉时，应紧贴甲状腺上极处进行，以免损伤喉上神经外支。

（2）甲状腺上、中、下静脉：在甲状腺侧叶上极和中部处查看甲状腺上、中静脉向外注入颈内静脉，在峡部下方气管前面查看甲状腺下静脉，注入头臂静脉。

（3）甲状腺下动脉（inferior thyroid artery）及喉返神经（recurrent laryngeal nerve）：在甲状腺侧叶下极与颈总动脉的间隙中查看甲状腺下动脉。在气管食管旁沟内找寻喉返神经。甲状腺下动脉与喉返神经的相交部位约在侧叶中、下 1/3 交界处的后方，且右侧多于甲状腺下动脉前方与之交叉；左侧则多行于动脉后方。甲状腺手术结扎甲状腺下动脉时，应远离甲状腺下极进行，以免损伤喉返神经。

4. 甲状旁腺（parathyroid gland） 在甲状腺侧叶后缘真假被膜之间查看甲状旁腺，有时可位于甲状腺实质内或被膜外气管周围的结缔组织中，上甲状旁腺多位于侧叶后面上、中

1/3 交界处，下甲状旁腺多位于侧叶下 1/3 后方。

5. 气管、食管颈部 观察气管、食管颈部的位置和毗邻，理解甲状腺肿大时为什么会出现呼吸困难和吞咽困难。

（二）胸锁乳突肌区及颈根部

1. 胸锁乳突肌区（sternocleidomastoid region） 是指该肌在颈部所占据和覆盖的区域。其内容及毗邻如下。

（1）颈袢（ansa cervicalis）：由第 1～3 颈神经前支的分支构成，由上、下两根组成。两根在颈动脉鞘表面合成颈袢。颈袢位于肩胛舌骨肌中间腱上缘附近，平环状软骨弓水平，发支支配肩胛舌骨肌、胸骨舌骨肌和胸骨甲状肌。

（2）颈动脉鞘及其内容：观察颈总动脉位于后内侧，颈内静脉位于前外侧，两者之间的后内方有迷走神经。进一步观察颈交感干。观察颈内静脉在本区下份与锁骨下静脉合成静脉角，右侧静脉角处有右淋巴导管注入，左侧有胸导管注入。

（3）颈丛（cervical plexus）：将颈内静脉和颈总动脉拉向内侧，清出颈丛各根及颈丛分支。颈丛深面为肩胛提肌和中斜角肌，颈丛下方为前斜角肌。追踪颈丛发出的膈神经，该神经从前斜角肌上份的外侧缘，向内下沿前斜角肌表面下降入胸腔。

（4）颈交感干（cervical part of sympathetic trunk）：在颈动脉鞘后方有与迷走神经走行一致的颈交感干。沿颈交感干向上、下清理，可剖出颈上神经节和颈中神经节。颈上神经节呈梭形，较大，易辨认。颈中神经节不明显。沿颈交感干向下追踪至胸膜顶后方，寻认颈下神经节。

2. 颈根部（root of neck） 前界为胸骨柄，后界为第 1 胸椎体，两侧为第 1 肋。其中心标志是前斜角肌。

（1）胸膜顶（cupula of pleura）：是覆盖肺尖部的壁胸膜，突入颈根部，高出锁骨内侧 1/3 上缘 2～3cm。其前方邻接锁骨下动脉及其分支、膈神经、迷走神经、锁骨下静脉，左侧还有胸导管；后方贴靠第 1 肋、第 2 肋、颈交感干和第 1 胸神经前支；外侧邻臂丛；内侧邻气管、食管，左侧还有胸导管和左喉返神经。

（2）锁骨下动脉（subclavian artery）：左侧起自主动脉弓，右侧在胸锁关节后方起自头臂干，于第 1 肋外侧缘续于腋动脉。前斜角肌将其分为三段。

（3）胸导管与右淋巴导管胸导管（thoracic duct）：沿食管左侧出胸腔上口至颈部，平第 7 颈椎高度，形成胸导管弓（arch of thoracic duct）。其前方为颈动脉鞘；后方有椎动脉、椎静脉、颈交感干、甲状颈干、膈神经和锁骨下动脉。胸导管多数注入左静脉角，有时也可注入左颈内静脉或左锁骨下静脉。左颈干、左锁骨下干及左支气管纵隔干通常注入胸导管末端，也可单独注入静脉。

（4）迷走神经（vagus nerve）与膈神经：右迷走神经下行于右颈总动脉和右颈内静脉之间，左迷走神经在左颈总动脉和左颈内静脉之间下行入胸腔。膈神经位于前斜角肌前面，椎前筋膜深面，由第 3～5 颈神经前支组成。

（三）颈外侧区

颈外侧区可分为枕三角（occipital triangle）和锁骨上三角（supraclavicular triangle）。观察枕三角与锁骨上三角的境界及副神经。副神经（accessory nerve）在胸锁乳突肌后缘中、上 1/3 交点至斜方肌前缘中、下 1/3 交点处查找，并找出沿副神经周围排列的副神经淋巴结。

1. 锁骨下静脉 观察前、中、后斜角肌。在前斜角肌前方查看锁骨下静脉，它在第 1 肋外缘续于腋静脉，行至前斜角肌内缘处与颈内静脉合成头臂静脉。两者间形成静脉角。

2. 臂丛和锁骨下动脉 查看通过斜角肌间隙的臂丛和锁骨下动脉。臂丛位于动脉上方，寻认构成臂丛的 5 个根，合成的 3 干，各干分为前、后 2 股及合成的 3 束。

3. 锁骨下动脉的分支 在前斜角肌内侧依次寻认：①椎动脉，在前斜角肌内缘向上，穿第 6 至第 1 颈椎横突孔上行；②胸廓内动脉，起自锁骨下动脉下面，正对椎动脉起始处，下行入胸腔；③甲状颈干，短而粗，在前斜角肌内缘处起自锁骨下动脉上壁，自干上发出甲状腺下动脉、肩胛上动脉及颈横动脉。

【复习思考题】

（一）判断题（正确答案用 A 表示，错误答案用 B 表示）

1. 甲状腺的前面由浅入深有皮肤、浅筋膜、封套筋膜、舌骨下肌群及气管前筋膜。（　　）
2. 甲状腺肿大时如向后外方压迫迷走神经，可出现 Horner 综合征。（　　）
3. 左喉返神经勾绕主动脉弓，右喉返神经勾绕右锁骨下动脉，两者均在食管气管旁沟上行，至咽下缩肌下缘、环甲关节后方进入喉内，称为喉下神经。（　　）
4. 颈袢由第 1～4 颈神经前支的分支构成。（　　）
5. 颈交感干由颈上、中、下交感神经节及其节间支组成，于脊柱两侧被椎前筋膜覆盖。（　　）
6. 膈神经位于前斜角肌前面，椎前筋膜深面，由第 3～5 颈神经前支组成。（　　）
7. 臂丛由第 5～8 颈神经和第 1 胸神经前支的大部分组成，经斜角肌间隙进入锁骨上三角。（　　）
8. Virchow 淋巴结是位于右颈根部右侧斜角肌处的淋巴结，食管下部癌或胃癌转移时，常累及该淋巴结。（　　）
9. 甲状腺次全切除术结扎甲状腺上动脉时，应紧贴甲状腺上极进行，以免损伤喉上神经外支而影响发音。（　　）
10. 气管颈部的前方由浅入深依次为皮肤、浅筋膜、封套筋膜、胸骨上间隙及其内的静脉弓、舌骨下肌群、气管前筋膜和气管前间隙。（　　）

（二）最佳选择题

1. 到达甲状腺的结构层次不包括（　　）

A. 皮肤、浅筋膜　　B. 颈阔肌及面神经颈支　　C. 舌骨下肌群
D. 封套筋膜　　E. 气管前筋膜

2. 紧贴甲状腺前面的有（　　）

A. 颈浅筋膜　　B. 封套筋膜　　C. 颈前静脉
D. 颈筋膜深层及甲状旁腺　　E. 气管前筋膜

3. 甲状腺侧叶的上极可达（　　）

A. 甲状软骨板的上部　　B. 甲状软骨板中部　　C. 甲状软骨板的下部
D. 第 2～4 气管环　　E. 第 7 颈椎平面

4. 构成甲状腺假被膜的是（　　）

A. 颈浅筋膜　　B. 颊咽筋膜　　C. 颈深筋膜浅层

D. 气管前筋膜　　E. 椎前筋膜

5. 甲状腺上动脉常发自（　　）

A. 颈总动脉　　B. 颈外动脉　　C. 颈内动脉

D. 甲状颈干　　E. 胸廓内动脉

6. 参与颈袢构成的神经是（　　）

A. 舌下神经与迷走神经降支　　B. 舌下神经与臂丛的降支

C. 舌下神经降支与第 2 及第 3 颈神经前支　　D. 舌下神经与舌咽神经降支

E. 无上述情况

7. 锁骨上臂丛神经阻滞麻醉穿刺部位是（　　）

A. 锁骨内侧端上方　　B. 锁骨内 1/3 段上方　　C. 锁骨内、中 1/3 交点上方

D. 锁骨中、外 1/3 交点上方　　E. 锁骨中点上方

8. 经过锁骨上三角的结构是（　　）

A. 腋静脉　　B. 颈内静脉下端　　C. 锁骨下静脉

D. 膈神经　　E. 副神经

9. 与甲状腺下动脉交叉的神经是（　　）

A. 喉上神经外支　　B. 喉上神经内支　　C. 喉返神经

D. 迷走神经　　E. 颈交感干

10. 手术中结扎甲状腺上动脉时应（　　）

A. 远离甲状腺上极　　B. 紧贴甲状腺上极　　C. 在甲状腺上动脉起始处

D. 在分出喉上动脉处　　E. 以上都不是

11. 甲状腺悬韧带由何结构形成（　　）

A. 甲状腺真被膜　　B. 甲状腺假被膜　　C. 封套筋膜

D. 颊咽筋膜　　E. 椎前筋膜

12. 颈部淋巴结的描述正确的是（　　）

A. 颈外侧浅淋巴结沿副神经排列

B. 左右颈根部斜角肌处的淋巴结称 Virchow 淋巴结

C. 锁骨上淋巴结沿肩胛舌骨肌下腹排列

D. 舌根部的癌一般先转移至颈内静脉肩胛舌骨肌淋巴结

E. 颈外侧深淋巴结沿颈内静脉排列

13. 枕三角内勾绕副神经的结构是（　　）

A. 枕大神经　　B. 枕小神经　　C. 耳大神经

D. 颈横神经　　E. 锁骨上神经

14. 通过斜角肌间隙的结构有（　　）

A. 锁骨下动脉、锁骨下静脉　　B. 交感干和锁骨下动脉　　C. 臂丛和锁骨下静脉

D. 臂丛和锁骨下动脉　　E. 锁骨下静脉和胸导管

（三）多项选择题

1. 甲状腺侧叶的后内侧邻近的结构有（　　）

A. 喉返神经　　B. 喉上神经　　C. 咽

D. 气管　E. 食管颈部

2. 关于颈根部的范围，下列正确的是（　　）

A. 前界为胸骨柄　B. 后界为第 1 胸椎　C. 两侧为第 1 肋

D. 两侧为锁骨　E. 两侧为锁骨下血管

3. 颈根部的内容包括（　　）

A. 胸膜顶　B. 锁骨下动脉和锁骨下静脉　C. 胸导管和右淋巴导管

D. 迷走神经和膈神经　E. 颈外动脉

4. 关于锁骨上三角的叙述，正确的是（　　）

A. 又称锁骨上大窝　B. 位于锁骨上缘内 1/3 上方

C. 位于锁骨上缘中 1/3 上方　D. 在体表呈明显凹陷

E. 内容有锁骨下动脉、锁骨下静脉、臂丛

5. 关于 Virchow 淋巴结的叙述，正确的是（　　）

A. 又称右侧斜角肌淋巴结

B. 胃癌或食管下部癌转移时，常累及该淋巴结

C. 肿大时，可在胸锁乳突肌前缘和锁骨上缘处触及

D. 肿大时，可在胸锁乳突肌后缘和锁骨上缘的交界处触及

E. 又称左侧斜角肌淋巴结

6. 关于甲状腺悬韧带的叙述，正确的是（　　）

A. 由真被膜形成　B. 由封套筋膜形成

C. 由假被膜与软骨膜愈着增厚形成　D. 将甲状腺固定于喉及气管壁

E. 将甲状腺固定于咽

7. 关于甲状腺囊鞘间隙的叙述，正确的是（　　）

A. 为真被膜与纤维囊之间的间隙　B. 为假被膜与真被膜之间的间隙

C. 间隙内有甲状旁腺　D. 间隙内有疏松结缔组织

E. 间隙内有甲状腺组织

8. 常规行气管切开术时，由浅入深的层次是（　　）

A. 皮肤、浅筋膜　B. 颈筋膜浅层　C. 颈筋膜中层

D. 胸骨上间隙和颈静脉弓　E. 舌骨下肌群

9. 关于胸膜顶的叙述，正确的是（　　）

A. 前方有锁骨下动脉、膈神经　B. 为覆盖肺尖部的脏胸膜

C. 为覆盖肺尖部的壁胸膜　D. 高出锁骨外侧 1/3 上缘 2～3cm

E. 上方有 Sibson 筋膜

10. 关于颈交感干的叙述，正确的是（　　）

A. 由颈上、中、下交感神经节及节间支组成

B. 颈上神经节位于第 2～3 颈椎横突前方

C. 颈中神经节最大，位于第 6 颈椎横突前方

D. 颈下神经节多与第 1 胸交感神经节融合为星状神经节

E. 位于脊柱两旁，椎前筋膜前面

（四）名词解释

1. Horner 综合征
2. 颈袢
3. Virchow 淋巴结
4. 静脉角
5. 甲状腺鞘

（五）填空题

1. 气管前筋膜包绕甲状腺，形成甲状腺假被膜，又称________；甲状腺的外膜称真被膜，即纤维囊，两者之间形成的间隙为________。
2. 甲状腺上动脉与________伴行；甲状腺下动脉与________交叉。
3. 在行甲状腺次全切除术时，结扎甲状腺上动脉，应________甲状腺上极进行，结扎甲状腺下动脉，应________甲状腺下极进行。
4. 左右喉返神经入喉前都经过________的后方，故________可作为寻找喉返神经的标志。
5. 气管颈部活动性较大，头转向一侧，气管随之转向________，食管移向________。
6. 常规气管切开术时，头应保持________，并尽量________，使气管接近体表。
7. 锁骨上三角主要内容有锁骨下静脉及静脉角、________和________。
8. 臂丛经________进入锁骨上三角，在________后方比较集中，位置表浅，其常为臂丛锁骨上阻滞麻醉的部位。
9. 甲状腺静脉主要有甲状腺上、中、下静脉，分别是________、________的属支。
10. 膈神经在________表面下行，穿________和锁骨下静脉之间进入胸腔。
11. 颈交感干由________交感神经节及其________组成。
12. 颈上神经节位于________前方，颈中神经节位于________前方。
13. 颈下神经节位于________平面，多与第 1 胸神经节融合为________，又称星状神经节。
14. 颈根部是指颈部与胸部交界处，前界为________，后界为________。
15. 胸膜顶及肺尖位于________上方，最高点距锁骨上方________。
16. 喉返神经是迷走神经的分支。左喉返神经勾绕________，右喉返神经勾绕________，两者均上行于气管与食管之间的沟内。
17. 副神经本干在胸锁乳突肌后缘________交点处进入枕三角，有________勾绕，是确定副神经的标志。

（六）综合应用题

1. 试述肌三角的层次结构及其内容。
2. 颈椎结核脓肿通常在哪个颈筋膜间隙中？溃破后脓液可扩散至何处？
3. 简述甲状腺的形态、位置和毗邻。
4. 甲状腺肿大时，会压迫什么结构，出现什么症状？
5. 简述甲状腺的血管及手术结扎血管时应注意避免损伤的神经。
6. 试述气管颈部的位置、毗邻；气管切开时需切开哪些层次到达气管？
7. 颈根部解剖时，胸膜顶的毗邻有哪些主要结构？
8. 简述颈部的淋巴结群。

（七）临床思维能力训练题

患者，女性，38岁，中学教师。因发现颈部肿胀伴性情急躁、失眠、消瘦3个月而就诊。

患者自述，近3个月来经常易怒，性情急躁，容易激动，怕热，易出汗，夜间失眠，疲乏无力，有时低热；家人诉说患者近来食欲亢进，但体重不断减轻，时常无原因的哭泣，月经也不正常。

检查所见：中年女性，消瘦，表情焦虑烦躁，颜面潮红，体温37.2℃，心率105次/分，血压为120/60mmHg。患者双眼球明显突出，眼睛不能闭合，结膜轻度充血。颈部甲状腺区明显肿胀，触诊发现甲状腺呈弥漫性肿大，两侧对称，质地软，表面光滑，无结节，可随吞咽上下移动；甲状腺区听诊可听到连续性吹风样杂音。令患者伸舌，可见舌尖有轻微震颤，双手向前平举时，也见双手微颤。

实验室血清检查：患者T_3高出正常值4倍，T_4高出正常值2.5倍。患者基础代谢率约为50%。

根据患者的临床表现及实验室检查，诊断为甲状腺功能亢进。该病的治疗包括药物治疗、放射性碘治疗和手术治疗三种。应根据患者的年龄、性别、病情轻重、病程长短及有无其他伴发症等多种因素选用合适的治疗方案。

请思考以下问题。

（1）肿大的甲状腺随吞咽上下移动的解剖学基础是什么？

（2）肿大的甲状腺有可能压迫哪些器官，并引起什么症状？为什么？

（3）若行外科手术治疗应作何种切口？要经颈部哪些层次方可显露甲状腺？

（4）手术中应注意避免哪些结构？为什么？

（5）术后声音嘶哑的可能原因是什么？

（6）根据所学的知识，你能解释患者的哪些症状和体征？

（贺细菊）

第三章 胸 部

胸部位于颈部与腹部之间，其上部两侧与上肢相连。胸廓和软组织构成胸壁，胸壁和膈围成胸腔。胸腔中部被纵隔占据，纵隔的两侧有肺及其表面的胸膜和胸膜腔。胸腔含有呼吸系统和心血管系统的主要器官。胸腔向上经胸廓上口与颈部相通，向下借膈与腹腔分隔。

一、胸壁、膈、胸膜和肺

【目的和要求】

1. 掌握女性乳房的位置、结构特点和淋巴回流；肋间后动脉和胸廓内动脉的行程及临床意义；膈的位置和形态结构；胸膜腔的构成，胸膜的配布，胸膜窦的位置及临床意义，胸膜腔穿刺的部位和经过的层次结构；胸膜和肺的体表投影。

2. 熟悉胸部体表标志和标志线。

3. 了解肺门和肺根的位置和结构。

【实训教具】

1. 标本 男性、女性大体标本（示胸部位置、结构）；胸前壁、胸后壁标本（示胸壁层次）；女性乳房标本（示乳腺叶、输乳管的排列）；左、右单肺标本（示肺分叶、肺门结构）；气管、支气管及双肺成套标本（示其各部的形态结构）；气管、支气管树整体标本（示左主支气管、右主支气管的结构特点及肺段支气管）；膈游离标本（示膈的分部及三个裂孔）；骨架。

2. 模型 女性乳房模型；左单肺模型、右单肺模型；双肺及支气管模型；人体半身模型。

【实训内容及方法】

（一）概述

1. 境界与分区 在大体标本上观察胸部上界、下界、外侧界。胸部上界为颈静脉切迹、胸锁关节、锁骨上缘、肩峰和第 7 颈椎棘突的连线；胸部下界为剑突、肋弓、第 11 肋前端、第 12 肋下缘和第 12 胸椎棘突的连线；上部两侧以三角肌前后缘与上肢分界。胸部表面的界线不代表胸腔的真正范围。胸壁分为胸前区、胸外侧区和胸背区。胸腔分为中部、左部、右部。

2. 表面解剖

（1）体表标志：在大体标本、骨架和自己身体上观察并触摸下列胸部体表标志，颈静脉切迹（jugular notch）、胸骨角（sternal angle）、剑突（xiphoid process）、锁骨（clavicle）、锁骨下窝（infraclavicular fossa）、喙突（coracoid process）、肋（ribs）和肋间隙（intercostal spaces）、肋弓（costal arch）、胸骨下角（infrasternal angle）、剑肋角（xiphocostal angle）、乳头（papillae）、胸大肌和前锯肌。

（2）标志线：在大体标本、骨架和自己身体上描绘下列胸部标志线，前正中线（anterior median line）、胸骨线（sternal line）、锁骨中线（midclavicular line）、胸骨旁线（parasternal line）、腋前线（anterior axillary line）、腋后线（posterior axillary line）、腋中线（midaxillary line）、肩

胛线（scapular line）、后正中线（posterior median line）。

（二）胸壁

男性、女性大体标本取仰卧位，结合胸前壁标本由浅至深依次观察胸壁的层次：皮肤、浅筋膜、深筋膜、胸廓外肌层、胸廓和肋间肌、胸内筋膜和壁胸膜。

1. 浅层结构

（1）皮肤：胸前区和胸外侧区的皮肤较薄。

（2）浅血管：分布至胸壁的动脉有胸廓内动脉穿支、肋间后动脉前穿支、肋间后动脉外侧穿支、胸肩峰动脉和胸外侧动脉的分支。分布于胸壁的静脉有胸腹壁静脉（thoracoepigastric vein）、胸外侧静脉（lateral thoracic vein）、胸廓内静脉和肋间后静脉。

（3）皮神经：胸前区、胸外侧区的皮神经来自颈丛的锁骨上神经（supraclavicular nerves）和肋间神经的前皮支和外侧皮支。仔细观察肋间神经的皮支在胸腹壁的节段性分布，并由自己总结其分布规律。第 2、4、6、8、10 和 12 肋间神经的皮支分别分布于胸骨角平面、男性乳头平面、剑突平面、肋弓平面、脐平面和髂前上棘平面。

（4）乳房（breast）：在女性乳房游离标本和模型上观察乳腺叶、输乳管及其以乳头为中心呈放射状的排列；同时查寻乳房悬韧带（suspensory ligament of breast）或 Cooper 韧带的连接关系，即将乳腺分别附着于皮肤和胸肌筋膜。

乳房的淋巴回流主要注入腋淋巴结，有 6 个引流方向：①乳房外侧部和中央部的淋巴管注入胸肌淋巴结；②上部的淋巴管注入尖淋巴结和锁骨上淋巴结；③内侧部的淋巴管注入胸骨旁淋巴结；④深部的淋巴管注入胸肌间淋巴结；⑤内侧部的浅淋巴管与对侧乳房的淋巴管交通；⑥内下部的淋巴管通过腹壁和膈下的淋巴管与肝的淋巴管交通。

2. 深层结构

（1）深筋膜：分为浅、深两层。浅层覆盖于胸大肌和前锯肌表面，深层位于胸大肌深面。仔细观察深层形成的锁胸筋膜（clavipectoral fascia）的位置及其穿经的结构，即位于喙突、锁骨下肌和胸小肌之间的筋膜称锁胸筋膜，胸肩峰动脉的分支、胸外侧神经、头静脉和淋巴管穿经该筋膜。

（2）胸廓外肌层：浅层有胸大肌、腹直肌和腹外斜肌的上部，深层有锁骨下肌、胸小肌和前锯肌。胸大肌和胸小肌之间的间隙称胸肌间隙（interpectoral space），内含 2～3 个胸肌间淋巴结。

（3）胸廓和肋间隙：在大体标本上观察胸廓（thoracic cage）构成。肋间隙内有肋间肌、肋间血管神经和结缔组织等。肋间肌由浅至深分三层：肋间外肌、肋间内肌和肋间最内肌。肋间内肌和肋间最内肌之间有肋间血管、神经通过。肋间后动脉、肋间神经的主干和在肋角处发出的下支分别沿肋沟和下位肋上缘前行。在肋沟处，血管、神经的排列顺序自上而下为肋间后静脉、肋间后动脉和肋间神经。根据肋间血管、神经的行程，常在肩胛线或腋后线第 7、8 肋间隙中部行胸膜腔穿刺。

（4）胸廓内血管：胸廓内动脉（internal thoracic artery）贴第 1～6 肋软骨后面，至第 6 肋间隙分为肌膈动脉和腹壁上动脉。胸廓内动脉上段发出的心包膈动脉与膈神经伴行。胸骨旁淋巴结（parasternal lymph nodes）沿胸廓内血管排列。

（5）胸横肌和胸内筋膜：胸内筋膜（endothoracic fascia）为衬托于胸廓（包括胸横肌）

内面的一层致密结缔组织膜。

（三）膈

在大体标本上观察膈的位置、起止点和分部，辨认胸肋三角、腰肋三角的位置、穿经结构及毗邻关系，查找穿经三个裂孔的结构。

1. 位置和分部　膈（diaphragm）呈穹隆状，位于胸腔、腹腔之间，封闭胸廓下口，最高点达第5肋间隙。膈的腱性部为中心腱（central tendon），肌性部分为胸骨部、肋部和腰部。胸骨部起自剑突后面，肋部起自下6肋，腰部的内侧肌束以左脚和右脚起自上第2～3腰椎体，外侧肌束起自内侧弓状韧带和外侧弓状韧带。各部肌束止于中心腱。肌性部的各部之间缺乏肌纤维，形成膈的薄弱区。膈的胸肋三角（sternocostal triangle）位于胸骨部和肋部之间，有腹壁上血管及来自腹壁和肝上面的淋巴管通过。膈的腰肋三角（lumbocostal triangle）位于腰部和肋部之间，底为第12肋。腰肋三角的前方与肾相邻，后方有肋膈隐窝。

2. 裂孔　腔静脉孔（vena caval foramen）：有下腔静脉和右膈神经的分支通过。食管裂孔（esophageal hiatus）：有食管、迷走神经前干、迷走神经后干、胃左血管的食管支和来自肝后部的淋巴管通过。主动脉裂孔（aortic hiatus）：有主动脉、胸导管和来自胸壁的淋巴管，以及奇静脉和半奇静脉通过。

3. 血管、淋巴和神经　膈的血液供应来自心包膈动脉、肌膈动脉、膈上动脉、下位肋间后动脉的分支和膈下动脉。伴行静脉注入胸廓内静脉、肋间后静脉和下腔静脉等。膈的淋巴管注入膈上淋巴结、膈下淋巴结。膈的中央部分由颈丛的分支膈神经支配，其余部分受下6～7对肋间神经支配。

（四）胸膜和胸膜腔

1. 胸膜（pleura）　在大体标本上分别观察脏胸膜（visceral pleura）和壁胸膜（parietal pleura）。脏胸膜覆于肺的表面，与肺紧密结合。壁胸膜分为肋胸膜、膈胸膜、纵隔胸膜、胸膜顶。胸膜顶高出锁骨内侧1/3上方2～3cm。脏胸膜和壁胸膜在肺根下方相互移行的双层胸膜构成肺韧带（pulmonary ligament）。

2. 胸膜腔（pleural cavity）　由于胸膜脏、壁两层在肺根和肺韧带处互相移行，在左、右两肺周围各形成了完全封闭的潜在性腔隙，称胸膜腔。在某些部位，壁胸膜互相反折形成的胸膜腔隐窝称胸膜隐窝（pleural recess）。肋胸膜与膈胸膜转折形成半环形的肋膈隐窝（costodiaphragmatic recess）。在肺前缘的前方，肋胸膜与纵隔胸膜转折形成肋纵隔隐窝（costomediastinal recess）。

3. 壁胸膜反折线的体表投影　在大体标本上仔细观察左胸膜、右胸膜前界的走行和胸腺区、心包区，以及位于其内的器官，观察胸膜下界的走行、高度及其与锁骨中线、腋中线和肩胛线的相交点。肋胸膜与膈胸膜的反折线为胸膜下界，纵隔胸膜前缘和后缘的反折线分别为胸膜前界和胸膜后界。

（1）胸膜前界：两侧均自锁骨内侧1/3上方2～3cm处胸膜顶开始向内下方经胸锁关节后面，至第2胸肋关节高度两侧向中线靠拢，继而于正中线偏外侧垂直向下。左侧至第4胸肋关节高度斜向外下，沿胸骨外侧2～2.5cm走行，达第6肋软骨中点处转向外下，移行为下界。右侧至第6胸肋关节（1/3跨过右剑肋角）高度转向外侧，移行为下界。心包穿刺部位以左剑肋角处较为安全。两侧胸膜前界在第2～4胸肋关节高度靠拢，上段和下段彼此分开，形成上、下两个三角形无胸膜覆盖区。上区称胸腺区，内有胸腺；下区称心包区，内有心包和心脏。

（2）胸膜下界：左侧起自第6肋软骨中点处，右侧起自第6胸肋关节后方，两侧均斜向外下方。在锁骨中线、腋中线和肩胛线分别与第8、10和11肋相交，在后正中线两侧平第12胸椎棘突。右侧胸膜下界比左侧略高。

4. 胸膜的血管、淋巴和神经 脏胸膜的动脉来自支气管动脉和肺动脉的分支，壁胸膜的动脉来自肋间后动脉、胸廓内动脉和心包膈动脉的分支。脏胸膜的淋巴管注入支气管肺淋巴结。壁胸膜的淋巴管注入胸骨旁淋巴结、肋间淋巴结、腋淋巴结、膈淋巴结和纵隔淋巴结。脏胸膜有肺丛的内脏感觉神经分布，壁胸膜有脊神经的躯体感觉神经分布。

（五）肺

1. 位置和体表投影 结合肺模型及骨架，比较性观察肺的前界、后界、下界与胸膜前界、后界、下界走行异同；重点观察肺的下界。

（1）位置：肺（lung）位于胸腔内，纵隔两侧，借肺根和肺韧带与纵隔相连。肺的肋面、膈面和纵隔面分别对向胸壁、膈和纵隔。肺尖（apex of lung）的上方覆以胸膜顶，突入颈根部。肺底（base of lung）隔膈与腹腔器官相邻。

（2）体表投影：肺尖高出锁骨内侧1/3上方2～3cm。肺的前界、后界和下界相当于肺的前缘、后缘和下缘。肺的前界几乎与胸膜前界一致，仅左肺前界在第4胸肋关节高度转向左，继而转向下，至第6肋软骨中点移行为下界。肺下界高于胸膜下界。平静呼吸时，在锁骨中线、腋中线和肩胛线分别与第6、8、10肋相交，在后正中线两侧平第10胸椎棘突。小儿肺下界比成年人约高1个肋。

2. 结构

（1）肺叶：左肺被斜裂（oblique fissure）分为上、下两叶，右肺被斜裂和水平裂（horizontal fissure）分为上、中、下三叶。

（2）肺门和肺根：将游离左单肺标本、右单肺标本，气管、肺成套标本放置于托盘中，结合大体标本，观察左肺根、右肺根内结构自前而后、自上而下的排列顺序，以及左肺根、右肺根的毗邻关系。肺门（hilum of lung）位于肺纵隔面的中部，为主支气管、肺动脉、肺静脉、支气管动脉、支气管静脉、淋巴管和神经出入的部位。支气管肺淋巴结（bronchopulmonary lymph nodes）位于肺门处，一般呈黑色。出入肺门的结构被结缔组织包绕，构成肺根（root of lung）。肺根内结构的排列自前而后为肺静脉、肺动脉和支气管。自上而下，左肺根内结构的排列为左肺动脉、左主支气管和左肺静脉，右肺根为右肺上叶支气管、右肺动脉、右肺中下叶支气管和右肺静脉。肺根前方有膈神经和心包膈血管，后方有迷走神经，下方有肺韧带。右肺根后上方有奇静脉弓勾绕，左肺根上方有主动脉弓跨过。

（3）支气管肺段（bronchopulmonary segment）：每一肺段支气管（segmental bronchus）及其所属的肺组织称支气管肺段。肺段之间含有少量结缔组织和段间静脉，是肺段切除的标志。右肺有10个肺段，左肺可有8个肺段。

3. 血管、淋巴和神经 肺的血管有肺血管和支气管血管两个系统。肺血管为功能性血管，支气管血管为营养性血管。肺动脉和支气管动脉的终末支之间存在吻合。肺的淋巴注入肺淋巴结或直接注入支气管肺淋巴结。肺的神经来自肺丛的迷走神经和交感神经的分支。

【复习思考题】

（一）判断题（正确答案用 A 表示，错误答案用 B 表示）

1. 颈静脉切迹为胸骨柄上缘的切迹，平第 2 颈椎和第 3 颈椎之间；临床常在此切迹检查气管是否偏移。（　　）
2. 肋弓由第 7、8、9、10 肋软骨相连而成，剑突两侧向外下可触及肋弓，是肝、脾的触诊标志。（　　）
3. 两侧肋弓与剑突共同构成胸骨下角。（　　）
4. 肺门肺纵隔面中部的椭圆形凹陷有气管、肺动脉、肺静脉、支气管动脉、支气管静脉、淋巴管和肺丛等出入，又称第一肺门。（　　）
5. 胸肋三角位于膈的胸骨部与肋部起点之间，有腹壁上血管和来自腹壁和肝上面的淋巴管通过。（　　）
6. 每一个肺叶支气管及其分支分布的肺组织称支气管肺段，简称肺段。（　　）
7. 胸内筋膜是一层疏松的结缔组织膜，衬于肋和肋间隙内面。（　　）
8. 锁骨中、内 1/3 交界处下方的凹陷称锁骨下窝，窝深面有腋动脉、腋静脉和臂丛通过。（　　）
9. 成年女性的乳房位于胸小肌表面。（　　）
10. 在肋角和腋中线之间，肋间血管、神经自上而下为静脉、动脉、神经。（　　）
11. 胸廓内动脉向下经锁骨下静脉的后方，紧贴胸膜顶前方入胸腔。（　　）
12. 胸膜下界在肩胛线与第 11 肋相交，近后正中线处平第 12 胸椎棘突。（　　）
13. 在左第 5 肋间隙锁骨中线外侧 1～2cm 处为触及心尖搏动最明显的部位。（　　）
14. 乳房的淋巴主要引流至胸骨旁淋巴结。（　　）
15. 穿经锁胸筋膜的结构有胸肩峰动脉、头静脉、胸内侧神经。（　　）
16. 锁骨下动脉绕胸膜顶后方穿出斜角肌间隙。（　　）

（二）最佳选择题

1. 关于胸骨角描述，不正确的是（　　）
A. 平第 3 胸椎体下缘
B. 胸骨柄与胸骨体连接处微向前突
C. 两侧连接第 2 肋软骨，是计数肋和肋间隙的标志
D. 平主动脉弓起止平面
E. 平气管杈、左主支气管与食管交叉平面

2. 关于女性乳房的淋巴回流的描述，不正确的是（　　）
A. 乳房外侧部和中央部的淋巴管注入胸肌淋巴结
B. 上部的淋巴管注入尖淋巴结和锁骨上淋巴结
C. 内侧部的淋巴管注入胸骨旁淋巴结，内侧部的浅淋巴管与对侧乳房的淋巴管交通
D. 内下部的淋巴管通过腹壁和膈下的淋巴管与脾的淋巴管交通
E. 深部的淋巴管注入胸肌间淋巴结

3. 不参与构成胸壁的肌是（　　）
A. 胸大肌、腹直肌和腹外斜肌　　B. 锁骨下肌、胸小肌和前锯肌
C. 腹内斜肌　　D. 肋间外肌、肋间内肌和肋间最内肌

E. 胸横肌

4. 乳腺脓肿切开引流时，最佳切口是（ ）

A. 放射状切口 B. 横切口 C. 垂直切口

D. 弧形切口 E. 十字形切口

5. 关于膈的主动脉裂孔，错误的是（ ）

A. 主动脉裂孔在膈左脚、膈右脚和脊柱之间，平第 12 胸椎

B. 有主动脉通过

C. 有胸导管通过

D. 有下腔静脉和右膈神经的分支通过

E. 有奇静脉和半奇静脉通过

6. 关于膈的食管裂孔，不正确的是（ ）

A. 食管裂孔平第 8 胸椎 B. 有食管通过

C. 有迷走神经前干、后干通过 D. 有胃左血管的食管支通过

E. 有来自肝后部的淋巴管通过

7. 关于肺根的叙述，欠妥的是（ ）

A. 肺静脉的位置最低

B. 出入肺门的结构被结缔组织包绕，构成肺根

C. 肺根内结构的排列自前而后为支气管、肺静脉和肺动脉

D. 自上而下，左肺根内结构的排列为左肺动脉、左主支气管和左肺静脉

E. 自上而下，右肺根内结构的排列为右肺上叶支气管、右肺动脉、右肺中下叶支气管和右肺静脉

8. 关于肺根的毗邻，不正确的是（ ）

A. 前方有膈神经和心包膈血管 B. 后方有迷走神经

C. 下方有肺韧带 D. 右肺根后上方有奇静脉弓勾绕

E. 左肺根上方有上腔静脉跨过

9. 关于胸膜下界的说法，不正确的是（ ）

A. 左侧起自第 6 肋软骨中点处

B. 右侧起自第 6 胸肋关节后方，斜向外下方

C. 在锁骨中线、腋中线和肩胛线分别与第 6、8 和 10 肋相交

D. 在后正中线两侧平第 12 胸椎棘突

E. 右侧胸膜下界比左侧略高

10. 关于胸膜隐窝的描述，不正确的是（ ）

A. 壁胸膜互相反折形成的胸膜腔隐窝称胸膜隐窝

B. 肋胸膜与膈胸膜转折形成半环形的肋膈隐窝

C. 在肺前缘的前方，肋胸膜与纵隔胸膜转折形成肋纵隔隐窝

D. 肋纵隔隐窝在平静呼吸时的深度约为 5cm，是胸膜腔的最低部位

E. 由于左肺心切迹的存在，左侧肋纵隔隐窝较右侧大

11. 关于肺的血管描述，不正确的是（ ）

A. 肺的血管有肺血管和支气管血管两个系统

B. 肺血管为功能性血管，参与气体交换

C. 支气管血管为营养性血管，供给氧气和营养物质

D. 肺动脉和支气管动脉的终末支之间不存在吻合

E. 肺动脉狭窄或阻塞时，支气管动脉会代偿肺动脉，参与气体交换

（三）多项选择题

1. 胸部的体表标志有（　　）

A. 颈静脉切迹、胸骨角、剑突　　B. 锁骨、锁骨下窝、喙突

C. 喉结、环状软骨　　D. 肋和肋间隙、乳头、胸大肌和前锯肌

E. 肋弓、胸骨下角、剑肋角

2. 穿过膈的主动脉裂孔的结构有（　　）

A. 降主动脉　　B. 胸导管　　C. 迷走神经

D. 奇静脉　　E. 半奇静脉

3. 出入肺门的结构有（　　）

A. 主支气管　　B. 肺动脉、肺静脉　　C. 支气管动脉、支气管静脉

D. 淋巴管、神经　　E. 支气管肺淋巴结

4. 关于肺根的描述，正确的是（　　）

A. 出入肺门的结构被结缔组织包绕　　B. 肺根前方有膈神经和心包膈血管

C. 后方有迷走神经，下方有肺韧带　　D. 右肺根后上方有奇静脉弓勾绕

E. 左肺根上方有主动脉弓跨过

5. 胸骨角平面平对（　　）

A. 两侧连接第 2 肋软骨　　B. 主动脉弓起止处

C. 气管杈　　D. 左主支气管与食管交叉处

E. 第 4 胸椎体下缘

6. 关于肺韧带的描述，正确的是（　　）

A. 脏胸膜和壁胸膜在肺根下方相互移行的双层胸膜

B. 连于肺与纵隔之间

C. 呈额状位，有固定肺的作用

D. 其内有肺动脉、肺静脉

E. 有固定支气管肺淋巴结的作用

7. 描述肺和胸膜的下界常用的标志线有（　　）

A. 前正中线　　B. 胸骨线　　C. 锁骨中线

D. 腋中线　　E. 肩胛线

（四）名词解释

1. 腰肋三角

2. 胸骨角

3. 胸膜腔

4. 肺根

5. 肋膈隐窝

6. 乳房悬韧带

（五）填空题

1. 胸膜腔由________与________围成。
2. 乳房外侧部的淋巴管注入________，乳房内侧部的淋巴管注入________。
3. 胸廓内动脉发自________，沿________外侧缘的外侧约 1.25cm 下行。
4. 胸膜隐窝按其部位不同主要有________和________。
5. 肺下界的体表投影，在锁骨中线平________，在肩胛线平________。
6. 胸膜按照部位不同分为________和________。
7. 肺根的主要结构排列，由前向后为________、________和支气管。
8. 左肺根内的主要结构排列，由上而下为左肺动脉、________和________。
9. 右肺根内的主要结构排列，自上而下为________、右肺动脉、右肺中下叶支气管和________。
10. 根据肋间血管、神经的走行，常在________第 7、8________行胸膜腔穿刺，以免损伤肋间血管、神经。
11. 主动脉裂孔平________高度，主要有________通过。
12. 食管裂孔平________高度，主要有________通过。
13. 腔静脉孔平________高度，主要有________通过。

（六）综合应用题

1. 简述左肺根、右肺根的毗邻关系。
2. 简述女性乳房的淋巴回流。
3. 简述胸膜和肺下界的体表投影。
4. 简述胸壁的层次。
5. 简述肋间神经的皮支在胸腹壁的节段性分布。
6. 简述肋间血管、神经在肋间隙的走行。

（姚柏春）

二、纵　　隔

【目的和要求】

1. 掌握纵隔的概念、境界与分区，主动脉弓及其三大分支，心包窦的位置和意义，食管的毗邻关系及其临床意义。

2. 熟悉胸主动脉、胸导管的毗邻关系及其临床意义。

3. 了解心脏的位置、毗邻和体表投影，心脏的传导系统，心脏的血管、淋巴和神经，纵隔的侧面观。

【实训教具】

1. 标本　大体标本；打开胸前壁的胸部标本（示纵隔的境界与位置）；显露完整纵隔的胸

部标本（示纵隔的分区与各区结构）；显露后纵隔的胸部标本（示后纵隔的位置与结构）；未制作的游离的完整心脏标本（让学生解剖心脏并观察其外形与内部结构）；显露心脏血管的标本（示左、右冠状动脉及其主要分支分布、心脏的静脉）。

2. 模型 心脏模型；纵隔模型；人体半身模型。

【实训内容及方法】

（一）纵隔境界、分区及侧面观

1. 境界与位置 在纵隔（mediastinum）模型和大体标本上观察左右纵隔胸膜之间的器官和结构。纵隔的前界为胸骨，后界为脊柱，两侧为纵隔胸膜，上为胸廓上口，下为膈。一侧发生气胸时，纵隔向对侧移位。

2. 分区 以胸骨角和第 4 胸椎体下缘的平面为界，将纵隔分为上纵隔和下纵隔，下纵隔又以心包的前壁、后壁为界分为前纵隔、中纵隔和后纵隔。

3. 侧面观

（1）左侧面观：纵隔左侧面中心为左肺根。左肺根的前方有心包隆凸、膈神经和心包膈血管，后方有左迷走神经（在主动脉弓左前方发出左喉返神经）、胸主动脉、交感干及内脏大神经等，上方有主动脉弓及其分支左颈总动脉和左锁骨下动脉。还注意观察食管上三角、食管下三角。

（2）右侧面观：纵隔右侧面的中心为右肺根。右肺根前方有心包隆凸、膈神经和心包膈血管，后方有右迷走神经（在右锁骨下动脉前方发出右喉返神经）、食管、奇静脉、交感干及内脏大神经等，上方有右头臂静脉、奇静脉弓、上腔静脉、气管和食管，下方有下腔静脉。

（二）上纵隔

按照前、中、后三层辨认上纵隔（superior mediastinum）及其器官和结构。前层有胸腺、头臂静脉和上腔静脉（静脉层），中层有主动脉弓及其分支、膈神经和迷走神经（动脉层），后层有气管、食管和胸导管等（管道层）。

1. 胸腺（thymus） 由左、右两叶构成，位于胸膜围成的胸腺区内，小儿胸腺可达颈部。

2. 上腔静脉及其属支 上腔静脉（superior vena cava）由左头臂静脉、右头臂静脉汇合而成，有奇静脉弓从后壁注入。上腔静脉前方有胸膜和肺，后方有气管和迷走神经，左侧有升主动脉和主动脉弓，右侧有膈神经和心包膈血管。头臂静脉（brachiocephalic vein）由颈内静脉和锁骨下静脉汇合而成。左头臂静脉向右下斜越左锁骨下动脉、左颈总动脉和头臂干的前面。气管切开或针刺时应注意左头臂静脉。

3. 主动脉弓及其分支 注意观察主动脉弓（aortic arch）的走行。主动脉弓凸侧发出头臂干（brachiocephalic trunk）、左颈总动脉（left common carotid artery）和左锁骨下动脉（left subclavian artery）。主动脉弓凹侧发出支气管动脉。小儿的主动脉弓可达胸骨柄上缘。在主动脉弓下缘和左肺动脉的起始部观察动脉韧带（arterial ligament）。辨认动脉导管三角的围成：左膈神经、左迷走神经和左肺动脉，其内有动脉导管（韧带）、左喉返神经和心浅丛，是手术中寻找动脉导管的标志。

4. 气管胸部和支气管 气管胸部（thoracic part of trachea）在上纵隔后层内，平胸骨角分为左主支气管、右主支气管。在气管杈（bifurcation of trachea）管腔内观察气管隆嵴（carina of trachea），它是支气管镜检查时辨认左主支气管、右主支气管起点的标志。比较观察左主支气管（left principal bronchus）和右主支气管（right principal bronchus）的形态结构特征。由于右主支气管较粗、短、直，且气管隆嵴偏左，因此，气管内异物容易进入右主支气管，支气管镜检查或支气管插管时也易置入右主支气管。

（三）下纵隔

下纵隔（inferior mediastinum）分为前纵隔、中纵隔和后纵隔。

1. 前纵隔（anterior mediastinum） 有胸腺（或胸腺剩件）下部、纵隔前淋巴结等。

2. 中纵隔（middle mediastinum） 有心包、心脏、出入心脏的大血管根部、膈神经和心包膈血管等。

（1）心包（pericardium）：比较观察由一层囊状致密结缔组织膜构成的纤维心包（fibrous pericardium）和位于其内由两层浆膜形成的浆膜心包（serous pericardium），以及由浆膜心包的脏、壁两层在大血管根部反折移行围成的心包腔（pericardial cavity）。在大体标本上用手指体验心包窦（pericardial sinus），包括心包横窦（transverse sinus of pericardium）、心包斜窦（oblique sinus of pericardium）和心包前下窦（anteroinferior sinus of pericardium）的位置、大小，并思考其临床意义。

浆膜心包的壁、脏两层反折处的间隙称心包窦（pericardial sinus）。位于升主动脉、肺动脉与上腔静脉、左心房前壁之间的间隙称心包横窦，其可通过一手指。心脏和大血管手术时，可在心包横窦处钳夹升主动脉和肺动脉，以暂时阻断血流。位于左肺静脉、右肺静脉、下腔静脉、左心房后壁和心包后壁之间的间隙称心包斜窦。位于心包前壁与下壁反折处的间隙称心包前下窦，深1～2cm，其是心包腔的最低部位，心包积液首先积聚于此。

（2）心脏（heart）：观察心脏外形，一尖、一底、二面、三缘、四沟。在胸前壁用四点的连线描绘心脏的体表投影，查找并确认心内注射部位。寻找左冠状动脉、右冠状动脉的起始、走行、主要分支及其分布范围。左冠状动脉（left coronary artery）起自主动脉左窦，分为前室间支和旋支。右冠状动脉（right coronary artery）起自主动脉右窦，分为后室间支和左心室后支。心脏的大、中、小静脉主要注入冠状窦（coronary sinus），冠状窦开口于右心房。

3. 后纵隔 有食管、迷走神经、胸主动脉、奇静脉、半奇静脉、副半奇静脉、胸导管、交感干胸部和纵隔后淋巴结等。

（1）食管胸部（thoracic part of esophagus）：在大体标本上详细观察食管的毗邻关系。食管前方有气管、气管杈、左主支气管、左喉返神经、右肺动脉、迷走神经的食管前丛、心包、左心房和膈；后方有迷走神经的食管后丛、胸主动脉、胸导管、奇静脉、半奇静脉、副半奇静脉和右肋间后动脉；左侧有左颈总动脉、左锁骨下动脉、主动脉弓、胸主动脉、胸导管上段；右侧有奇静脉弓。左心房扩大可压迫食管，食管钡餐造影时出现明显的压迹。右侧纵隔胸膜在肺根以下常突入食管与奇静脉和胸导管之间，形成食管后隐窝（retroesophageal recess），经左胸行食管下段手术时可能破入右侧胸膜腔，导致气胸。

（2）迷走神经（vagus nerve）：经肺根的后方下行。辨认迷走神经和交感干的分支分别在主动脉弓前下方及主动脉弓与气管杈之间构成的心浅丛（superficial cardiac plexus）和心深丛（deep cardiac plexus），在肺根的周围构成的肺丛（pulmonary plexus）。追踪观察左迷走神经、右迷走神经的分支在食管的前面和后面构成的食管前丛（anterior esophageal plexus）和食管后丛（posterior esophageal plexus），以及向下汇合形成的迷走神经前干（anterior vagal trunk）和迷走神经后干（posterior vagal trunk），经食管裂孔入腹腔。

（3）胸主动脉（thoracic aorta）：在第 4 胸椎体下缘续接主动脉弓，沿脊柱和食管的左侧下行，逐渐转至脊柱的前方和食管的后方，平第 12 胸椎穿膈主动脉裂孔后续为腹主动脉。胸主动脉后壁发出肋间后动脉。胸主动脉的前方有左肺根、心包和食管，后方有半奇静脉和副半奇静脉，右侧有奇静脉和胸导管，左侧与纵隔胸膜相贴。在胸主动脉和食管胸段的周围有纵隔后淋巴结（posterior mediastinal lymph nodes）。

（4）奇静脉（azygos vein）、半奇静脉（hemiazygos vein）和副半奇静脉（accessory hemiazygos vein）：观察三者的起始、行走、收集范围及注入部位。奇静脉起自右腰升静脉，沿食管后方和胸主动脉右侧上行，至第 4 胸椎体高度向前勾绕右肺根，注入上腔静脉；奇静脉收集右侧肋间后静脉、食管静脉、支气管静脉和半奇静脉。半奇静脉起自左腰升静脉，沿胸椎体左侧上行，达第 8 胸椎体高度经胸主动脉和食管后方向右跨越脊柱，注入奇静脉；其收集左侧下部肋间后静脉、食管静脉和副半奇静脉的静脉血。副半奇静脉沿胸椎体左侧下行，注入半奇静脉或奇静脉；其收集左侧上部的肋间后静脉的静脉血。

（5）胸导管（thoracic duct）：平第 12 胸椎下缘高度起自乳糜池（cisterna chyli），经主动脉裂孔进入胸腔，于胸主动脉与奇静脉之间上行，至第 5 胸椎高度经食管与脊柱之间向左侧斜行，然后经食管与左侧纵隔胸膜之间上行至颈部。当胸导管上段或下段损伤并伴有纵隔胸膜破损时，可引起左侧或右侧乳糜胸。

（6）胸交感干（thoracic sympathetic trunk）：位于脊柱两侧。胸交感干借白交通支、灰交通支与肋间神经相连，每侧有 10～12 个胸神经节。上 5 对胸神经节发出的节后纤维参与构成心丛、肺丛和食管丛。内脏大神经（greater splanchnic nerve）由第 6～9 胸神经节穿出的节前纤维构成，沿脊柱前面倾斜下降，穿膈脚终于腹腔神经节。内脏小神经（lesser splanchnic nerve）由第 10～12 胸神经节穿出的节前纤维构成，穿膈脚终于主动脉肾节。

（四）纵隔间隙

在大体标本上观察纵隔间隙，其包括胸骨后间隙（retrosternal space）、气管前间隙（pretracheal space）、食管后间隙（retroesophageal space）及其与颈部和腹部的间隙的交通关系。

【复习思考题】

（一）判断题（正确答案用 A 表示，错误答案用 B 表示）

1. 上纵隔的器官由前向后大致可分为三层，前层有主动脉弓、左头臂静脉、右头臂静脉和上腔静脉等。（　　）
2. 上腔静脉沿升主动脉右侧垂直下行。（　　）
3. 主动脉弓下方有肺动脉、动脉韧带和左喉返神经。（　　）
4. 纵隔右侧面观，右肺根后方有食管、奇静脉和右交感干。（　　）
5. 纵隔左侧面观，左肺根上方为头臂干及其分支——左颈总动脉和左锁骨下动脉。（　　）
6. 动脉导管三角位于主动脉弓的左前方，由左膈神经、左迷走神经和左肺动脉围成。三角内有动脉韧带、左喉返神经和心浅丛；是临床手术寻找动脉导管的标志。（　　）
7. 食管上三角由左锁骨下动脉、主动脉弓上缘与脊柱前面围成，内有气管和食管胸段的上部。（　　）
8. 位于中纵隔内的结构有心脏、心包、迷走神经、膈神经。（　　）

9. 心包后壁与食管、胸主动脉毗邻。( )
10. 后纵隔内含胸交感干、食管胸部、胸主动脉、奇静脉、迷走神经等。( )
11. 心包腔位于升主动脉、肺动脉后方与上腔静脉、右心房前壁前方之间的部分称心包横窦。( )
12. 食管下段是肝门静脉和上腔静脉系的吻合区。( )
13. 食管后间隙是指食管与脊柱之间的间隙。( )
14. 胸导管经膈主动脉裂孔入后纵隔。( )
15. 奇静脉至第 4 胸椎高度呈弓形弯曲绕右肺根后上方注入上腔静脉。( )
16. 右迷走神经沿气管右侧下行至肺根后方。( )
17. 胸交感干由第 5 胸交感神经节或第 6～9 胸交感神经节发出的节后纤维组成内脏大神经。( )
18. 纵隔后淋巴结输出管主要汇入右淋巴导管。( )

（二）最佳选择题

1. 关于纵隔境界的描述，不正确的是( )
A. 前界为胸骨　B. 后界为脊柱　C.两侧为肺
D. 上为胸廓上口　E. 下为膈
2. 关于纵隔分区，不正确的是( )
A. 纵隔是左、右纵隔胸膜之间的器官和组织的总称
B. 正常情况下，纵隔的位置固定
C. 解剖学通常采用四分法
D. 以胸骨角和第 4 胸椎体下缘平面，将纵隔分为上纵隔、中纵隔和下纵隔
E. 下纵隔又以心包的前壁、后壁为界分为前纵隔、中纵隔和后纵隔
3. 临床上心包腔穿刺的常用部位是( )
A. 经左剑肋角　B. 经右剑肋角　C. 常在胸骨左缘第 4 肋间隙
D. 常在胸骨右缘第 4 肋间隙　E. 左侧第 5 肋间隙左锁骨中线内侧 1～2cm
4. 有关心包横窦的描述，错误的是( )
A. 浆膜心包的壁、脏两层反折处的间隙
B. 位于升主动脉、肺动脉与上腔静脉、左心房前壁之间的间隙
C. 可通过一手指
D. 心脏和大血管手术时，可在心包横窦处钳夹上腔静脉和下腔静脉
E. 心包横窦是心包腔的一部分
5. 关于心包前下窦描述，不正确的是( )
A. 浆膜心包的壁、脏两层反折处的间隙
B. 纤维心包前壁与下壁反折处的间隙
C. 深 1～2cm
D. 是心包腔的最低部位
E. 心包积液首先积聚于此
6. 关于头臂静脉的叙述，不正确的是( )
A. 由颈内静脉和锁骨下静脉汇合而成

B. 右头臂静脉向左下斜越右锁骨下动脉、右颈总动脉和头臂干的前面
C. 左头臂静脉、右头臂静脉汇合成上腔静脉
D. 儿童左头臂静脉有时位于颈部气管的前方
E. 气管切开或针刺时应注意头臂静脉

7. 关于主动脉弓的叙述，不正确的是（　　）
A. 平右侧第 2 胸肋关节高度续升主动脉
B. 跨左肺根，至第 4 胸椎体下缘左侧移行为胸主动脉
C. 凹侧发出支气管动脉
D. 凸侧发出头臂干、右颈总动脉和右锁骨下动脉
E. 小儿的主动脉弓位置较高，可达胸骨柄上缘

8. 关于动脉导管三角的描述，错误的是（　　）
A. 在主动脉弓前下方
B. 动脉导管三角由右膈神经、右迷走神经和右肺动脉围成
C. 内有动脉导管（韧带）、左喉返神经和心浅丛
D. 是手术中寻找动脉导管的标志
E. 患先天性动脉导管未闭时，动脉导管三角的临床意义尤显突出

9. 四个心腔中最靠后的一个腔是（　　）
A. 右心室　B. 右心耳　C. 左心室　D. 右心房　E. 左心房

10. 上纵隔中没有（　　）
A. 以胸骨角和第 4 胸椎体下缘平面为界，将纵隔分为上纵隔和下纵隔
B. 上纵隔的器官和结构由前向后可分为三层
C. 前层有胸腺、头臂静脉和上腔静脉
D. 中层有主动脉弓及其分支、膈神经和迷走神经
E. 后层有心包和心脏

11. 中纵隔的结构没有（　　）
A. 心包、心脏　B. 气管　C. 出入心脏的大血管根部
D. 膈神经　E. 心包膈血管

12. 不位于后纵隔的结构是（　　）
A. 食管　B. 迷走神经、胸主动脉
C. 奇静脉、半奇静脉、副半奇静脉　D. 胸导管、胸交感干
E. 胸腺

13. 关于食管胸部毗邻的描述，不正确的是（　　）
A. 前方有右主支气管、心包、左心房和膈等
B. 后方有胸主动脉、胸导管、奇静脉等
C. 左侧有主动脉弓、胸主动脉、胸导管上段等
D. 右侧有奇静脉弓
E. 左心房扩大压迫食管，食管钡餐造影时可出现压迹

14. 关于胸导管的描述，错误的是（　　）
A. 胸导管平第 12 胸椎下缘起自乳糜池　B. 先于胸主动脉与奇静脉之间上行

C. 至第 5 胸椎经食管与脊柱之间向右斜行　D. 经食管与左纵隔胸膜之间上行至颈部

E. 当胸导管上段或下段损伤并伴有纵隔胸膜破损时，可引起左侧或右侧乳糜胸

15. 关于主动脉弓的毗邻描述，不正确的是（　　）

A. 左前方有膈神经、心包膈血管和胸交感干等

B. 右后方有气管、左喉返神经、胸导管和心深丛

C. 上方有其三大分支等

D. 下方有肺动脉、动脉韧带、左喉返神经和心浅丛等

E. 主动脉瘤累及左喉返神经时可影响发音

16. 关于心包的描述，不正确的是（　　）

A. 心包分为纤维心包和浆膜心包

B. 浆膜心包壁层衬于纤维心包的内面

C. 脏层紧贴于心脏和出入心脏的大血管根部的表面

D. 纤维心包脏、壁两层反折移行，围成心包腔

E. 常在左剑肋角行心包穿刺

（三）多项选择题

1. 上纵隔内有（　　）

A. 胸腺　B. 头臂静脉、上腔静脉　C. 主动脉弓及其分支

D. 膈神经、迷走神经　E. 气管、食管和胸导管

2. 后纵隔内有（　　）

A. 食管　B. 迷走神经、胸主动脉

C. 奇静脉、半奇静脉、副半奇静脉　D. 胸导管、胸交感干

E. 纵隔后淋巴结

3. 关于心包窦的叙述，正确的是（　　）

A. 浆膜心包的壁、脏两层反折处的间隙

B. 心脏和大血管手术时，可在心包横窦处钳夹升主动脉和肺动脉

C. 人体直立时，心包前下窦是心包腔的最低点

D. 心包窦是心包腔的一部分

E. 从左剑肋角行心包穿刺，恰可进入心包前下窦

（四）名词解释

1. 纵隔
2. 心包横窦
3. 心包斜窦
4. 心包前下窦
5. 心包腔
6. 动脉韧带
7. 动脉导管三角

（五）填空题

1. 纵隔的前界为________，后界为________。

2. 纵隔的上界为________，下界为________。
3. 主动脉弓的上缘由右向左发出________、左颈总动脉和________。
4. 胸导管起自________，经________入胸腔。
5. 胸导管至________向左斜行，经食管与________之间上行至颈部。
6. 奇静脉上行至________高度，呈弓状绕________注入上腔静脉。
7. 以________和________平面为界，将纵隔分为上纵隔和下纵隔。
8. 与左主支气管比较，右主支气管较________，且气管隆嵴偏________，故气管内异物容易进入右主支气管。
9. 前纵隔内有________、________和疏松结缔组织。
10. 左冠状动脉起自主动脉左窦，分为________和________。
11. 右冠状动脉起自主动脉右窦，沿冠状沟行至房室交点处分为________和________。
12. 迷走神经和交感干的分支分别在________及主动脉弓与气管杈之间构成心浅丛和________。
13. 奇静脉收集________、食管静脉、支气管静脉和________的血液。
14. 气管前间隙向上与颈部的________相通，食管后间隙向上与咽后间隙、向下与________相通。

（六）综合应用题

1. 试述气管胸部的位置和毗邻。
2. 试述食管胸部的毗邻。
3. 简述纵隔的境界和分区。
4. 简述上纵隔的分层及其主要结构。
5. 试述胸导管的起止及走行。

（七）临床思维能力训练题

患者，男性，61 岁。因严重气短（呼吸困难）和吞咽困难而急诊入院。患者主诉 8 个月来有进行性吞咽困难和疼痛，只能进食流质食物，体重减轻 12kg。出现气短已半个月，且不时出现剧烈的阵发性咳嗽，伴血色痰，偶尔喷出血液，量约为 160ml。患者近 2 周来声音变嘶哑并发现左肩有一肿块，活动时疼痛。

体格检查：患者十分消瘦，表情痛苦。面部呈暗紫色，呼吸困难。喉镜检查发现呼吸和发音时右侧声襞均处于半外展状态。脉搏快，体温 38.6℃。胸部 X 线检查显示纵隔增宽，左肩肿块所在的左锁骨外侧半骨质被破坏。食管钡餐显示食管在气管杈平面有阻塞征象。诊断为食管癌侵及气管和锁骨。

请思考以下问题。

（1）食管癌为何会引起气短和咳嗽？

（2）食管癌患者为何声音会变嘶哑？

（3）食管癌可能会累及纵隔的哪些脏器？

（4）食管癌的扩散途径有哪些？

（姚柏春）

第四章　腹　　部

腹部位于胸部与盆部之间，上界由剑突、两侧肋弓下缘、第 11 肋前端、第 12 肋下缘和第 12 胸椎棘突连线围成；下界是耻骨联合上缘、耻骨嵴、耻骨结节、腹股沟壁、髂前上棘、髂嵴和髂后上棘至第 5 腰椎棘突的连线。腹壁以腋后线为界分为腹前外侧壁及腹后壁。腹部按下列次序进行实训：①腹前外侧壁；②结肠上区；③结肠下区和腹膜后隙。

一、腹前外侧壁

【目的和要求】

1. 掌握腹部的分区；腹前外侧壁的层次及血管、神经分布概况；腹直肌鞘的构成；腹股沟管的位置、构成、内容物及临床意义；腹股沟三角的位置、构成和临床意义。

2. 熟悉主要脏器的体表投影；腹部浅筋膜的特点、移行和附着。

3. 了解腹部的境界；脐以下腹前壁皱襞的构成和隐窝的位置。

【实训教具】

1. 标本　大体标本；腹前外侧壁标本；腹部标本；腹股沟管标本。

2. 模型　腹股沟管模型。

【实训内容及方法】

在大体标本上分两部分进行操作，先观察腹壁手术切口，再按层次解剖腹前外侧壁。

（一）常用腹部手术切口

1. 经腹直肌切口　①在脐上正中线右侧 3～4cm 处（与腹前正中线平行），作长约 10cm 的纵行皮肤切口；②纵行切开皮下组织直到腹直肌鞘前层；③纵行切开腹直肌鞘前层；④将前层与腹直肌分离，然后用刀柄沿肌纤维方向分开腹直肌，可见肌深面数支横行的肋间神经；⑤用有齿镊或血管钳将鞘后层从两边夹住提起，在中间切一小口，插入两指为引导，用剪刀向上、向下扩大至切口两端（该处壁腹膜紧贴鞘后面故壁腹膜也同时切开）。观察该切口层次：由浅入深为皮肤、浅筋膜、腹直肌鞘前层、腹直肌、腹直肌鞘后层、腹横筋膜、腹膜外组织、壁腹膜。

2. 麦氏切口（McBurney 切口）　①在右髂前上棘与脐连线的中外 1/3 交点处作一与此线垂直的斜切口，长 7～8cm；②沿切口方向切开皮下组织至腹外斜肌腱膜；③按切口方向切（剪）开腹外斜肌腱膜，在髂前上棘与脐连线水平以上可看到肌纤维，顺肌纤维方向分开肌肉向两侧推开，可见腹内斜肌；④用刀尖在肌表面的筋膜上切一小口，循腹内斜肌纤维方向用止血钳或刀柄分开肌肉（可见浅面的腹内斜肌和深方的腹横肌，分别或一同分开）至腹横筋膜，因腹横筋膜紧贴于腹横肌深面，故在钝性分开肌肉时可能分开，此时切口下所见者为腹膜外组织或壁腹膜；⑤推开腹膜外组织，将壁腹膜用有齿镊或血管钳从两边提起，在中间切一小口，插入两指为导引，用剪刀向上、向下扩大至切口两端，视野下可见肠管。观察该切口层次：由浅入深为皮肤、浅筋膜、腹外斜肌腱膜、腹内斜肌、腹横肌、腹横筋膜、腹膜外组织、壁腹膜。

3. 耻骨上正中切口　①在耻骨联合上方正中作长约 10cm 的纵行切口；②纵切皮下组织，在其切面上可以分出浅的脂肪层和深的膜性层，用手指插入膜性层与腹外斜肌腱膜之间向内、向下探查膜性层与腹白线、浅会阴筋膜（正中与阴茎筋膜）及股部阔筋膜的相互延续关系；③切开腹白线及贴附的腹横筋膜即可见到深方的腹膜外组织；④剔除脂肪后显露腹膜，将壁腹膜向下推移显露耻骨后面的膀胱，此时如做膀胱手术即可进行。然后按前述方法切开壁腹膜(欲做输卵管结扎术则必须切开壁腹膜，以暴露腹膜腔)。观察该切口层次：由浅入深为皮肤、浅筋膜、腹白线、腹横筋膜、腹膜外组织、壁腹膜。

4. 腹股沟疝手术切口　①自腹股沟韧带中点上方约 2cm 至耻骨结节作一与腹股沟平行的斜切口；②与皮肤同样切口切开皮下组织，暴露腹外斜肌腱膜和腱膜内侧脚、外侧脚形成的腹股沟管浅环及出环的精索（女性为子宫圆韧带）；③自浅环顶端开始，按皮肤切口方向切开腱膜，将腱膜的内上叶钝性分离至充分显露联合腱，外下叶分离至清楚显露腹股沟韧带。依次辨认：在腹内斜肌表面的髂腹下神经（皮支在皮下环上方浅出）和髂腹股沟神经（皮支由皮下环浅出）；腹内斜肌与腹横肌的弓形下缘；精索及表面被覆的提睾肌；腹股沟韧带的内面和联合腱。观察该切口层次：由浅入深为皮肤、浅筋膜、腹外斜肌腱膜。

（二）腹前外侧壁层次

1. 浅层结构

（1）皮肤（skin）：皮肤切口，自剑突沿正中线向下环行绕过脐环直至耻骨联合上缘，自耻骨联合上缘沿腹股沟向外切至髂前上棘，自剑突向两侧沿肋弓向外下切至腋中线，将皮肤翻向外侧。观察该区皮肤薄而富有弹性，与皮下组织连接疏松。注意其皮纹走向。

（2）浅筋膜（superficial fascia）：在腹前壁内侧部纵行切开浅筋膜至腹直肌鞘前层。观察浅筋膜主要由脂肪及疏松结缔组织构成。在腹壁下部的浅筋膜可分为浅、深两层：浅层为脂肪层，又称 Camper 筋膜，向下与股部的浅筋膜相延续；深层为膜性层，又称 Scarpa 筋膜，在中线上附着于腹白线，向下附着于股部的阔筋膜；但在左耻骨结节、右耻骨结节间越过耻骨联合继续向下至阴囊，与会阴浅筋膜（Colles 筋膜）相延续。

（3）浅动脉（superficial artery）：在剔除浅筋膜的过程中，于髂前上棘与耻骨结节连线中点下方 1.5cm 附近，寻找旋髂浅动脉和腹壁浅动脉。腹壁的浅动脉位于浅筋膜的浅深两层之间，可分为 3 组，其中下半部有两条重要的浅动脉：腹壁浅动脉（superficial epigastric artery），在腹股沟韧带下方起自股动脉，向上越过腹股沟韧带前面，走向脐部；旋髂浅动脉(superficial iliac circumflex artery)，在腹壁浅动脉外侧起自股动脉，走向髂嵴。

（4）浅静脉（superficial vein）：在剔除浅筋膜的过程中，寻找胸腹壁静脉、腹壁浅静脉和旋髂浅静脉。观察腹前外侧壁的浅静脉分布丰富，吻合成网，在脐区尤为明显。门静脉高压时，形成“海蛇头”。

（5）皮神经（subcutaneous nerve）：在剔除浅筋膜的过程中依次寻找在前正中线两旁浅出的肋间神经前皮支、腋中线的延长线上浅出的外侧皮支，以及在耻骨联合外上方浅出的髂腹下神经、髂腹股沟神经的皮支。观察皮神经的分布呈节段性：第 6 肋间神经分布于剑突平面；第 8 肋间神经分布于肋弓平面；第 10 肋间神经分布于脐平面；肋下神经分布于髂前上棘平面；第 1 腰神经分布于腹股沟平面。

2. 深层结构

（1）腹前外侧壁的肌肉

1）腹直肌（rectus abdominis）：沿腹直肌中线纵行切开腹直肌鞘前层，向两侧翻开露出腹直肌，在脐水平横断腹直肌，分别向上、向下方翻起，暴露鞘的后层。查看：①腹直肌的起止，起自耻骨联合和耻骨嵴，止于胸骨剑突和第5～7肋软骨；②腹直肌鞘，分为前、后两层，前层由腹外斜肌腱膜和腹内斜肌腱膜的前层组成，后层由腹内斜肌腱膜的后层和腹横肌腱膜组成。在脐下4～5cm处，腹直肌鞘的后层缺如，其下缘形成一凹向下的弓状游离缘，称弓状线（arcuate line）或半环线（semicircular line）。

2）腹外斜肌（obliquus externus abdominis）：修洁浅筋膜显露腹外斜肌及其腱膜。并依次观察：①纤维方向，肌纤维从外上斜向内下；②腱膜形成的结构，腱膜在耻骨结节外上方形成三角形裂隙，即腹股沟管浅环（superficial inguinal ring）。其内上部纤维称内侧脚（medial crus）；其外下部纤维称外侧脚（lateral crus）；环的外上方尖部有脚间纤维（intercrural fibers）。外侧脚的部分纤维经过精索的深面与内侧脚的后方向内上反转，附着于白线，称为反转韧带（reflected ligament）。腱膜下缘在髂前上棘至耻骨结节间向后卷曲返折增厚形成腹股沟韧带（inguinal ligament）。腹股沟韧带内侧端的一小部分纤维向下后外侧转折增厚形成腔隙韧带（lacunar ligament）（陷窝韧带）。腔隙韧带向外侧延续附着于耻骨梳的部分，称为耻骨梳韧带（pectineal ligament）（Cooper 韧带）。

3）腹内斜肌（obliquus internus abdominis）：由髂前上棘至腹直肌外缘水平切开腹外斜肌腱膜，再由腹外斜肌的肌性部和腱性部的交界线，由下向上纵行切断腹外斜肌，继沿肋弓向外切开腹外斜肌，翻肌向外，暴露其深面的腹内斜肌。观察：①肌纤维的方向及下缘部分纤维包绕精索而形成的提睾肌；②下缘纤维呈弓状越过精索的上方延为腱膜，在腹直肌外缘与腹横肌腱膜相融合，形成腹股沟镰（inguinal falx）（又称联合腱）。

4）腹横肌（transversus abdominis）：与上述腹外斜肌同样的切口浅切腹内斜肌，轻揭腹内斜肌向外，清理腹横肌及前方的神经血管。观察：①肌纤维方向，肌纤维自后向前横行；②下缘游离向内延为腱膜与腹内斜肌腱膜结合形成腹股沟镰。

（2）血管和神经

1）血管：腹壁深层的动脉有穿行于腹内斜肌和腹横肌之间的下5对肋间后动脉、肋下动脉及4对腰动脉。腹上部有行于腹直肌和腹直肌鞘后层之间的腹壁上动脉（superior epigastric artery）。腹下部有腹壁下动脉（inferior epigastric artery）及旋髂深动脉（deep iliac circumflex artery）。腹壁下动脉、腹直肌外侧缘和腹股沟韧带内侧半所围成的三角形区域，称为腹股沟三角（inguinal triangle）（Hesselbach 三角）。

2）神经：观察行于腹内斜肌和腹横肌之间的第7～12胸神经前支、髂腹下神经（iliohypogastric nerve）、髂腹股沟神经（ilioinguinal nerve）的走行。生殖股神经（genitofemoral nerve）生殖支沿精索内侧下行，从腹股沟管浅环浅出。

（3）壁腹膜（parietal peritoneum）：沿横断腹直肌水平，横行切开腹直肌鞘后层，同时切开深层的腹横筋膜及壁腹膜，在此水平将切口向外延至两侧腋中线的延长线。然后沿腹白线将切口向上延至剑突，向下延至耻骨联合，把肌片翻向四周，打开腹膜腔。观察脐以下腹壁内面结构：①腹膜皱襞，5条，正中者是脐正中襞，稍外侧为脐内侧襞，最外侧是脐外侧襞。②将壁腹膜与腹横筋膜分离开，两层间可见腹膜外组织，此时观察腹壁下动脉、腹壁下静脉的位置及在腹股韧带的上方、腹壁下动脉外侧腹横筋膜上的一个突口即腹股沟管深环。

3. 腹股沟管（inguinal canal） 在大体标本、腹股沟管标本及模型上观察下列结构。

（1）腹股沟管四壁：前壁浅层为腹外斜肌腱膜，深层在管的外 1/3 处有腹内斜肌的起始部；后壁为腹横筋膜，在管的内侧 1/3 处有联合腱；上壁为腹内斜肌与腹横肌的弓状下缘；下壁为腹股沟韧带。

（2）腹股沟管两口：内口为深环，位于腹股沟韧带中点上方约一横指处，是腹横筋膜外突形成的一个卵圆形孔；外口为浅环，是腹外斜肌腱膜在耻骨结节外上方形成的三角形裂隙。

（3）内容：男性有精索和髂腹股沟神经通过，女性有子宫圆韧带通过。

【复习思考题】

（一）判断题（正确答案用 A 表示，错误答案用 B 表示）

1. 按照腹部的分区，阑尾位于右腹股沟区。（　　）
2. 两侧髂嵴最高点的连线平对第 5 腰椎棘突，是腰椎穿刺的重要标志。（　　）
3. 耻骨结节外上方 1～2cm 处即腹股沟管皮下环的位置。（　　）
4. 成人的膀胱在充盈状态时位于耻骨联合上缘平面以下。（　　）
5. 第 10 肋间神经分布于肋弓平面。（　　）
6. 脐平面以下的浅筋膜分为浅层的 Scarpa 筋膜和深层的 Camper 筋膜。（　　）
7. 临床上做腹腔穿刺时，应在腹壁下动脉投影线的外下方进针，以免损伤该动脉。（　　）
8. 生殖股神经的生殖支和髂腹股沟神经通过腹股沟管，疝手术时应避免损伤。（　　）
9. 腹股沟管内男性有精索通过，女性有子宫圆韧带通过。（　　）
10. 经腹股沟管突出的疝是腹股沟直疝。（　　）
11. 经腹股沟管突出的疝是腹股沟斜疝。（　　）
12. 腹股沟三角由腹直肌外侧缘、腹股沟韧带和腹壁下动脉围成。（　　）

（二）最佳选择题

1. 关于腹腔的描述，错误的是（　　）

A. 上为膈穹，下方通过骨盆上口与盆腔相通
B. 腹腔即腹壁所围成的内腔
C. 膈穹顶部高达第 4、5 肋间隙水平
D. 腹腔的实际范围远较腹部体表的界限为大
E. 腹腔为脏腹膜与壁腹膜之间的腔隙

2. 腹上区内没有（　　）

A. 左半肝大部分　　B. 胰腺　　C. 十二指肠大部分
D. 两肾一部分　　E. 横结肠

3. 脐区内没有（　　）

A. 肾　　B. 输尿管　　C. 横结肠
D. 十二指肠小部分　　E. 腹主动脉

4. 关于腹前外侧壁浅筋膜的描述，下列错误的是（　　）

A. 约在脐平面以下，浅筋膜分为浅、深两层

B. 浅层即 Scarpa 筋膜，深层即 Camper 筋膜
C. Scarpa 筋膜在中线附于白线
D. Scarpa 筋膜两侧向下于腹股沟韧带下方与股部阔筋膜相续
E. Scarpa 筋膜在耻骨联合与耻骨结节间向下至阴囊与 Colles 筋膜相连
5. 分布于脐平面的皮神经来自（　　）
A. 第 7 胸神经　B. 第 8 胸神经　C. 第 9 胸神经
D. 第 10 胸神经　E. 第 11 胸神经
6. 腹直肌鞘（　　）
A. 前层由腹外斜肌腱膜和腹内斜肌腱膜前层构成
B. 弓状线以上后层由腹内斜肌腱膜后层和腹横筋膜构成
C. 前层和后层都有腹横肌腱膜参与构成
D. 腹直肌全部包在鞘内
E. 后层和腱划密切愈着，剥离困难
7. 关于腹壁浅静脉的描述，错误的是（　　）
A. 脐区浅静脉细小，彼此吻合成脐周静脉网
B. 脐平面以上浅静脉汇合成胸腹壁静脉
C. 脐平面以下浅静脉经过腹壁浅静脉或旋髂浅静脉汇入大隐静脉
D. 脐区浅静脉与深部的附脐静脉相吻合
E. 肝门静脉高压时不会造成脐周静脉曲张
8. 腹股沟韧带（　　）
A. 由腹外斜肌腱膜增厚而成　B. 内侧 1/3 有腹横肌起始
C. 内侧 2/3 有腹内斜肌起始　D. 内侧端有联合腱加强
E. 外侧端后方有股环
9. 联合腱由下列哪些结构组成（　　）
A. 腹直肌鞘外缘与腹外斜肌　B. 腹内斜肌腱与腹内斜肌
C. 腹横肌和腹内斜肌腱膜　D. 腹内斜肌与腹横筋膜
E. 以上都不是
10. 腹壁下动脉的体表投影在（　　）
A. 腹股沟韧带外、中 1/3 交界处与脐的连线上
B. 腹股沟韧带外、中 1/3 交界处起，作与腹直肌外侧缘相平行的线上
C. 腹股沟韧带中 1/3 与脐的连线上
D. 腹股沟韧带中点稍内侧与脐的连线上
E. 以上都不是
11. 腹股沟三角（Hesselbach 三角）的境界是（　　）
A. 腹股沟韧带、缝匠肌内侧缘、长收肌外侧缘
B. 腹壁下动脉、腹直肌外侧缘、腹股沟韧带内侧半
C. 腹股沟韧带、腹直肌外侧缘、两髂前上棘连线
D. 腹股沟韧带、半月线、髂前上棘至脐的连线
E. 以上都不是

12. 腹股沟管位于（　　）
A. 腹股沟内　B. 腹股沟三角内　C. 腹股沟韧带中 1/3 的上方
D. 腹股沟韧带内侧半的上方　E. 腹壁三层扁肌之内
13. 关于腹股沟管内口的描述，下列错误的是（　　）
A. 在腹股沟韧带中点上方一横指处　B. 在腹壁下动脉外侧
C. 是腹内斜肌腱膜上的一个裂隙　D. 呈卵圆形
E. 内口又称深环
14. 关于腹股沟管浅环的局部解剖，下列错误的是（　　）
A. 内上部分称内侧脚，附于耻骨联合
B. 外下部分称外侧脚，附于耻骨结节
C. 浅环的底为耻骨嵴
D. 浅环的外上方有脚间纤维联系两脚
E. 在外侧脚有部分纤维经精索深面走向内侧脚后方附于白线称陷窝韧带
15. 腹股沟管的下壁是（　　）
A. 腹直肌　B. 腹横肌　C. 腹内斜肌
D. 腹股沟韧带　E. 腹外斜肌
16. 手术中确定腹股沟斜疝的主要依据是（　　）
A. 疝环在腹壁下动脉内侧　B. 疝环在直疝三角内　C. 疝囊在耻骨结节下方
D. 疝囊颈在腹壁下动脉外侧　E. 疝囊在腹股沟管内
17. 通过腹股沟管的神经有（　　）
A. 生殖股神经股支　B. 髂腹下神经　C. 髂腹股沟神经
D. 股神经　E. 闭孔神经
18. 腹股沟管浅环（　　）
A. 为耻骨结节外上方的三角形裂隙　B. 位于耻骨结节的外下方
C. 位于腹股沟韧带稍上方　D. 是腹股沟管外口，呈卵圆形
E. 正对腹股沟外侧窝
19. 腹股沟管深环（　　）
A. 位于腹壁上血管的外侧　B. 有射精管通过　C. 是腹横筋膜的卵圆形裂孔
D. 约在髂前上棘内侧 1cm 处　E. 以上都不是
20. 右下腹部阑尾手术切口的层次依次为（　　）
A. 皮肤、浅筋膜、腹直肌鞘前层、腹直肌、腹直肌鞘后层、腹横筋膜、壁腹膜
B. 皮肤、浅筋膜、腹白线、腹横筋膜、壁腹膜
C. 皮肤、浅筋膜、腹外斜肌腱膜、腹内斜肌、腹横肌、腹横筋膜、腹膜下筋膜、壁腹膜
D. 皮肤、浅筋膜、腹外斜肌、腹内斜肌、腹横肌、壁腹膜
E. 皮肤、浅筋膜、腹外斜肌腱膜、腹横筋膜、腹膜下筋膜、壁腹膜

（三）多项选择题

1. 成人腹腔器官在腹前壁的投影，脐区内有（　　）
A. 横结肠　B. 左输尿管、右输尿管　C. 胰体

D. 部分空肠　　E. 腹主动脉及下腔静脉

2. 下列属于腹前壁下部浅筋膜的是（　　）

A. Buck 筋膜　　B. Camper 筋膜　　C. Colles 筋膜

D. Gerota 筋膜　　E. Scarpa 筋膜

3. 下列结构由腹外斜肌腱膜形成的是（　　）

A. 腹股沟镰　　B. 腔隙韧带　　C. 反转韧带

D. 腹股沟韧带　　E. 腹股沟管皮下环

4. 参与构成腹股沟三角的是（　　）

A. 腹壁浅动脉　　B. 腹直肌外侧缘　　C. 腹股沟韧带内侧半

D. 腹白线　　E. 腹壁下动脉

5. 腹股沟区（　　）

A. 内侧界为腹直肌外缘　　B. 上界为髂前上棘至腹直肌外缘的水平线

C. 下界为腹股沟韧带　　D. 内有腹股沟管　　E. 是腹壁的薄弱区

6. 腹直肌鞘（　　）

A. 后层和腱划密切愈着，剥离困难

B. 腹横肌膜腱参与构成鞘的后层

C. 脐下 4～5cm 以下鞘后层缺如，形成半月线

D. 腹内斜肌腱膜参与构成鞘的前层、后层

E. 分为前、后两层

7. 由腹内斜肌和腹横肌共同形成的结构是（　　）

A. 腹直肌鞘后层　　B. 腹股沟韧带　　C. 腹股沟镰

D. 耻骨梳韧带　　E. 提睾肌

8. 腹股沟三角为腹前外侧壁的薄弱部位，是因为（　　）

A. 腹外斜肌腱膜上出现皮下环　B. 缺乏肌纤维　　C. 腹横筋膜较薄

D. 浅筋膜内无膜性层　　E. 半环线以下没有腹直肌鞘后层

9. 腹横筋膜（　　）

A. 构成精索内筋膜　　B. 构成腹股沟管后壁　　C. 构成腹股沟管腹环

D. 是腹内筋膜的组成部分　　E. 半环线之下紧贴腹直肌后面

10. 腹股沟斜疝手术需注意不要损伤的神经是（　　）

A. 髂腹下神经　　B. 髂腹股沟神经　　C. 生殖股神经生殖支

D. 阴部神经　　E. 闭孔神经

11. 腹股沟斜疝行经（　　）

A. 腹股沟韧带的下方　　B. 腹股沟管浅环　　C. 腹壁下血管外侧

D. 腹股沟三角　　E. 腹股沟管深环

12. 脐周静脉网（　　）

A. 借胸腹壁静脉入腋静脉　　B. 借腹壁上静脉入锁骨下静脉

C. 借腹壁浅静脉入大隐静脉　　D. 借脐静脉入肝门静脉

E. 借腹壁下静脉入髂外静脉

（四）名词解释

1. 腹直肌鞘
2. 弓状线
3. 半月线
4. 腹白线
5. 腔隙韧带（陷窝韧带）
6. 腹股沟韧带
7. 腹股沟镰（联合腱）
8. 腹股沟三角（Hesselbach 三角）
9. 腹股沟管
10. 腹股沟管内口

（五）填空题

1. 以腋后线为界，将腹壁分为________和________。
2. 用两条________线和两条________线将腹部分为 9 个区。
3. 腹部分区的四分法将腹部分为________部和________部。
4. 腹壁下部浅筋膜分为两层：浅层为________，深层为________。
5. 腹前壁下半部的两条较大的浅动脉为________和________。
6. 腹前外侧壁皮肤的感觉神经分布有明显的节段性：________分布于剑突平面，________分布于脐平面。
7. 弓状线以上腹直肌鞘前层由________和________组成。
8. 弓状线以上腹直肌鞘后层由________和________组成。
9. 腹前外侧壁的扁肌由浅入深为________、腹内斜肌和________。
10. 腹壁下动脉的体表投影是________与________的连线。
11. 腹股沟三角是由________、腹直肌外缘和________所围成的三角形区域。
12. 腹壁下动脉可作为手术时鉴别________和________的标志。
13. 腹股沟疝手术时，注意勿损伤________、髂腹股沟神经和________。
14. 在脐以下，腹前壁的腹膜形成 5 条皱襞：正中者为________；稍外侧为________。
15. 在腹股沟韧带的上方，脐外侧襞的内侧、外侧分别为________、________。
16. 腹股沟管前壁浅层为________，深层在管的外 1/3 处有________。
17. 腹股沟管后壁为________，在管的内侧 1/3 处有________。
18. 腹股沟管内口为________，位于________处。
19. 腹股沟管外口为________，是________在耻骨结节外上方形成的三角形裂隙。
20. 腹股沟管内男性有________通过，女性有________通过。

（六）综合应用题

1. 经腹直肌切口进入腹膜腔，需经过哪些结构层次？

2. 阑尾切除术可选择什么切口？经过哪些层次可到达阑尾？

3. 腹腔穿刺时常在何处进行？在行阑尾切除术时，如需向外侧延伸切口，应注意勿损伤何结构？

4. 腹股沟直疝和腹股沟斜疝的疝囊各通过哪些途径到达阴囊或大阴唇皮下？

5. 试述腹股沟管的位置、内容和组成。

（七）临床思维能力训练题

患者，男性，62岁，农民。因右侧阴囊内发现肿块1年而入院。1年前因腹部用力，右侧阴囊内出现一肿块，伴有轻度胀痛，平卧并用手挤按后肿块消失。此后，肿块常在站立、行走、咳嗽或劳动时出现，平卧休息后或用手将肿块向腹部挤按，则肿块可消失。检查发现患者右侧阴囊内有一肿块，质地软，扪之不痛，透光试验阴性；肿块回纳腹腔后将手指尖经阴囊皮肤伸入腹股沟浅环，感觉浅环扩大，令患者咳嗽时指尖有冲击感。用手指紧压腹股沟深环，患者站立或咳嗽时，肿块不再出现，但手指移开后，肿块则由外上向内下方鼓出。其他检查均未见异常。诊断为右侧腹股沟斜疝。

请思考以下问题。

（1）什么是腹股沟疝？如何区别腹股沟斜疝和腹股沟直疝？

（2）腹股沟斜疝的发生机制是什么？

（王汉琴）

二、结 肠 上 区

【目的和要求】

1. 掌握小网膜和大网膜的位置及内容；胃的位置、毗邻、血液供应、韧带；十二指肠的位置、分部、血液供应，十二指肠悬韧带的位置和临床意义；肝的位置、毗邻，肝蒂的组成，肝外胆道的组成及胆囊三角境界和意义；胰和脾的位置、血液供应；肝门静脉的组成、位置、属支及收集范围。

2. 熟悉食管腹部的位置和血供；肝的韧带及膈下间隙。

3. 了解胃壁的构造、淋巴回流和神经；肝内管道、肝的分叶分段与肝的淋巴回流和神经。

【实训教具】

1. 标本 大体标本；腹部标本；游离胃标本；十二指肠标本；肝标本；胰标本；脾标本。

2. 模型 腹腔脏器模型；游离胃、十二指肠、肝、胰、脾模型；肝门静脉模型。

【实训内容及方法】

（一）观察腹腔脏器的整体配布

将前面解剖中已切开的肌片翻开，可见腹腔脏器的位置及其连属关系如下：肝大部分位于右季肋区及腹上区，小部分达左季肋区；胆囊底露于肝的下缘。肝的左下可见胃的一部分，胃的下端向右与十二指肠的上部相续。左肋弓深方有脾，它一般不露出左肋弓的下缘，右连胰尾。在胃大弯下缘处有腹膜形成的大网膜下垂，遮盖了横结肠和小肠的前面。将大网膜轻轻翻向上方，在右髂窝处有盲肠，它的后内连有阑尾。盲肠向上续为升结肠，至肝下形成结肠右曲，向左延为横结肠，后者至脾下形成结肠左曲，向下续降结肠，至左髂窝处再续为乙状结肠。在升结肠、横结肠、降结肠围成的“门”字形区域内主要有空肠、回肠，空肠居左上方，回肠居右下方。在腰部脊柱两侧，腹膜外有肾贴附在腹后壁上部，肾的上内方有肾上腺，肾的下内连有输尿管，在腰大肌前方下行。在脊柱的前方有腹主动脉和下腔静脉。

（二）观察腹膜及腹膜形成的结构

1. 腹膜 覆盖于脏器表面的是脏腹膜，在腹壁内面见到的是壁腹膜，它们相互延续所形成的腔隙称腹膜腔。其以横结肠及其系膜为界分为结肠上、下两区。

2. 腹膜形成的结构

（1）网膜：由脏器与脏器间腹膜移行形成。大网膜（greater omentum）呈围裙状遮盖于横结肠和小肠的前面，它在胃大弯与横结肠之间的部分称胃结肠韧带（gastrocolic ligament）。小网膜（lesser omentum）由连于肝与胃小弯之间的肝胃韧带和连于肝与十二指肠上部之间的肝十二指肠韧带共同组成。

（2）系膜：是将肠管或其他器官系连于腹后壁等处的双层腹膜结构，提起小肠可见将其连于腹后壁的肠系膜，以同样方法观察横结肠系膜、乙状结肠系膜和阑尾系膜。

（3）韧带：由腹膜脏、壁两层之间或脏层与脏层之间移行而成。

1）肝的韧带：把右手放在肝右叶上面与膈之间，向左移动受阻即触及矢状位的镰状韧带，向后探查受阻触及的是呈横位的冠状韧带前层，自脐连至肝门行走于镰状韧带游离缘者为肝圆韧带。

2）胃的韧带：除前已看到的肝胃韧带、胃结肠韧带外尚有连于脾门和胃大弯左侧部之间的胃脾韧带，连于胃底后面与膈之间的胃膈韧带，连于胃幽门窦后壁与胰头、颈之间的胃胰韧带。

3）脾的韧带：除胃脾韧带外，用手从左肾前面与脾门之间探入，触到的是脾肾韧带，在脾前端与结肠左曲之间可发现脾结肠韧带。

3. 腹膜的隐窝、陷凹 先依次检查在十二指肠空肠曲左侧的十二指空肠隐窝、盲肠后方的盲肠后隐窝、乙状结肠系膜根部左下方的乙状结肠间隐窝和位于肝右叶下面与右肾之间的肝肾隐窝（患者仰卧时此处为腹膜腔最低处，故为腹膜腔内液体易于积聚的部位）。然后用手探查男性的直肠膀胱陷凹，女性的直肠子宫陷凹（Douglas 腔）和膀胱子宫陷凹。

4. 网膜囊和网膜孔 在大体标本和腹腔脏器模型上查看：在小网膜右侧游离缘后方可找到一孔即网膜孔，将左手示指伸入此孔，体会在小网膜和胃的后方存在一个间隙，此为网膜囊。在胃大弯下方约 1cm 处横行切开胃结肠韧带，将手自胃和横结肠之间伸入网膜囊，可探查它的边界。

5. 腹膜腔内间隙

（1）结肠上区（膈下间隔）：界于横结肠及其系膜与膈之间，此隙被肝分为肝上间隙、肝下间隙。①肝上间隙：借镰状韧带分为右肝上间隙和左肝上间隙，左肝上间隙又被左三角韧带分为左肝上前间隙、左肝上后间隙。②肝下间隙：被肝圆韧带分为左肝下间隙、右肝下间隙，右肝下间隙的后部即肝肾隐窝，左肝下间隙又被小网膜和胃分为左肝下前间隙和左肝下后间隙（网膜囊）。网膜囊借网膜孔与右肝下间隙相通。上述各间隙都相互交通，其发生脓肿，均称为膈下脓肿。

（2）结肠下区：①左结肠旁沟、右结肠旁沟，在降结肠、升结肠的外侧，左结肠旁沟上以膈结肠韧带为界，下通小骨盆腔；右结肠旁沟向上通右肝下间隙（也可经网膜孔通网膜囊），向下可经髂窝通小骨盆腔。②左肠系膜窦、右肠系膜窦（为肠系膜根将结肠的“门”形腔隙划分为两部分），左肠系膜窦位于肠系膜根与横结肠及系膜的左 1/3 部、降结肠、乙状结肠及其系膜之间；右肠系膜窦位于肠系膜根与升结肠、横结肠及其系膜的右 2/3 部之间。

（三）结肠上区

1. 胃（stomach）

（1）观察胃的位置与毗邻：胃中度充盈时，大部分位于左季肋区，小部分位于腹上区。胃贲门在第 11 胸椎左侧，幽门在第 1 腰椎右侧。胃前壁右侧份邻接左半肝，左侧份上部紧邻膈，下部接触腹前壁。保留胃网膜左动脉、右动脉，在动脉的下方横行切开大网膜（胃结肠韧带），将胃翻向上。触摸胃后壁的毗邻（胰、左肾上腺、左肾、脾、横结肠及其系膜，这些器官共同形成胃床）。

（2）胃的血管、淋巴和神经：沿胃小弯向左上方清理胃左动脉及其伴行的胃左静脉至贲门处，沿胃小弯向右清理胃右动脉至肝固有动脉发出处，注意沿胃左右血管排列的淋巴结。在胃大弯中部下方 1cm 处横行切开大网膜前层，找出胃网膜左动脉、右动脉，两者常吻合成动脉弓，在解剖过程中注意观察沿胃网膜左右血管排列的淋巴结；向右清理胃网膜右动脉至幽门后方，可见此动脉是胃十二指肠动脉的分支，在幽门下方辨认幽门下淋巴结；向左清理胃网膜左动脉至近脾门处。在脾门处，解剖出由脾动脉发出的胃短动脉经胃脾韧带至胃底，注意观察胰尾及脾门附近的脾淋巴结。在贲门前方，仔细分离迷走神经前干及其分支（胃前支和肝支）。胃前支伴胃左动脉沿胃小弯走行，分支分布于胃前壁，于角切迹附近分成“鸦爪”样分支，分布于幽门部的前壁；肝支经小网膜行向右，参加肝丛。在贲门后方找出迷走神经后干及其分支（胃后支和腹腔支）。观察：①胃左动脉、胃右动脉，沿胃小弯走行，胃左动脉起于腹腔干，胃右动脉起于肝固有动脉；②胃网膜左动脉、右动脉，沿胃大弯走行，胃网膜左动脉起于脾动脉，行于胃脾韧带两层间，胃网膜右动脉起于胃十二指肠动脉；③胃短动脉，起于脾动脉，分布到胃底；④迷走神经胃前支，与胃左动脉伴行。

2. 十二指肠（duodenum）

（1）观察十二指肠的分部与毗邻：十二指肠按走向分为上部（superior part）、降部（descending part）、水平部（horizontal part）与升部（ascending part）四部。沿十二指肠降部右侧切开腹膜，将十二指肠降部翻向左侧，检查十二指肠上部后方的结构（胆总管、胃十二指肠动脉、肝门静脉及下腔静脉等）。

（2）十二指肠大乳头（major duodenal papilla）：纵行切开十二指肠降部的外侧壁，观察十二指肠黏膜的结构特点和降部后内侧壁上的十二指肠纵襞。辨认十二指肠纵襞下端的十二指肠大乳头。

（3）十二指肠悬韧带（suspensory ligament of duodenum）：又称 Treitz 韧带，连于十二指肠空肠曲与右膈脚之间，有上提和固定十二指肠空肠曲的作用。

（4）十二指肠的血管：十二指肠的动脉主要有胰十二指肠上前动脉、十二指肠上后动脉、胰十二指肠下动脉。

3. 肝（liver）

（1）观察肝的位置、毗邻与体表投影：肝大部分位于右季肋区和腹上区，小部分位于左季肋区。肝膈面左肋弓、右肋弓间的部分与腹前壁相贴。

（2）肝门与肝蒂：肝的脏面有左纵沟、右纵沟和介于两者之间的横沟，三条沟呈“H”形。横沟称肝门（porta hepatis），有肝左管、右管，肝门静脉左支、右支，肝固有动脉的左支、右支，淋巴及神经等出入。这些出入肝门的结构总称肝蒂（hepatic pedicle），走行于肝十二指肠韧带内。纵行切开肝十二指肠韧带，可见肝十二指肠韧带内三个结构的位置关系：胆总管在右，肝固有动脉在左，两者的后方为肝门静脉。

4. 肝外胆道 由肝左管、肝右管、肝总管、胆囊和胆总管组成。

（1）观察胆囊的位置、分部与胆囊底的体表投影：胆囊（gallbladder）附着于肝脏面的胆囊窝内，分底、体、颈、管四部，底的体表投影相当于右锁骨中线或右腹直肌外缘与右肋弓的交点处。

（2）胆囊三角（Calot 三角）：由胆囊管、肝总管和肝下缘三者组成，在胆囊三角内有胆囊动脉（cystic artery）。

（3）观察肝管、肝总管及胆总管：纵行切开肝十二指肠韧带暴露胆总管（common bile duct），向上追踪肝总管（common hepatic duct）及非常短的肝右管和肝左管。观察胆总管分为四段：十二指肠上段（在肝十二指肠韧带内，自胆总管起始部至十二指肠上部上缘为止）；十二指肠后段；胰腺段（胰头癌或慢性胰腺炎时，此段胆总管常受累而出现梗阻性黄疸）；十二指肠壁段[斜穿十二指肠降部的后内侧壁，与胰管汇合后略膨大，形成肝胰壶腹（hepatopancreatic ampulla），又称 Vater 壶腹]。

5. 胰（pancreas）

（1）观察胰的位置、分部与毗邻：胰位于腹上区和左季肋区，横过第 1、2 腰椎前方。胰分为头、颈、体、尾四部。胰头被十二指肠“C”形环绕，紧贴十二指肠壁，因此胰头部肿瘤可压迫十二指肠而引起梗阻；胰尾末端达脾门，脾切除术游离脾蒂时，需注意防止胰尾的损伤。

（2）胰管（pancreatic duct）：沿十二指肠降部左侧面，追踪胰管和胆总管在十二指肠降部后壁的汇合处，并观察其与胆总管汇合形成肝胰壶腹，经十二指肠大乳头开口于十二指肠腔；检查在胰管的上方有无副胰管的存在。

（3）血管：胰头由胰十二指肠上动脉、胰十二指肠下动脉供血。胰体和胰尾由右至左分别由胰背动脉、胰下动脉、脾动脉胰支和胰尾动脉供血。胰十二指肠上动脉发自胃十二指肠动脉。胰十二指肠下动脉发自肠系膜上动脉。其余分支均发自脾动脉。

6. 脾（spleen）

（1）观察脾的位置与毗邻：脾位于左季肋区的肋弓深处，其长轴与左侧第 10 肋一致。

（2）血管

1）脾动脉（splenic artery）：沿胰上缘清理脾动脉，观察其起自腹腔干，沿胰背面的上缘左行，终末支经脾门入脾。

2）脾静脉（splenic vein）：小心翻动胰体和胰尾，在胰的后面解剖出脾静脉，观察其在脾动脉后下方向右达胰颈处与肠系膜上静脉汇合成肝门静脉。

7. 肝门静脉（hepatic portal vein） 沿脾静脉向右追踪至其与肠系膜上静脉在胰颈的后方汇合形成肝门静脉处。在此处，确认肠系膜上静脉，它是肝门静脉的最粗大的属支。修洁肝门静脉。寻找肠系膜下静脉的注入部位，肠系膜下静脉通常注入脾静脉或肠系膜上静脉，少数注入上述两静脉汇合处的夹角内。追踪胃左静脉和胃右静脉，它们收集食管和胃小弯静脉血，注入肝门静脉；观察胃网膜左静脉注入脾静脉，胃网膜右静脉注入肠系膜上静脉。在肝门静脉模型上观察其 7 条属支。

【复习思考题】

（一）判断题（正确答案用 A 表示，错误答案用 B 表示）

1. 胃中度充盈时，大部分位于左季肋区，小部分位于腹上区。（ ）
2. 胃贲门在第 11 胸椎右侧，幽门在第 1 腰椎下缘左侧。（ ）
3. 大网膜连接于胃大弯与横结肠之间。（ ）
4. 小网膜是连于膈、肝静脉韧带裂和肝门与胃小弯和十二指肠上部之间的双层腹膜结构。（ ）
5. 大网膜包括肝胃韧带和肝十二指肠韧带。（ ）
6. Treitz 韧带有上提和固定十二指肠空肠曲的作用，由纤维组织和肌组织构成。（ ）
7. 肝大部分位于右季肋区，小部分位于腹上区。（ ）
8. 左肝下后间隙即网膜囊，位于小网膜和胃后方。（ ）
9. 肝肾隐窝为右肝下间隙的后上部，向下通右结肠旁沟。（ ）
10. 肝外胆道由肝左右管、肝总管、胆囊和胆总管组成。（ ）
11. 胆囊为分泌胆汁的器官。（ ）
12. 胆囊三角由胆囊管、胆总管和肝下缘三者组成。（ ）
13. 胆总管切开探查引流术在十二指肠上段进行。（ ）
14. 胰位于腹上区和左季肋区，横过第 1、2 腰椎前方。（ ）
15. 脾位于右季肋区的肋弓深处，其长轴与第 10 肋平行。（ ）

（二）最佳选择题

1. 有关胃的叙述，错误的是（ ）

A. 为腹膜内位器官
B. 胃的动脉来自腹腔干的分支
C. 胃的静脉最后均汇入肝门静脉系统
D. 胃底的血液供应来自胃网膜左动脉
E. 胃的淋巴最后均注入腹腔淋巴结

2. 关于胃的毗邻，下列叙述错误的是（ ）

A. 胃前壁右侧半为左半肝所覆盖
B. 胃前壁左侧半的上部被膈肌覆盖
C. 前壁左侧半下部与脾相邻
D. 胃底部对左膈穹
E. 胃后壁隔网膜囊与胃床相邻

3. 下列不参与组成胃床器官的是（ ）

A. 肝 B. 脾 C. 胰 D. 左肾 E. 横结肠

4. 下列位于胃脾韧带的动脉是（ ）

A. 脾动脉 B. 胰尾 C. 胃短动脉 D. 胃左动脉 E. 胃右淋巴结

5. 胃的动脉来自（ ）

A. 胃左动脉
B. 胃左动脉、脾动脉
C. 胃左动脉、脾动脉和肝总动脉
D. 胃左动脉、脾动脉和肝固有动脉
E. 胃左动脉、脾动脉和肠系膜上动脉

6. 胃后壁溃疡穿孔后，内容物首先积存于（　　）
A. 左肝下前间隙　B. 左肝下后间隙　C. 右肝下间隙
D. 膈下腹膜外间隙　E. 腹膜后间隙
7. 胃左动脉行经在（　　）
A. 胃结肠韧带内　B. 肝胃韧带内　C. 胃膈韧带内
D. 胃脾韧带内　E. 脾结肠韧带内
8. 胃后动脉源于（　　）
A. 脾动脉　B. 肝总动脉　C. 胰动脉
D. 胃十二指肠动脉　E. 肠系膜上动脉
9. 有关胃网膜左动脉的叙述，错误的是（　　）
A. 是胰动脉靠近脾门处的分支　B. 通过胃脾韧带
C. 行经在大网膜两层之间　D. 发出网膜支及胃支
E. 其终支与胃网膜右动脉相吻合，形成胃大弯动脉弓
10. 十二指肠（　　）
A. 全部位于腹膜后　B. 位于第1～3腰椎右前方
C. 其后方与左输尿管相邻　D. 跨过肠系膜上动脉的前方
E. 胆总管开口于十二指肠球部
11. 关于十二指肠降部的毗邻，错误的是（　　）
A. 后方有右肾门　B. 内侧有胆总管　C. 外侧有结肠右曲
D. 前方有横结肠　E. 位于肠系膜上血管和主动脉腹部之间
12. 关于十二指肠上部的毗邻，错误的是（　　）
A. 上方为肝尾状叶　B. 下方为胰头　C. 前上方有胆囊
D. 后方有肝门静脉经过　E. 后方有胆总管
13. 紧贴十二指肠水平部前面的有（　　）
A. 肠系膜上动脉、肠系膜上静脉　B. 胃十二指肠动脉、胃十二指肠静脉
C. 胰十二指肠动脉、胰十二指肠静脉　D. 肝固有动脉
E. 中结肠动脉
14. 十二指肠大乳头（　　）
A. 位于十二指肠降部后内侧壁　B. 是胆囊管的开口　C. 是肝总管的开口
D. 距幽门16cm　E. 上述都不是
15. 十二指肠空肠曲（　　）
A. 是十二指肠与小肠的移行部　B. 借十二指肠悬韧带固定于腹后壁
C. 在第3腰椎的左侧　D. 在胰的后方
E. 无上述情况
16 十二指肠悬韧带（　　）
A. 是十二指肠起始部的标志　B. 是空肠起始的标志　C. 是回肠起始的标志
D. 是十二指肠降部起始的标志　E. 上述都不是
17. 某患者出现十二指肠梗阻，经X线检查证明是血管压迫所致，此血管是（　　）
A. 胃十二指肠血管　B. 脾血管　C. 肠系膜上血管

D. 肠系膜下血管　　E. 肝门静脉

18. 肝十二指肠韧带内有（　　）

A. 肝门静脉、腹腔干、胆总管　　B. 肝门静脉、胆总管、肝固有动脉

C. 肝门静脉、肝总管、肝总动脉　　D. 肝右静脉、肝门静脉、肝总管

E. 无上述情况

19. 网膜孔位于（　　）

A. 十二指肠上部的后方　　B. 下腔静脉的后方　　C. 肝尾状叶的后方

D. 肝十二指肠韧带的后方　　E. 肝胃韧带的后方

20. 切开胃结肠韧带暴露网膜囊时，应注意保护（　　）

A. 左结肠动脉升支　　B. 右结肠动脉升支　　C. 胰十二指肠下动脉

D. 中结肠动脉　　E. 回结肠动脉

21. 仰卧位时腹膜腔的最低部位是（　　）

A. 网膜囊　　B. 右结肠旁沟　　C. 左结肠旁沟

D. 十二指肠旁隐窝　　E. 肝肾隐窝

22. 胃结肠韧带（　　）

A. 是胃大弯与横结肠之间的腹膜　　B. 由胃后壁连于横结肠

C. 是小网膜的一部分　　D. 不是大网膜的一部分

E. 由大网膜后两层构成

23. 肝的体表投影（　　）

A. 下界平剑突　　B. 上界在右锁骨中线平第 5 肋

C. 上界在右腋中线平第 9 肋　　D. 下界在成人右肋弓下方可以摸到

E. 无上述情况

24. 在肝门处，肝蒂各结构的位置关系（　　）

A. 肝固有动脉左支、右支在最前方　　B. 左肝管、右肝管在最后方

C. 肝门静脉左支、右支居中　　D. 肝门静脉的分叉点最低

E. 肝门静脉左支、右支在最后方

25. 肝静脉（　　）

A. 注入下腔静脉　　B. 注入肝门静脉

C. 与脾静脉在胰颈后方合成肝门静脉　　D. 与肝动脉伴行出肝门

E. 无上述情况

26. 第二肝门（　　）

A. 在腔静脉沟下端　　B. 是肝门静脉入肝处

C. 被冠状韧带后下层遮盖　　D. 是肝静脉出肝处

E. 沿镰状韧带向下后方便可找到

27. 下述未参与肝蒂组成的是（　　）

A. 胆总管　　B. 肝固有动脉　　C. 肝静脉

D. 肝的淋巴管　　E. 肝的神经

28. 胆总管（　　）

A. 位于肝胃韧带内　　B. 起始于胆囊颈

C. 在肝门静脉的右前方　D. 与胰管汇合共同开口于十二指肠上部
E. 与下腔静脉直接相贴

29. 某患者胆道结石阻塞，但未出现黄疸，阻塞部位可能在（　　）
A. 胆总管　B. 肝总管　C. 胆囊管　D. 左肝管　E. 右肝管

30. 胆囊底的体表投影（　　）
A. 剑突下 2.5cm 处　B. 右侧半月线与右肋弓相交处
C. 右侧腋前线与肋弓相交处　D. 右侧第 10 肋软骨尖端
E. 胸骨旁线与右侧肋弓相交处

31. 胆囊三角的界线（　　）
A. 肝下面、肝总管、胆总管　B. 肝下面、肝总管、胆囊动脉
C. 左肝管、右肝管、肝下面　D. 胆囊管、肝总管、肝下面
E. 肝左动脉、肝右动脉、肝下面

32. 根据解剖位置关系，胆总管最易暴露的部位是（　　）
A. 胰腺段　B. 十二指肠上段　C. 肝胰壶腹
D. 十二指肠后段　E. 十二指肠壁内段

33. 胆囊动脉多源于（　　）
A. 肝左动脉　B. 肝固有动脉右支　C. 胃十二指肠动脉
D. 胃右动脉　E. 肠系膜上动脉

34. 下列不参与组成肝外胆道的是（　　）
A. 胆囊　B. 胆囊管　C. 副胰管　D. 肝总管　E. 胆总管

35. 胰尾（　　）
A. 位于胃脾韧带内　B. 在脾的后方　C. 位于脾肾韧带内
D. 位于腹膜外　E. 位于膈结肠韧带内

36. 胰头后方的毗邻结构（　　）
A. 右肾　B. 十二指肠降部　C. 腹主动脉
D. 肠系膜上静脉　E. 胆总管

37. 脾（　　）
A. 位于网膜囊内　B. 为腹膜外位器官
C. 主要的供血血管是通过脾静脉而来　D. 静脉血回流至左肾静脉
E. 脾门与胰尾相邻

38. 脾静脉（　　）
A. 汇入下腔静脉　B. 汇入左肾静脉　C. 接受左睾丸静脉
D. 与肠系膜上静脉汇合　E. 与胃右静脉汇合

（三）多项选择题

1. 参与构成胃床的器官是（　　）
A. 胰　B. 左肾　C. 脾
D. 十二指肠水平部　E. 横结肠及其系膜

2. 行经胃脾韧带的是（ ）

A. 脾动脉 B. 胃网膜左动脉、胃网膜左静脉 C. 胃短动脉、胃短静脉

D. 胃左动脉、胃左静脉 E. 胃后动脉、胃后静脉

3. 关于胃的动脉，下述说法正确的是（ ）

A. 胃左动脉起自腹腔干，并有分支营养食管腹段

B. 胃右动脉沿胃小弯向左走行

C. 胃网膜左动脉的终支多与胃网膜右动脉吻合，形成胃大弯动脉弓

D. 胃网膜右动脉沿胃大弯向右走行分布于胃前壁、胃后壁

E. 胃后动脉起自腹主动脉，分布于胃底后壁

4. 十二指肠降部的前面毗邻（ ）

A. 横结肠及其系膜 B. 胰头 C. 结肠右曲

D. 肝右叶 E. 小肠袢

5. 横过十二指肠水平部前方的结构有（ ）

A. 下腔静脉 B. 肝门静脉 C. 右输尿管

D. 腹主动脉 E. 肠系膜上动脉、肠系膜上静脉

6. 十二指肠上部后方的毗邻结构有（ ）

A. 下腔静脉 B. 肝门静脉 C. 胃十二指肠动脉

D. 胆总管 E. 胆囊管

7. 由腹膜形成肝的韧带是（ ）

A. 肝十二指肠韧带 B. 肝圆韧带 C. 镰状韧带

D. 冠状韧带 E. 左、右三角韧带

8. 出入肝门的结构有（ ）

A. 肝左、右管 B. 肝固有动脉左、右支 C. 肝左、右静脉

D. 淋巴管 E. 神经

9. 胆总管（ ）

A. 由肝总管和胆囊管汇合而成

B. 在肝十二指肠韧带内沿其右缘走行

C. 行经十二指肠上部的后面时位于下腔静脉右侧

D. 胰头癌时常受压迫而出现梗阻性黄疸

E. 末端与副胰管汇合形成 Vater 壶腹

10. 肝的脏面所毗邻的器官是（ ）

A. 右肾 B. 幽门及十二指肠上部 C. 胰头

D. 结肠右曲 E. 食管腹段

11. 脾肾韧带内含有（ ）

A. 脾血管 B. 胰尾 C. 淋巴结和神经丛

D. 胃左动脉、胃左静脉 E. 迷走神经腹腔支

12. 肝门静脉（ ）

A. 由肠系膜上静脉与脾静脉在胰颈后方汇合而成

B. 经十二指肠上部的前面进入肝十二指肠韧带

C. 肝十二指肠韧带内其右前方为肝固有动脉
D. 至第 1 肝门分左右两支分别进入左半肝、右半肝
E. 与腔静脉系有广泛的侧支吻合
13. 下列属于肝门静脉属支的是（　　）
A. 胆囊静脉　B. 胃左静脉　C. 附脐静脉
D. 肾上腺静脉　E. 腰升静脉
14. 肝外胆道包括（　　）
A. 胆囊　B. 肝左管　C. 肝右管
D. 肝总管　E. 胆总管
15. 胰（　　）
A. 位于腹上区和左季肋区　B. 横过第 1、2 腰椎前方　C. 居网膜囊后面
D. 分头、颈、体、尾四部　E. 为腹膜内位器官

（四）名词解释

1. 胃床
2. 十二指肠球
3. 十二指肠空肠曲
4. 十二指肠悬韧带（Treitz 韧带）
5. 膈下间隙
6. 肝门（第一肝门）
7. 肝蒂
8. 胆囊三角（Calot 三角）
9. 肝胰壶腹（Vater 壶腹）
10. 胃脾韧带

（五）填空题

1. 结肠上区位于________和________之间。
2. 胃大弯侧的韧带有________和________。
3. 小网膜由________和________组成。
4. 肝十二指肠韧带内的三个重要结构为肝固有动脉、________和________。
5. 胃脾韧带连于________与________之间。
6. 胃脾韧带内有________和________。
7. 沿胃小弯走行的胃动脉有________和________。
8. 胃短动脉由________发出，走行于________韧带中。
9. 分布于胃的动脉中胃左动脉来自________，胃右动脉来自________。
10. 十二指肠水平部位于________与________的夹角中。
11. 十二指肠的血供主要来自________和________。
12. 肝大部分位于________，小部分位于________。
13. 在肝门处，一般是左肝管、右肝管在________，肝固有动脉左支、右支________。
14. 胆囊底的体表投影相当于________与________交点处。

15. 胆囊三角由________、________和肝下缘三者组成。

16. 胆囊三角又称________三角，是手术时寻找________的标志。

17. 胆总管分为十二指肠上段、________、________和十二指肠壁段。

18. 胆总管依其走行分为________段，十二指肠大乳头位于________的后内侧壁。

19. 胰头被________环绕，胰尾左邻________。

20. 胰头和胰颈肿瘤时，向后常压迫的结构是________和________。

21. 脾由胃脾韧带、________、膈脾韧带和________四条韧带与邻近器官相连。

22. 肝门静脉主要由________与________汇合而成。

（六）综合应用题

1. 何谓“胃床”？

2. 简述胃的动脉供应及来源。

3. 胃的周围有哪几条韧带？

4. 十二指肠分为哪几部？由何血管供血？

5. 简述十二指肠上部的毗邻。

6. 简述十二指肠降部的毗邻。

7. 肝十二指肠韧带内三个重要结构的位置关系如何？

8. 简述胰的动脉供应及来源。

9. 简述肝门静脉的合成、属支。

10. 一急腹症患者，原有胃溃疡病史，考虑为溃疡穿孔，行剖腹探查，胃前壁未见穿孔，腹腔内未见漏出的胃内容物，请回答：

（1）剖腹探查术选择经左腹直肌切口，打开腹膜腔经过哪些层次？

（2）胃可能在什么地方穿孔？如何进一步寻找暴露穿孔？

（3）为什么腹膜腔内未见漏出的胃内容物？如果胃内容物增多可能流向何处？

（4）若需行胃大部切除术（仅保留胃底部 1/3），需处理哪些腹膜形成物？结扎哪些血管？切断胃壁时，在胃大小弯侧的标志是什么？

11. 胆囊炎、胆石症患者需做胆总管探查术，请考虑：

（1）肝外胆道由哪些结构组成？

（2）胆总管分为哪几段？

（3）胆总管切开探查术常在哪一段进行？

（4）进入腹膜腔后如何寻找胆总管？

（5）若需切除胆囊，如何寻找结扎胆囊动脉？若发生动脉出血，可指压何处暂时控制出血？

（七）临床思维能力训练题

1. 患者，男性，45 岁，农民。因上腹部突发性剧烈疼痛，伴恶心、呕吐，急诊入院。患者于 3 年前开始出现嗳气、反酸伴周期性上腹部疼痛，疼痛多在饭后 0.5 小时到 1 小时出现，持续 1～2 小时后可自行缓解。本次发病为饱餐后不久，突然感到上腹部剧烈疼痛，呈刀割样，伴恶心、呕吐，很快感到全腹疼痛。检查见患者取平卧姿态，表情痛苦，身体不敢翻动，面色苍白，出冷汗，肢体发冷，脉搏快而细弱，腹式呼吸减弱，不敢深吸气；腹肌紧张，腹部呈“板状腹”，全腹有压痛和反跳痛，以上腹部明显。X 线检查显示膈下可见半月形游离气体。诊断为胃溃疡并发急性穿孔。

请思考以下问题。

（1）患者为什么出现板状腹、压痛、反跳痛和腹式呼吸减弱？

（2）患者为什么膈下出现游离气体？

（3）若给患者施行胃大部切除时应结扎哪些动脉？这些动脉来自何处？走行于何处？手术时应注意保护哪些器官？

2. 患者，男性，52 岁，工人。因大量呕血而急症入院。患者有 10 余年的乙型肝炎病史。近年来常有疲乏、无力、食欲缺乏等症状。上周起时有大便发黑、嗜睡、厌食，入院前 1 天突然大量呕血，血色鲜红，大便呈柏油样。

检查见患者呈半昏迷状态，身体消瘦，脉搏快，细弱，脾脏明显肿大，肝脏肋下可触及，腹部膨隆，腹水征阳性，腹壁静脉曲张，呈“海蛇头”状；腹部超声检查显示明显腹水征，肝密度异常，肝门静脉扩张，脾大。实验室检查显示肝功能严重损害。诊断为肝硬化合并门静脉高压。

请思考以下问题。

（1）引起门静脉高压的原因有哪些？

（2）门静脉高压时，肝门静脉内的血液通过哪几条途径流向腔静脉系统？

（3）解释患者出现呕血、黑便、腹壁静脉曲张、脾大及肝腹水的原因。

（4）常用的肝门静脉分流术的解剖学基础是什么？

（王配军）

三、结肠下区和腹膜后隙

【目的和要求】

1. 掌握空肠、回肠、盲肠和阑尾的位置及血供；结肠各部的血供；小肠系膜、阑尾系膜、横结肠系膜、乙状结肠系膜的位置和内容；肾的位置、毗邻、被膜、肾蒂的组成；输尿管的分部及三个狭窄；腹主动脉的主要分支，腹腔干、肠系膜上动肠、肠系膜下动脉、肾动脉、睾丸动脉的起始、行径和分支分布；下腔静脉的位置，肾静脉、睾丸静脉的行径和注入部位。

2. 熟悉肾上腺的形态和位置。

3. 了解腰交感干的组成和位置。

【实训教具】

1. 标本 大体标本；腹部标本；游离肠、肾标本。

2. 模型 腹腔脏器模型；游离肠、肾模型。

【实训内容及方法】

（一）结肠下区

1. 空肠（jejunum）及回肠（ileum）

（1）位置：向上翻起大网膜，充分暴露空肠与回肠，观察空肠与回肠在腹腔的位置（空肠与回肠占据结肠下区的大部，近侧 2/5 是空肠，远侧的 3/5 是回肠），并根据其管径大小、血管弓的多少区别空肠和回肠，在右髂窝观察回肠末端连于盲肠。

（2）肠系膜（mesentery）：将大网膜、横结肠及其系膜翻向上方，将全部小肠推向左侧，暴露肠系膜根部，观察其附着在腹后壁的位置（从第2腰椎左侧斜向右下，止于右骶髂关节前方）。

（3）血管、淋巴及神经：空肠、回肠的动脉来自肠系膜上动脉。剥离胰腺表面的腹膜，将其下缘向上翻起，显露肠系膜上动脉、肠系膜上静脉；追寻肠系膜上动脉至其在腹主动脉的起点处（约在第1腰椎水平）。肠系膜上动脉周围有致密的神经丛包绕，分离时应避免损伤动脉，同时注意寻找肠系膜上动脉根部的肠系膜上淋巴结。辨认并清理肠系膜上动脉的以下分支：①胰十二指肠下动脉（inferior pancreaticoduodenal artery），在胰头与十二指肠第2段、第3段之间，在肠系膜上静脉后方寻找该动脉，并追踪至肠系膜上动脉。②中结肠动脉（middle colic artery），在横结肠系膜中辨认该动脉。同时辨认肠系膜上静脉并向上追踪该静脉主干至胰颈的后方，在此处它与脾静脉汇合成肝门静脉。③右结肠动脉（right colic artery），该动脉发自肠系膜上动脉或回结肠动脉，在腹膜后向右行，供应升结肠。④回结肠动脉（ileocolic artery），该动脉在肠系膜根内下降至右髂窝，在此发出盲肠前后动脉至盲肠，盲肠后支通常发出阑尾动脉；回肠支至回肠末端，结肠支至升结肠。⑤空肠、回肠动脉（jejunal and ileal arteries），有12～18条，向左进入肠系膜，其分支相互吻合成血管弓，自末级血管弓发出直动脉进入空肠、回肠。观察比较空肠、回肠动脉弓的级数。

（4）Meckel 憩室：2%的成人，在距回肠末端0.3～1m范围的对系膜缘上，有长2～5cm的囊状突起，称 Meckel 憩室。其可发生溃疡和炎症，症状与阑尾炎相似。手术中应注意。

2. 盲肠和阑尾

（1）盲肠（cecum）：位于右髂窝内，盲肠壁3条结肠带在阑尾根部汇聚，其是手术时寻找阑尾根部的标志。

（2）阑尾（vermiform appendix）：一般位于右髂窝内，阑尾根部附于盲肠后内侧壁。以盲肠壁的结肠带为标志，向下追踪可找到阑尾根部，其体表投影在脐与右髂前上棘连线的中、外1/3交界处，此点称 McBurney 点；也可用左髂前上棘、右髂前上棘连线的中、右1/3交界处 Lanz 点作为投影点。阑尾常见的位置顺序：①回肠前位；②盆位；③盲肠后位；④回肠后位；⑤盲肠下位。阑尾动脉起自回结肠动脉，下行经回肠末段后方入阑尾系膜，沿其游离缘行走，分支分布于阑尾。

3. 结肠（colon）

（1）观察结肠的分部、位置与毗邻：分为4部。升结肠（ascending colon）：外侧与腹壁间形成右结肠旁沟；横结肠（transverse colon）；降结肠（descending colon）：外侧为左结肠旁沟；乙状结肠（sigmoid colon）。

（2）血管和淋巴：结肠的动脉包括发自肠系膜上动脉的回结肠动脉、右结肠动脉和中结肠动脉，以及发自肠系膜下动脉的左结肠动脉（left colic artery）和乙状结肠动脉（sigmoid arteries）。在腹主动脉与降结肠之间，从腹后壁上剥离腹膜，暴露并清理肠系膜下动脉及其分支。在肠系膜下动脉与肠系膜下静脉之间找出左结肠动脉，尽量追踪该动脉至其起源处（约平第3腰椎处的腹主动脉），注意其附近有许多淋巴结，即肠系膜下淋巴结；解剖出左结肠动脉的上支、下支，注意其上支与中结肠动脉相吻合；追踪3～4支乙状结肠动脉至乙状结肠，追踪直肠上动脉至直肠上部。在十二指肠空肠曲左侧，寻找一纵行的腹膜皱襞，将此皱襞小心切开即可暴露肠系膜下静脉。向上可追踪至其与脾静脉汇合处，向下追踪，可见该静脉引流降结肠、乙状结肠和直肠上部的静脉血。

（二）腹膜后隙

1. 一般观察　显露并观察腹膜后隙的境界、交通、内容及各结构的排列关系。清除腹后壁残存的腹膜，观察腹膜后隙介于腹后壁腹膜与腹内筋膜之间；清除间隙内的疏松结缔组织，显露腹后壁的结构。在脊柱的两侧辨认肾、肾上腺、输尿管；在脊柱的前方辨认腹主动脉、下腔静脉、肾血管和神经丛。

2. 肾（kidney）

（1）位置与毗邻：切开肾前筋膜，向上延深切至肾上腺稍上方，注意勿损伤其深面的结构，暴露出肾。观察：肾位于脊柱的两侧，贴附于腹后壁，右肾上端平第 12 胸椎上缘，下端平第 3 腰椎上缘；左肾上端平第 11 胸椎下缘，下端平第 2 腰椎下缘。第 12 肋斜过左肾后面的中部，右肾后面的上部。肾后面第 12 肋以上部分与膈贴邻，并借膈与胸膜腔相邻，肾手术需切除第 12 肋时，要注意保护胸膜，以免损伤造成气胸。

（2）肾门、肾蒂：肾内缘中部凹陷处称肾门（renal hilum）。肾蒂（renal pedicle）由出入肾门的肾血管、肾盂、神经和淋巴管所组成。清理肾蒂，观察肾蒂内结构由前向后依次为肾静脉、肾动脉和肾盂；由上向下依次为肾动脉、肾静脉和肾盂。

（3）肾血管：肾动脉（renal artery）多平第 1～2 腰椎间盘高度起自腹主动脉，横行向外，经肾门入肾。在肠系膜上动脉根部稍下方，约平第 2 腰椎高度找出肾动脉，并追踪其至肾门处；找出肾动脉发出的肾上腺下动脉；注意观察有无变异的肾动脉（上极动脉或下极动脉）及肾动脉、肾静脉的位置关系。

（4）被膜：肾的被膜有三层，由外向内依次为肾筋膜（renal fascia）、脂肪囊（adipose capsule）和纤维囊（fibrous capsule）。手伸入肾前筋膜深面，使之与其后面的结构分离，再插入刀柄向上、向下、向外侧探查，了解肾前筋膜、肾后筋膜的愈着关系。探查肾筋膜向上及两侧的延续关系。观察肾筋膜深面的脂肪囊。在肾表面作一小切口，剥离一小块肾纤维囊，观察其与肾实质的愈着情况。

3. 输尿管腹部　输尿管（ureter）位于脊柱两侧，上端起自肾盂，下端终于膀胱，分为三部：①腹部；②盆部；③壁内部。沿肾盂向下清理输尿管至小骨盆上口为止。观察输尿管的走行和毗邻。注意睾丸（卵巢）动脉从内向外斜行越过输尿管的前方。输尿管腹部的上端、下端分别是第 1、2 狭窄部。

4. 肾上腺（suprarenal gland）　清理肾的上端，暴露肾上腺，注意观察左肾上腺、右肾上腺的形态及毗邻的不同；清理出发自腹主动脉的肾上腺中动脉；于肾上腺前面找出肾上腺静脉，并追踪至其注入下腔静脉和左肾静脉处。观察肾上腺的血供，其动脉有肾上腺上动脉（发自膈下动脉）、肾上腺中动脉（发自腹主动脉）、肾上腺下动脉（发自肾动脉）三支。

5. 腹主动脉（abdominal aorta）　将肠系膜下动脉推向左侧，将十二指水平部推向上，仔细剥去中线附近的肾筋膜，即可暴露腹主动脉；小心清理动脉根部的淋巴结和血管周围的结缔组织，显露腹主动脉，注意动脉周围的神经丛；向下追踪至第 4 腰椎水平处，在此，腹主动脉分为左髂总动脉、右髂总动脉。腹主动脉的分支分为脏支和壁支，脏支为不成对和成对两种。清理并观察腹主动脉的分支。

（1）不成对的脏支：①腹腔干（celiac trunk），为一短干，在膈主动脉裂孔的稍下方起自腹主动脉前壁，分支有肝总动脉、脾动脉和胃左动脉；②肠系膜上动脉（superior mesenteric artery），在腹腔干的稍下方起自腹主动脉前壁，起点高度多在第1腰椎水平；③肠系膜下动脉（inferior mesenteric artery）在第3腰椎水平起自腹主动脉的前壁。

（2）成对的脏支：有肾上腺中动脉（middle suprarenal artery）、肾动脉（renal artery）、睾丸或卵巢动脉（testicular or ovarian artery）。

（3）壁支：有膈下动脉（inferior phrenic artery）、腰动脉（lumbar arteries）、骶正中动脉（middle sacral artery）。

6. 下腔静脉（inferior vena cava） 在腹主动脉右侧找出粗大的下腔静脉。观察其由左髂总静脉、右髂总静脉汇合而成，位于脊柱的右前方，沿腹主动脉的右侧上行，经肝的腔静脉沟，穿膈的腔静脉孔，开口于右心房。其属支有髂总静脉、右睾丸（卵巢）静脉、肾静脉、右肾上腺静脉、肝静脉、膈下静脉和腰静脉。

7. 腰交感干（lumbar sympathetic trunk） 在脊柱与腰大肌之间寻找腰交感干，左腰交感干位于腹主动脉的左后方，腰椎与腰大肌之间的沟内；右腰交感干位于下腔静脉的后方，腰椎的右前方。辨认1～2个交感神经节及它们发出的分支即可。

【复习思考题】

（一）判断题（正确答案用A表示，错误答案用B表示）

1. 空肠、回肠均属腹膜外位器官，借肠系膜附着于腹后壁。（ ）
2. 系膜三角处的肠壁无浆膜，小肠吻合术时此处应妥善缝合，以免形成肠瘘。（ ）
3. 我国人阑尾位置最多见于盲肠后位。（ ）
4. 降结肠外侧与腹壁间形成左结肠旁沟，此沟上通肝肾隐窝，下通盆腔。（ ）
5. 肠系膜上、下动脉的各结肠支均相互吻合，在近结肠边缘形成动脉弓，称为边缘动脉。（ ）
6. 肾部分切除或外伤时，应缝合肾筋膜，以防肾实质撕裂。（ ）
7. 腹腔干主干较短，马上分为肝固有动脉、脾动脉和胃左动脉三支。（ ）
8. 两侧输尿管到小骨盆上口时，均跨越髂总血管前方进入盆腔。（ ）
9. 下腔静脉的属支包括髂总动脉、睾丸静脉、肾静脉、肾上腺静脉、肝静脉、膈下静脉和腰静脉。（ ）
10. 腰丛位于腰大肌深面，由第12胸神经前支和第1～4腰神经前支构成。（ ）

（二）最佳选择题

1. 肠系膜（ ）

A. 是十二指肠、空肠和回肠的系膜
B. 其根部附着于腹后壁，长约25cm
C. 其根部起于第2腰椎左侧，止于右骶髂关节的前方
D. 系膜内行经有肠系膜下动脉的分支
E. 系膜三角在十二指肠空肠曲

2. 肠系膜根（ ）

A. 长约30cm B. 起于第1腰椎左侧 C. 其左侧与降结肠形成左肠系膜窦

D. 其右侧与升结肠形成系膜三角　　E. 其内有肠系膜上动脉、肠系膜下动脉

3. 关于空肠、回肠动脉分布的叙述，错误的是（　　）

A. 肠壁由动脉弓发出的直动脉供血　　B. 直动脉发自空肠、回肠动脉的二级动脉弓

C. 直动脉与肠管纵轴呈直角分布　　D. 直动脉彼此吻合不丰富

E. 小肠对系膜缘侧肠壁血运较系膜缘更差

4. 手术时寻找阑尾最可靠的标志是（　　）

A. 右髂窝内　　B. 盲肠末端　　C. 沿结肠带向盲肠端追寻

D. 回盲部　　E. 阑尾血管

5. 阑尾（　　）

A. 有系膜但不恒定　　B. 动脉通常为两支

C. 常为右髂窝腹膜外位　　D. McBurney 点是其根部的体表投影

E. 阑尾静脉汇入肠系膜下静脉

6. 阑尾动脉来自（　　）

A. 回结肠动脉　　B. 中结肠动脉　　C. 右结肠动脉

D. 回肠动脉　　E. 肠系膜下动脉

7. 肠系膜上动脉起始处阻塞，下列不出现局部缺血性坏死的脏器是（　　）

A. 空肠和回肠　　B. 盲肠和阑尾　　C. 十二指肠和胰

D. 降结肠和乙状结肠　　E. 升结肠和横结肠

8. 结肠右曲（　　）

A. 与肝下缘后上部相邻　　B. 内侧下方有十二指肠下部

C. 位于右肾与肝之间　　D. 位置高于结肠左曲

E. 无上述情况

9. 结肠左曲（　　）

A. 位置较结肠右曲低　　B. 后方与胃大弯相邻　　C. 侧方借膈结肠韧带连于膈

D. 下方与胰尾相邻　　E. 无上述情况

10. 肠系膜下动脉闭塞不致引起直肠黏膜坏死，其原因是（　　）

A. 可通过肠系膜上动脉的分支供血　　B. 可通过髂内动脉分支直肠下动脉供血

C. 髂外动脉分支肛动脉也可供血　　D. 可通过左结肠动脉供血

E. 肠系膜下动脉没有至直肠的分支

11. 盲肠（　　）

A. 长约 10cm　　B. 常为腹膜外位器官

C. 三条结肠带在阑尾根部汇聚　　D. 小儿盲肠较低，常达盆腔

E. 内侧为右结肠旁沟

12. 乙状结肠（　　）

A. 于左髂窝续于降结肠　　B. 通常系膜较长，活动性较大

C. 主要由肠系膜上动脉的分支供血　　D. 系膜根的前方有左输尿管通过

E. 接受来自迷走神经的运动支

13. 右肾前面的毗邻（　　）

A. 肝右叶　　B. 十二指肠上部　　C. 幽门　　D. 胰头　　E. 下腔静脉

14. 有关肾的描述，错误的是（ ）

A. 其前面与十二指肠上部相邻

B. 右肾蒂短

C. 肾门在第 12 肋下缘和竖脊肌外缘交角处

D. 右第 12 肋横过右肾后面上部

E. 后面有髂腹下神经和髂腹股沟神经通过

15. 通常肾蒂各结构从前向后的排列是（ ）

A. 肾静脉、肾盂、肾动脉 B. 肾盂、肾动脉、肾静脉 C.肾动脉、肾静脉、肾盂

D. 肾静脉、肾动脉、肾盂 E. 无上述情况

16. 有关肾段的描述，正确的是（ ）

A. 一般左肾、右肾各有 4 个肾段 B. 肾静脉也有明显的节段性

C. 肾段动脉是肾动脉的第 3 级分支 D. 各肾段之间动脉有丰富的吻合

E. 肾动脉前干多在肾盂前方分出 2 个段动脉

17. 有关肾的被膜的描述，正确的是（ ）

A. 肾纤维膜包被肾和肾上腺 B. 肾筋膜紧贴肾表面 C. 肾筋膜包被肾和肾上腺

D. 肾纤维膜正常情况不易剥离 E. 无上述情况

18. 左肾静脉（ ）

A. 一般在左肾动脉的后方 B. 后方有肠系膜血管通过 C. 收纳左肾上腺静脉

D. 在胰后方汇入肝门静脉 E. 接受肠系膜下静脉

19. 输尿管（ ）

A. 行于卵巢血管的前方 B. 跨过髂血管最狭窄处

C. 有些人右输尿管与阑尾相邻 D. 在子宫颈外侧通过子宫动脉的上方

E. 左输尿管通过子宫动脉的上方

20. 腹膜后隙（ ）

A. 位于腹后壁腹膜脏层、壁层之间 B. 位于腹膜壁层与骶棘肌之间

C. 内有肝和脾 D. 内有升结肠、降结肠

E. 内有肾上腺和肾、输尿管

（三）多项选择题

1. 空肠、回肠的比较，下述正确的是（ ）

A. 空肠位于结肠下区左上部，占近侧的 2/5

B. 回肠位于结肠下区的右下部，占远侧的 3/5

C. 空肠管径细，颜色稍白，系膜血管弓少

D. 回肠管径粗，颜色较红，系膜的血管弓多

E. 回肠黏膜固有层及黏膜下组织有集合淋巴滤泡

2. 肠系膜上动脉的分支包括（ ）

A. 胰十二指肠下动脉 B. 胰下动脉 C. 中结肠动脉

D. 回结肠动脉 E. 左结肠动脉

3. 盲肠（　　）

A. 腹膜间位器官　B. 通常有系膜　C. 后面邻髂腰肌

D. 肠壁有 3 条结肠带　E. 左侧邻接回肠末端

4. 关于肾的位置叙述，正确的是（　　）

A. 两肾分别位于脊柱两侧　B. 右肾上端平第 11 胸椎

C. 左肾下端平第 2 腰椎　D. 第 12 肋斜过右肾后面的中部

E. 第 12 肋下缘与竖脊肌外侧缘相交处称肾角

5. 肾后面的毗邻（　　）

A. 膈与肋膈隐窝　B. 腰大肌及生殖股神经　C. 腰方肌

D. 肋下血管及神经　E. 髂腹下神经和髂腹股沟神经

6. 肾窦内结构包括（　　）

A. 肾血管　B. 肾大盏　C. 肾柱　D. 肾盂　E. 肾乳头

7. 右输尿管前面的毗邻（　　）

A. 盲肠及阑尾　B. 十二指肠降部　C. 升结肠血管

D. 回肠末端　E. 右髂总血管

8. 腹膜后隙内的器官包括（　　）

A. 肾及肾上腺　B. 腹部大血管　C. 输尿管　D. 横结肠　E. 脾

9. 关于腹主动脉的叙述，正确的是（　　）

A. 经膈的主动脉裂孔入腹膜后隙　B. 右侧为下腔静脉

C. 前面有横结肠系膜根横过　D. 后面有右腰交感干

E. 第 4 腰椎下缘水平分为左髂总动脉、右髂总动脉

10. 腹主动脉的壁支不包括（　　）

A. 腰动脉　B. 肋下动脉　C. 骶正中动脉　D. 髂腰动脉　E. 膈下动脉

11. 左侧睾丸静脉曲张较右侧常见的原因是（　　）

A. 其流经左肾静脉注入下腔静脉，流程长　B. 垂直汇入左肾静脉，回流阻力大

C. 易受乙状结肠压迫　D. 左肾静脉回流受阻时可累及左睾丸静脉

E. 左髂总动脉搏动影响左睾丸静脉

（四）名词解释

1. 左肠系膜窦
2. 右肠系膜窦
3. 回盲部
4. 回盲瓣
5. McBurney 点
6. Lanz 点
7. 腹膜后隙
8. 肾角（脊肋角）
9. 肾门
10. 肾窦

11. 肾段

（五）填空题

1. 结肠下区位于________与________之间。
2. 肠系膜根在腹后壁附着，起自________，止于________。
3. 右肠系膜窦呈三角形，其内界为________，外界为________。
4. 左肠系膜窦呈向下开口的斜方形，其外侧界为________，上界为________。
5. 肠系膜上动脉向右分出胰十二指下动脉、________、右结肠动脉和________4 条动脉。
6. 临床上通常将________、盲肠及________合称为回盲部。
7. 阑尾根的体表投影通常为________与________交界处。
8. 阑尾动脉起自________，沿________走行。
9. 结肠的血液由________和________供应。
10. 在腹后壁位于________与________的交角称脊肋角。
11. 以椎骨为标志，右肾上端平________，下端平________。
12. 以椎骨为标志，左肾上端平________，下端平________。
13. 肾手术需切除第 12 肋时，要注意保护________，以免损伤造成________。
14. 肾蒂内主要结构由前向后依次为________、________和肾盂。
15. 肾蒂内主要结构由上向下依次为________、________和肾盂。
16. 将不经肾门而在肾上端或肾下端入肾的动脉分别称为________或________。
17. 肾的被膜由内向外依次为________、脂肪囊及________。
18. 腹主动脉不成对的脏支有________、肠系膜上动脉和________。
19. 腹主动脉成对的脏支有________、________和睾丸动脉。
20. 下腔静脉平________右前方由________汇合而成。
21. 睾丸静脉右侧的汇入________，左侧的汇入________。

（六）综合应用题

1. 肠系膜上动脉有哪些分支？结肠由哪些血管供血？

2. 阑尾的常见位置有哪几种？阑尾炎时，何处常有明显压痛？手术时，寻找阑尾的标志是什么？

3. 左结肠旁沟、右结肠旁沟内积液可能流向何处？

4. 何谓腹膜后隙？主要有哪些器官位于腹膜后隙？腹膜后隙的感染向上、向下经过何结构蔓延到何处？

5. 试述肾的位置和肾前面的毗邻。

6. 肾蒂内包括哪些结构？肾窦内有哪些结构？

7. 主动脉腹部的成对脏支有哪些？下腔静脉的主要属支有哪些？

8. 阑尾炎患者，需做阑尾切除术，请回答以下问题。

（1）如何确定阑尾的体表投影？

（2）如何确定手术切口？依次切开哪些结构？

（3）如何寻找阑尾？若在右髂窝未发现阑尾，应注意在哪些位置寻找？

（4）在何处寻找结扎阑尾动脉？

（5）阑尾穿孔时，因体位不当，脓液可能流到哪些地方？

（七）临床思维能力训练题

1. 患者，男性，22 岁。自述平时身体健康，6 小时前觉上腹部疼痛，但不甚严重，呈阵发性；4 小时后疼痛转移至右下腹，呈持续性加重，伴恶心、呕吐、全身乏力、头痛。

检查见患者仰卧位，右下肢屈曲，体温 38.6℃，脉搏 90 次/分，右下腹肌紧张，有压痛，McBurney 点压痛明显，有轻度反跳痛。白细胞计数为 18×10^9/L，中性粒细胞占 85%，诊断为急性阑尾炎。

请思考以下问题。

（1）急性阑尾炎发生转移性腹痛的机制是什么？

（2）急性阑尾炎发生右下腹压痛、反跳痛的原因是什么？患者为何取右下肢屈曲的姿势？

（3）手术切除阑尾时应作何切口？术中须经过哪些层次方可显露阑尾？

（4）术中如何寻找阑尾，可能遇到哪些异常情况？在何处结扎阑尾动脉？

2. 患者，男性，38 岁。搬运工人。因急性腹痛伴呕吐 4 小时入院。患者午饭后即开始搬运货物，1 小时后突感腹中部阵发性疼痛，伴恶心。随后疼痛逐渐加重为阵发性绞痛，伴大量呕吐，呕吐物为所进食物和胃液。

检查见患者眼窝下陷，皮肤弹性差，口唇干燥，呻吟不止，辗转不安；腹胀明显，可见肠形，腹部听诊肠鸣音亢进，有气过水声。患者自发病后无肛门排便、排气。X 线检查见肠腔内有气体，可见多个液平面。诊断为急性肠梗阻。

请思考以下问题。

（1）什么是肠梗阻？根据所学知识解释肠梗阻的症状与体征。

（2）若行外科手术治疗，一般作什么切口？须经过哪些层次进入腹膜腔？

（3）如何根据肠管的特征确定肠梗阻的部位？

（王　军）

第五章　盆部与会阴

盆部（pelvis）位于躯干的下部，以骨盆作为支架，由覆盖于其内的盆壁肌、盆底肌及其筋膜共同围成的盆腔及盆腔内的脏器所组成。

会阴（perineum）是指盆膈以下封闭骨盆下口的全部软组织，其即广义的会阴。会阴呈菱形，其境界与骨盆下口一致，前为耻骨联合下缘及耻骨弓状韧带，两侧为耻骨弓、坐骨结节及骶结节韧带，通过两侧坐骨结节的连线，可将会阴分为前方的尿生殖区与后方的肛区。狭义的会阴，在男性是指阴茎根与肛门之间的部分，在女性是指阴道前庭后端与肛门之间的部分，又称产科会阴。

【目的和要求】

1. 掌握大小骨盆的分界；肛提肌的形态、位置和作用；盆膈的构成；直肠、膀胱的位置、毗邻及膀胱三角的位置、意义；女性输尿管与子宫动脉的交叉关系；前列腺的形态、位置、毗邻与分叶；子宫的形态、位置和固定装置；子宫动脉起止和行径；输卵管的分部；阴道穹的构成、毗邻及意义；肛门外括约肌的作用；Colles 筋膜的延续和临床意义；男性尿道、女性尿道的特点；坐骨直肠窝的构成及毗邻关系；尿生殖膈；男性尿道破裂尿外渗时与尿生殖三角筋膜的关系。

2. 熟悉髂总动脉、髂内动脉的行径和分支；骶丛的组成、位置；闭孔神经的起始、行径和分布；卵巢的位置和固定装置；盆内脏器的分布及其与腹膜的关系；盆筋膜的配布和筋膜间隙；输精管、精囊腺、射精管；阴部神经的起始、行程及其分支与分布范围；会阴浅隙、深隙的组成和内容。

3. 了解骨盆的组成；精索的组成、位置及被膜；骶交感干、盆腔内脏神经的来源和配布；会阴的血管、神经；会阴中心腱的位置和构成；肛直肠环的概念；会阴的层次、血管神经分布及会阴中心腱的位置和构成；精索、阴囊和阴茎的层次结构。

【实训教具】

1. 标本　男、女性骨盆；男、女性盆部矢状切面标本（示盆腔脏器、血管和神经）；游离直肠、膀胱、子宫标本；男、女性会阴标本（示会阴层次及会阴浅隙、深隙内容物）；大体标本（示盆腔脏器、血管和神经）。

2. 模型　男、女性盆腔模型；男、女会阴浅隙、深隙模型。

【实训内容及方法】

一、盆　　部

（一）骨盆

1. 在骨盆（pelvis）标本及模型上摸认体表标志　髂嵴、髂前上棘、髂结节、腹股沟（内有腹股沟韧带）、耻骨结节、耻骨联合上缘、耻骨嵴、髂后上棘、耻骨弓、坐骨结节、尾骨尖。

2. 在骨盆标本上观察 骨盆由两侧的髋骨及后方的骶骨和尾骨，借助关节、韧带和软骨连结构成，骨盆借界线可分为前上方的大骨盆和后下方的小骨盆。骶结节韧带、骶棘韧带与坐骨大切迹、坐骨小切迹间围成坐骨大孔、坐骨小孔。骨盆的前外侧有闭孔。

（二）盆壁肌

在骨盆模型上观察：覆盖于盆壁内面的肌肉，有闭孔内肌（internal obturator muscle）和梨状肌（piriform muscle）。闭孔内肌位于盆侧壁的前份，该肌及其筋膜的上缘参与形成闭膜管。梨状肌位于盆侧壁的后份，该肌与坐骨大孔之间分别有梨状骨上孔和梨状肌下孔。

（三）盆底肌与盆膈

在骨盆模型上观察：盆底肌有肛提肌（levator ani）、尾骨肌（coccygeus）。肛提肌、尾骨肌及覆盖于两肌上面、下面的盆膈上筋膜和盆膈下筋膜构成盆膈（pelvic diaphragm）。肛提肌按其纤维起止及排列分为四部分，由前内向后外，依次为耻骨阴道肌（男性为前列腺提肌）、耻骨直肠肌、耻尾肌、髂尾肌。

（四）盆筋膜

在盆部矢状切面标本上观察：盆部筋膜（pelvic fascia）与盆部器官的关系，以及盆部器官之间的位置关系。盆部筋膜向上与腹部筋膜相连，向下连于会阴筋膜，包裹盆部诸肌形成盆壁筋膜，包绕脏器、神经、血管形成盆脏筋膜；盆部筋膜按其部位不同分为盆壁筋膜，其中覆盖于盆壁内面，位于骶骨前方的部分，称骶前筋膜，位于梨状肌与闭孔内肌表面的部分，分别称梨状肌筋膜和闭孔筋膜。盆膈上筋膜覆盖于肛提肌与尾骨肌上面，盆膈下筋膜覆盖于肛提肌与尾骨肌下面。盆脏筋膜包绕在盆内脏器表面，在脏器周围分别形成筋膜鞘、筋膜隔及韧带等，如前列腺鞘、直肠侧韧带、子宫主韧带和骶子宫韧带。筋膜相互之间的潜在间隙即筋膜间隙。男性盆内器官与女性盆内器官有区别，但基本布局相同，即生殖器官居中，前为泌尿器官，后为消化器官。

（五）盆筋膜间隙

盆部筋膜相互之间的潜在间隙即盆筋膜间隙。较为重要的有：①耻骨后隙（retropubic space），位于耻骨盆面与膀胱之间。②直肠后隙（retrorectal space），位于直肠筋膜与骶前筋膜之间，又称骶前间隙。③骨盆直肠隙（pelvirectal space），位于盆底腹膜与盆膈之间。在直肠周围，借直肠侧韧带分为前外侧部与后部。直肠指检可扪及直肠壶腹下份的两侧，即相当于此隙。

（六）盆部的血管

在盆部矢状切面标本上观察下列结构。

1. 髂外动脉（external iliac artery） 沿腰大肌内侧缘下行，穿血管腔隙至股部。沿髂总动脉辨认出髂内外动静脉，注意血管近旁的髂内外淋巴结。追踪髂外动脉向前直至腹股沟韧带上方，可见其分出的腹壁下动脉经腹环内侧返折上行入腹直肌鞘；旋髂深动脉沿腹股沟韧带向外侧走行。

2. 髂内动脉（internal iliac artery） 由髂总动脉发出，至坐骨大孔上缘处分为前、后两干。寻认前干分出的脐动脉、闭孔动脉、子宫动脉、膀胱下动脉、直肠下动脉和它的两条终支（阴部内动脉和臀下动脉）。后干主要分出骶外侧动脉，在骶前孔的外侧下降。主干续行为臀上动脉，穿经腰骶干和第1骶神经之间，经梨状肌上孔离开盆腔。

3. 髂内静脉（internal iliac vein） 由盆腔内静脉汇聚而成，其属支与同名动脉伴行。

（七）盆部神经

将直肠往前推开，在标本上观察下列结构。

1. 骶交感干（sacral sympathetic） 沿腰交感干往下追踪，它在骶前孔内侧下降，越往下越细并向中线接近，终止于尾骨前面的奇神经节（ganglion impar），又称终节。

2. 腰骶干及骶神经丛 在骶髂关节前方找出腰骶干，往上追踪可见它由第 4 腰神经一部分和第 5 腰神经合成，往下追踪到梨状肌前面，可见它与第 1～3 骶神经合成骶丛。认清上述 3 对骶神经及骶丛后，观察骶丛发出的 2 条大分支——坐骨神经及阴部神经，提起骶丛，观察臀上神经、臀下神经伴行同名血管至臀部。

（八）盆腔的脏器与腹膜

分别在男性、女性盆部矢状切面标本上观察下列结构。

1. 盆腔的陷凹 男性腹膜在膀胱与直肠之间，形成膀胱直肠陷凹。女性则在膀胱与子宫间形成膀胱子宫陷凹。在子宫与直肠间形成直肠子宫陷凹，又称 Douglas 腔，以手指探查该陷凹的深度。

2. 盆内脏器

（1）直肠（rectum）

1）位置：直肠位于盆腔后部，上平第 3 骶椎高度接乙状结肠，向下穿盆膈延续为肛管。

2）毗邻：在男性，直肠前面上部隔直肠膀胱陷凹与膀胱底上部和精囊相邻，直肠下部借直肠膀胱隔与膀胱底下部、前列腺、精囊、输精管壶腹及输尿管盆部相邻；在女性，直肠前面上部隔直肠子宫陷凹与子宫颈及阴道穹后部相邻，直肠下部借直肠阴道隔与阴道后壁相邻。

3）血管：直肠有直肠上动脉（为肠系膜下动脉的直接延续）、直肠下动脉（起自髂内动脉前干）及骶正中动脉分布。

（2）膀胱（urinary bladder）

1）位置与毗邻：膀胱空虚时呈三棱锥状，位于盆腔前部，充盈时呈球形，可升至耻骨联合上缘以上，此时腹膜返折处也随之上移，膀胱下外侧面直接邻贴腹前壁。

2）在尸体或标本上模拟膀胱穿刺术：当膀胱充盈时，被覆于其上方的腹膜被推向上，使膀胱前壁直接与腹前壁接触，可升至耻骨联合上缘以上。因此在耻骨联合上缘之上，可经腹前壁，于腹膜外进行膀胱穿刺术。

3）血管：有膀胱上动脉和膀胱下动脉。

（3）输尿管盆部与壁内部：在骨盆上口处，左输尿管越过左髂总动脉末端的前方入盆；右输尿管则越过右髂外动脉的起始部前方入盆。在女性，输尿管由后外向前内，在子宫颈外侧约 2cm 处有子宫动脉从前上方跨过。

（4）前列腺（prostate）：位于膀胱颈和尿生殖膈之间。前面有耻骨前列腺韧带；后面平坦，借直肠膀胱隔与直肠壶腹相邻。

（5）输尿管、输精管、精囊三者的毗邻关系：自腹前壁腹股沟管腹环处找出输精管，追踪其经输精管壶腹与精囊之间到膀胱底，不要损坏血管。观察输尿管与输精管之间的交叉情况，可见输精管在输尿管的前上方跨过。

（6）输精管盆段、射精管及精囊：输精管（ducts deferens）在腹股沟管腹环处离开精索从外侧绕过腹壁下动脉的起始部，急转向内下方进入盆腔，沿膀胱侧壁向后下行，越过输尿管前方，到达膀胱底部的后面扩大为壶腹，位于精囊腺的内侧，走向内下方，其末端逐渐变细，与精囊腺的排泄管汇合成射精管（ejaculatory duct），向前下穿过前列腺底的后部，开口于尿道前列腺部。

精囊（seminal vesicle）位于前列腺底的后上方，输精管壶腹的后外侧，膀胱底后方，后邻直肠。精囊肿大时，直肠指检可以扪及。

（7）子宫

1）位置与毗邻：子宫（uterus）位于盆腔中部，膀胱与直肠之间。子宫颈位于坐骨棘平面以上。成人正常的子宫呈前倾、前屈姿势。子宫前面隔膀胱子宫陷凹与膀胱上面相邻；子宫颈阴道上部的前方借膀胱阴道隔与膀胱底部相邻；子宫颈阴道部借尿道阴道隔与尿道相邻；子宫后面借直肠子宫陷凹及直肠阴道隔与直肠相邻。

2）血管：子宫动脉起自髂内动脉前干，沿盆侧壁向前内下走行，进入子宫阔韧带基部，在距子宫颈外侧 2cm 处，横向越过输尿管前上方，至子宫颈侧缘上行，沿途分支进入子宫。

3）韧带：在子宫模型和标本上观察，子宫阔韧带位于子宫两侧，腹膜在子宫的前面、后面返折，并且向两侧延伸至盆腔侧壁，形成双层的腹膜皱襞，称子宫阔韧带，子宫阔韧带上缘游离，内含输卵管，韧带的基底宽阔，与盆底前后的腹膜续连，卵巢位于阔韧带后面，以卵巢系膜与阔韧带后层相连。观察夹包于子宫阔韧带中的各主要结构，由上而下有输卵管、卵巢固有韧带、子宫圆韧带、子宫动脉及位于阔韧带底部的子宫主韧带。子宫主韧带位于子宫阔韧带基底部，连于子宫颈与盆侧壁之间；子宫圆韧带起自子宫角，在子宫阔韧带内弯向盆侧壁前行；骶子宫韧带起自子宫颈后面，向后呈弓形绕过直肠外侧，附着于骶骨前面；耻骨子宫韧带。将子宫底、子宫体往前推，显示腹膜皱襞自子宫颈呈弓形向后，绕过直肠两侧至骶骨前面，称直肠子宫襞，内藏骶子宫韧带。把子宫复位，再观察由子宫角向前至腹股沟管的子宫圆韧带。

（8）卵巢（ovary）：位于髂内动脉、髂外动脉分叉处的卵巢窝内，卵巢下端有卵巢固有韧带，上端有卵巢悬韧带。观察腹膜从骨盆上口髂总动脉的分叉处延伸至卵巢上端形成的卵巢悬韧带（又称骨盆漏斗韧带）。韧带内有结缔组织和平滑肌，并有卵巢动脉、卵巢静脉经过，韧带的后内侧与输尿管邻近。

（9）输卵管（uterine tube）：位于子宫阔韧带上缘内，由内侧向外侧分为四部：子宫部、输卵管峡（为结扎部位）、输卵管壶腹（受精部位）、输卵管漏斗。

（10）阴道（vagina）：连接子宫与外生殖器。阴道上端较宽阔，子宫颈与阴道壁之间形成的环形腔隙称阴道穹（fornix of vaginal）。阴道穹分为前部、后部及两侧部，其中后部较深，与直肠子宫陷凹紧邻，故阴道指诊可在阴道穹后部触知该陷凹中的情况，当该陷凹内有积液时，可通过阴道穹后部穿刺或切开引流。

二、会　阴

（一）肛区

1. 皮肤和筋膜

2. 肛门外括约肌（sphincter ani externus）　可分为皮下部、浅部和深部。

3. 肛管（anal canal）　在盆部正中矢状切面标本和会阴模型上观察肛门括约肌。肛门括约肌包括肛门内括约肌与肛门外括约肌。

4. 坐骨直肠窝 在盆部正中矢状切面标本和会阴模型上观察坐骨直肠窝（ischiorectal fossa）的位置与构成。坐骨直肠窝尖朝上，底向下。内侧壁为肛门外括约肌、肛提肌；外侧壁为坐骨结节、闭孔内肌及筋膜；窝底为肛门两侧的浅筋膜及皮肤。注意寻认自窝外侧壁走向肛门的肛动脉、肛静脉和肛神经，追踪它们至其发出处。寻认窝外侧壁的筋膜形成的阴部管，在已纵行切开该管的内侧壁上，可见阴部内动静脉和阴部神经的分支，阴部神经进入阴部管后立即分为 3 支，观察它们行向尿生殖区的诸支，到该区后缘为止。

（二）尿生殖区

1. 层次结构

（1）皮肤和浅筋膜：皮肤生有阴毛，富含汗腺及皮脂腺。浅筋膜可分为浅、深两层。浅层为脂肪组织，与腹前外侧壁的浅筋膜浅层即 Camper 筋膜相续；深层为膜性结缔组织，称浅会阴筋膜（superficial fascia of perineum）或 Colles 筋膜，它向前移行为阴囊肉膜、阴茎浅筋膜，并与腹前壁下部的浅筋膜深层即 Scarpa 筋膜相续，向两侧附于耻骨下支及坐骨支，后界与该区后缘的深筋膜愈着。

（2）深筋膜：深筋膜分为两层，衬于尿生殖膈（由会阴深横肌及尿道括约肌构成）的上面、下面，分别称尿生殖膈上筋膜（superior fascia of urogenital region）和尿生殖膈下筋膜（inferior fascia of urogenital diaphragm）。此两层筋膜向两侧均附于耻骨下支及坐骨支，在尿生殖膈后缘互相愈着并与浅会阴筋膜愈着。在尿生殖膈前缘，尿生殖膈上筋膜、尿生殖膈下筋膜愈着成会阴横韧带（transverse ligament of perineum）。该韧带前缘与耻骨弓状韧带之间有一空隙，其内有阴茎背深静脉通过。在尿生殖区的两层深筋膜和浅会阴筋膜 3 层筋膜间，形成 2 个筋膜间隙：①会阴浅隙（superficial perineal space），位于浅会阴筋膜与尿生殖膈下筋膜之间，内有会阴浅横肌、坐骨海绵体肌、球海绵体肌、阴茎脚、尿道球、尿道球部及会阴血管、神经等。因浅会阴筋膜与阴茎浅筋膜、阴囊肉膜及腹壁浅筋膜深层是连续的，而前者又在尿生殖膈后缘与深筋膜相愈着，所以如果尿道在浅隙处破裂（如骑跨伤）损伤尿道球部时，尿液溢出于浅隙内则可向前、向下扩延至阴茎、阴囊及腹前壁皮下，但不会向后至坐骨直肠窝。②会阴深隙（deep perineal space），位于尿生殖膈上下筋膜间。内有会阴深横肌、尿道括约肌、尿道球腺、尿道膜部及阴部内动脉、阴茎背神经等。如果尿道在此处破裂，尿液则局限于此间隙中。尿生殖膈上下筋膜与其间的会阴深横肌、尿道括约肌共同构成尿生殖膈，具有加强盆底、承托盆脏器的作用。

（3）会阴肌：会阴肌分浅、深两层。浅层肌位于会阴浅隙内，共 3 对，即会阴浅横肌、球海绵体肌和坐骨海绵体肌；深层肌位于会阴深隙内，包括会阴深横肌及尿道括约肌。

2. 会阴中心腱（perineal central tendon） 位于肛门与外生殖器之间，是会阴深部的腱性结构。肛门外括约肌、肛提肌、会阴浅横肌、球海绵体肌及会阴深横肌等均附着于此，具有承托和加固盆底的作用。

（三）会阴的血管和神经

1. 阴部内动脉（internal pudendal artery）

2. 阴部内静脉（internal pudendal vein）

3. 阴部神经（pudendal nerve） 在行阴部神经阻滞麻醉时，可利用坐骨棘作为骨性标志，将注射针在坐骨结节与肛门连线之中点处经皮下刺至坐骨棘下方，此处即为该神经所在。

（四）会阴部的器官

会阴部有肛管、生殖系统的部分器官及女性尿道。肛管为消化道的末段。

1. 男性生殖器

（1）阴囊（scrotum）。

（2）睾丸（testis）。

（3）附睾（epididymis）。

（4）输精管（vas deferens）：全长可分为 3 部，即睾丸部、精索部和盆部。

（5）精索及睾丸精索被膜：睾丸精索被膜从外向内有下列几层。①精索外筋膜：为腹外斜肌筋膜的延续；②提睾肌：为腹内斜肌和腹横肌下部纤维的延续；③精索内筋膜：为腹横筋膜的延续；④睾丸鞘膜和精索鞘韧带。

（6）阴茎（penis）：可分为头、体和根三部分。

（7）男性尿道（male urethra）：为排尿、排精的通道，起于膀胱下端的尿道内口，终于阴茎头的尿道外口。成人长 16～22cm，管径平均为 5～7mm。全长可分为三部，即前列腺部、膜部和海绵体部。临床上把前列腺部和膜部称为后尿道，海绵体部称为前尿道。

男性尿道在行程中粗细不一，有三个狭窄、三个扩大和两个弯曲。三个狭窄分别在尿道内口、膜部和尿道外口。三个扩大在前列腺部、尿道球部和尿道舟状窝。两个弯曲一为耻骨下弯，另一为耻骨前弯。

（8）尿道球腺（bulbourethral gland）。

2. 女性外生殖器及女性尿道

（1）女性外生殖器。

（2）女性尿道（female urethra）：短而直，向前下方穿过尿生殖膈，开口于阴道前庭。

【复习思考题】

（一）判断题（正确答案用 A 表示，错误答案用 B 表示）

1. 骨盆由骶骨、尾骨及 2 块髋骨借强有力的韧带连接构成。（　　）
2. 会阴分为尿生殖区和肛区，坐骨结节为其分区标志。（　　）
3. 闭孔血管神经沿盆侧壁经闭膜管至股部，分布于邻近诸肌及髋关节。（　　）
4. 子宫动脉在宫颈外侧 2cm 处位于输尿管的后下方。（　　）
5. 切断肛门外括约肌皮下部会引起大便失禁。（　　）
6. 骨盆骨折时最常见的尿道损伤部位是尿道膜部。（　　）
7. 异位妊娠最常发生于输卵管壶腹部。（　　）
8. 输卵管结扎术中识别输卵管的主要标志是漏斗周缘的指状突起。（　　）
9. 直肠癌是齿状线以上的癌肿，通常向腹股沟淋巴结转移。（　　）
10. 坐骨直肠窝脓肿切开引流术最好的切开部位是坐骨直肠窝底部。（　　）

（二）最佳选择题

1. 关于盆膈的叙述，正确的是（　　）

A. 由尿生殖膈上下筋膜及其间的肌肉构成

B. 封闭了整个骨盆下口

C. 由肛提肌、尾骨肌及盆膈上下筋膜构成

D. 其后部有一盆膈裂孔，被尿生殖膈封闭
E. 与排便、分娩等无关
2. 盆壁筋膜可以形成的结构（ ）
A. 前列腺鞘 B. 腹膜会阴筋膜 C. 肛提肌腱弓
D. 直肠侧韧带 E. 直肠膀胱韧带
3. 属于盆壁的肌肉（ ）
A. 肛提肌 B. 梨状肌 C. 闭孔外肌 D. 尾骨肌 E. 髂肌
4. 关于盆筋膜的说法，错误的是（ ）
A. 分为壁层和脏层 B. 为腹内筋膜的延续
C. 脏层与壁层间为筋膜腔 D. 盆筋膜增强可形成韧带和盆膈
E. 盆膈上筋膜属于盆筋膜
5. 关于子宫毗邻的说法，正确的是（ ）
A. 子宫颈阴道部前方借阴道与膀胱相邻
B. 子宫颈阴道上部前方借尿道阴道隔与尿道相邻
C. 子宫颈两侧有输卵管和子宫动脉
D. 子宫后面借直肠子宫陷凹及直肠阴道隔与直肠相邻
E. 子宫体两侧有子宫主韧带
6. 关于耻骨后间隙的叙述，正确的是（ ）
A. 其上界为腹膜返折部，下界为盆膈
B. 又称膀胱后隙
C. 两侧为耻骨前列腺韧带，后界为直肠
D. 子宫手术切口入路无须经过此间隙
E. 耻骨骨折合并膀胱或尿道损伤时，常可引起此隙出血，尿外渗
7. 腹膜后空气造影时，空气首先注入（ ）
A. 坐骨直肠窝 B. 会阴浅隙 C. 直肠后隙
D. 耻骨后隙 E. 骨盆直肠隙
8. 男性输尿管开口于膀胱之前与输精管的关系是（ ）
A. 与输精管交叉，在输精管下方通过 B. 与输精管交叉，在输精管前方通过
C. 与输精管平行 D. 远离输精管
E. 两者无毗邻关系
9. 维持子宫正常位置的主要因素是（ ）
A. 邻近器官的相互影响 B. 韧带的牵拉和盆底肌的承托
C. 子宫的血管和神经等的牵拉 D. 输卵管和卵巢的牵引
E. 以上均不是
10. 关于直肠的叙述，正确的是（ ）
A. 中部、上部的前面和两侧均有腹膜覆盖 B. 仅由肠系膜下动脉供血
C. 全长 14cm，有一个弯曲 D. 在男性，其正前方与膀胱相邻
E. 下直肠横襞最大且恒定，距肛门 8cm

11. 关于肛门外括约肌的说法，正确的是（　　）
A. 分浅、深两部
B. 浅、深两部如被切断，可导致肛门失禁
C. 为直肠壁环形肌在肛管处增厚形成
D. 受内脏神经支配
E. 以上均不对

12. 关于女性直肠毗邻的叙述，正确的是（　　）
A. 下部前面与肛提肌相邻
B. 后面借疏松结缔组织与骶尾骨和闭孔内肌相邻
C. 上部前面隔直肠子宫陷凹与子宫及阴道穹后部相邻
D. 两侧与阴道后壁相邻
E. 两侧的上部与盆丛相邻

13. 关于肛门内括约肌的说法，正确的是（　　）
A. 有括约肛门的功能
B. 受肛神经及内脏神经支配
C. 为直肠壁环形平滑肌增厚形成
D. 无协助排便的作用
E. 属于随意肌

14. 肛提肌（　　）
A. 为尿生殖膈的主要成分
B. 构成坐骨直肠窝的底
C. 形成盆膈的一部分
D. 位于盆膈上方
E. 构成坐骨直肠窝的外侧壁

15. 盆腔脏器男性、女性大体相同，由前向后依次为（　　）
A. 泌尿、生殖、消化三个系统的器官
B. 消化、生殖、泌尿三个系统的器官
C. 生殖、消化、泌尿三个系统的器官
D. 生殖、泌尿、消化三个系统的器官
E. 以上都不是

16. 膀胱前壁破裂，尿液可渗入到（　　）
A. 耻骨后间隙
B. 腹膜后间隙
C. 腹膜腔内
D. 膀胱后间隙
E. 直肠后间隙

17. 关于坐骨直肠窝的说法，正确的是（　　）
A. 外侧壁为盆膈和肛门外括约肌
B. 内侧壁为闭孔内肌及其筋膜
C. 仅局限在肛门三角范围内
D. 内有肛血管和神经
E. 左右坐骨直肠窝互不相通

18. 关于浅会阴筋膜的说法，错误的是（　　）
A. 前接阴囊肉膜和阴茎浅筋膜
B. 向后与尿生殖膈筋膜融合
C. 两侧附着于耻骨弓
D. 深面为会阴深隙
E. 与腹壁 Scarpa 筋膜相连

19. 会阴深隙内没有的结构是（　　）
A. 尿道球腺
B. 前庭大腺
C. 尿道括约肌
D. 尿道膜部
E. 阴部神经

20. 关于会阴浅隙的说法，错误的是（　　）
A. 位于浅会阴筋膜与尿生殖膈下筋膜之间
B. 其后份有会阴浅横肌
C. 男性有阴茎脚

D. 女性有阴蒂脚
E. 其内无血管及神经
21. 关于会阴的描述，错误的是（　　）
A. 尿生殖三角中有会阴浅隙和会阴深隙
B. 坐骨结节间连线将会阴分为尿生殖三角和肛三角
C. 是指尿生殖膈以下封闭骨盆下口的全部软组织
D. 尿生殖三角中的主要结构，男性有尿道穿过，女性有尿道、阴道穿过
E. 以上都不是
22. 不属于肛门三角内容物的是（　　）
A. 肛管　　B. 坐骨直肠窝　　C. 阴部内动脉、阴部内静脉
D. 阴部神经　　E. 会阴体
23. 关于阴部内动脉的说法，正确的是（　　）
A. 穿坐骨大孔入坐骨直肠窝
B. 会阴动脉分布于会阴肌、阴囊及阴茎
C. 阴部管又称 Alcock 管，在阴部管内发出肛动脉
D. 由髂内动脉后干发出
E. 以上均不对
24. 尿道球部断裂尿液渗入（　　）
A. 会阴深隙　　B. 耻骨后隙　　C. 骨盆直肠隙
D. 经会阴浅隙渗入阴囊　　E. 直肠后隙

（三）多项选择题

1. 直肠指诊时，能触到的结构是（　　）
A. 前列腺　　B. 阴道后壁　　C. 输尿管　　D. 子宫颈　　E. 增大的精囊
2. 关于直肠后隙的说法，正确的是（　　）
A. 位于骶前筋膜和直肠筋膜之间　　B. 与腹膜后隙相通
C. 为盆筋膜间隙的一种　　D. 两侧与骨盆直肠隙相隔
E. 向下可达盆膈
3. 关于女性盆腔腹膜，下列说法正确的是（　　）
A. 包裹输卵管　　B. 从输卵管返折形成卵巢悬韧带
C. 覆盖了整个子宫体　　D. 覆盖膀胱各面
E. 覆盖直肠上 2/3 段的前面
4. 子宫颈（　　）
A. 部分由阴道包绕　　B. 两侧借子宫主韧带连于盆侧壁
C. 癌变时主要转移至腹股沟浅淋巴结　　D. 两侧有输尿管由后向前走行
E. 借子宫直肠陷凹与直肠相邻
5. 膀胱（　　）
A. 位于耻骨后隙　　B. 男性膀胱底下部与前列腺相邻
C. 男性后方为直肠、精囊及输精管壶腹　　D. 女性后方紧贴子宫颈、阴道后壁

E. 膀胱手术时可不伤及腹膜

6. 关于前列腺，下列说法正确的是（　　）

A. 位于膀胱颈和尿生殖膈之间　B. 尿道自底的前份穿入
C. 后方借直肠膀胱陷凹与直肠壶腹相邻　D. 射精管自底的后份穿入
E. 周围有前列腺囊和鞘包裹

7. 卵巢（　　）

A. 位于髂内外动脉之间卵巢窝内　B. 上端固定于输卵管漏斗端
C. 外侧面以卵巢悬韧带连于盆侧壁　D. 卵巢悬韧带是寻找卵巢血管的标志
E. 卵巢的神经、血管自前缘出入

8. 构成会阴浅隙的筋膜是（　　）

A. 阴茎浅筋膜　B. 尿生殖膈下筋膜　C. 浅会阴筋膜
D. 尿生殖膈上筋膜　E. Scarpa 筋膜

9. 坐骨直肠窝（　　）

A. 位于肛管两侧　B. 在会阴中心腱的深面　C. 局限于肛门三角区
D. 内含大量的脂肪　E. 血供差，易感染

10. 关于男性尿道的说法，正确的是（　　）

A. 全长可分 3 部分　B. 兼有排尿和排精的功能　C. 尿道的前列腺部最宽
D. 尿道膜部最窄　E. 耻骨前弯可随体位而改变

（四）名词解释

1. 盆膈
2. 界线
3. 直肠后隙
4. 子宫附件
5. 会阴
6. 肛直肠环
7. 会阴中心腱
8. 会阴浅隙
9. 会阴深隙
10. 前尿道
11. 睾丸鞘膜腔

（五）填空题

1. 重要的盆筋膜间隙有________和________。
2. 位于盆底筋膜与盆膈之间的间隙主要是________。参与围成盆膈裂孔的肌肉是________。
3. 维持子宫在坐骨棘平面以上的主要韧带是________，营养子宫的血管走行于________内。
4. 覆盖骨性盆壁内面的肌肉是________和________。
5. 根据肌纤维的起止和排列，肛提肌自前向后可分为（女性）耻骨阴道肌或（男性）________、耻骨直肠肌、________、髂尾肌四部。

6. 阴部神经直接发出的神经有肛神经、________和________。
7. 前列腺可分为五叶，即前叶、________、________、后叶和________。
8. 子宫后面借________及________与直肠相邻。
9. 在直立、坐位时，男性的________或女性的________为腹膜腔的最低位。
10. 子宫的固有韧带主要有子宫阔韧带、________、子宫圆韧带、骶子宫韧带、________。
11. 子宫附件指________和________。
12. 直肠供血的动脉主要有________、直肠下动脉和________。
13. 盆壁筋膜形成结构主要是筋膜鞘和筋膜隔，筋膜鞘如________、筋膜隔如________。
14. 盆壁筋膜主要有骶前筋膜、________、________。
15. 男性直肠上部隔直肠膀胱陷凹与膀胱底上部及________相邻。如果女性子宫直肠陷凹内有积液，可通过________穿刺或切开引流。
16. 跨过骨盆上口的主要结构有输尿管、________、________、卵巢血管。
17. 在骨盆入口处，左输尿管越过________前方；右输尿管越过________前方。
18. 肛三角的境界：前为两侧坐骨结节之间的连线；后为________；两侧为________和直肠。
19. 肛门三角的肌主要有________和肛门外括约肌。尿生殖三角的肌可分浅、深两层，其中深层肌包括尿道膜部括约肌和________。
20. 尿生殖三角的境界：前为耻骨联合的下缘；后为________两侧为耻骨下支、坐骨支，三角内男性有尿道通过，女性有________通过。
21. 睾丸鞘膜积液手术切开引流时需经过的层次由外向内依次为皮肤、________、精索外筋膜、提睾肌、________、鞘膜壁层达鞘膜腔。

（六）综合应用题

1. 手术时切断哪些肌肉可造成大便失禁？
2. 简述输尿管盆部的走行及其毗邻关系。
3. 采用局部麻醉行会阴部手术时，应如何进行麻醉？为什么？
4. 前尿道和后尿道损伤引起的尿外渗有何不同？
5. 简述坐骨直肠窝的位置、构成及其内容。

（七）临床思维能力训练题

患者，女性，50 岁。下腹部沉重感及腰痛 10 年，久站走路时加剧，经平卧休息后可以减轻。近 5 年来感到有“东西”掉出阴道口，用力时该脱垂物会增大，平卧休息后可自动回纳。近 1 年来需用手还纳。阴道分泌物多，有时伴有尿频和排尿痛。生育 5 个孩子和流产 2 次。检查：阴道壁和膀胱膨出，子宫颈已脱出阴道外，子宫体尚在阴道内。诊断：子宫脱垂伴膀胱膨出。

请回答以下问题。

（1）请描述子宫的正常位置与固定装置。

（2）发生子宫脱垂的原因及预防方法是什么？

（3）为何会出现尿频和排尿痛？

（李国贵）

第六章　脊　柱　区

脊柱区（vertebral region）也称背区，指脊柱及其后方和两侧软组织所共同配布的区域，上界为枕外隆凸和上项线，下界为尾骨尖；两侧界为自上而下连接斜方肌前缘、三角肌后缘上份、腋后襞与胸壁交界处、腋后线、髂嵴后份、髂后上棘至尾骨尖的连线。脊柱区又分为项区、胸背区、腰区和骶尾区。

【目的和要求】

1. 掌握重要的体表标志；各部椎骨的形态特点；钩椎关节与椎弓峡部；椎骨间的连结层次与腰椎穿刺的关系；听诊三角、枕下三角、腰上三角、腰下三角的境界、内容和意义；脊髓被膜和脊膜腔的特点及其形成的几个腔隙和临床意义；脊髓节段与椎骨的对应关系；椎管的构成；腰部骨纤维管、骨纤维孔的构成及意义。

2. 熟悉脊柱区的层次；脊柱的整体观。

3. 了解脊柱区的境界和分区；脊柱区各横断面的椎体；椎间盘；椎管；侧隐窝；脊髓及其周围间隙形态；脊柱区的血管和神经；椎骨与颅骨、肋的连结；脊髓的血供。

【实训教具】

1. 标本　尸体；躯干标本；游离脊柱标本；椎骨标本；脊柱连接标本；脊髓及其被膜标本；椎管内麻醉穿刺针标本。

2. 模型　脊柱模型。

【实训内容及方法】

（一）皮肤切口

使尸体取俯卧位，颈下垫高，使颈项部呈前屈位。作 5 条皮肤切口。

1. 背部中线切口　自枕外隆突沿正中线向下直到骶骨后面中部。

2. 枕部横切口　自枕外隆突沿上项线向外侧直到乳突。

3. 肩部横切口　自第 7 颈椎棘突向外侧直到肩峰，再垂直向下切至肱骨中段三角肌止点，然后向内侧环切上臂后面皮肤。

4. 背部横切口　平肩胛骨下角，自后正中线向外侧直到腋后线。

5. 髂嵴弓形切口　自骶骨后面中部向外上方沿髂嵴弓状切至腋后线（此切口不可太深，以免损伤由竖脊肌外侧缘浅出，在浅筋膜中跨髂嵴行向臀部的臀上皮神经）。

5 条切口将背部两侧的皮肤分为上、中、下 3 片。

（二）观察内容

1. 观察脊柱区的境界和分区

2. 摸认体表标志　根据脊柱区体表标志，在尸体上触摸、辨认枕外隆突、乳突、棘突（spinous process）、第 7 颈椎棘突、骶管裂孔（sacral hiatus）和骶角（sacral cornu）、髂嵴（iliac crest）和髂后上棘（posterior superior iliac spine）、肩胛冈（spine of scapula）、肩胛骨下角（inferior angle of scapula）、第 12 肋和竖脊肌，体会其临床意义。

3. 在尸体上模拟腰椎穿刺 将穿刺针从第 4～5 腰椎棘突之间刺入，缓慢进针，体会针感（当穿刺针穿透黄韧带时，有明显突破感，此时穿刺针针尖位于硬膜外隙，再向前进针，穿破硬脊膜和蛛网膜，进入蛛网膜下隙。在活体穿刺时，针尖进入蛛网膜下隙时，有脑脊液流出）。穿刺针依次穿过皮肤、浅筋膜、深筋膜、棘上韧带、棘间韧带、黄韧带，进入椎管，再穿通硬脊膜和蛛网膜，进入蛛网膜下隙。体会穿通黄韧带和硬脊膜时的突破感。

4. 浅层结构

（1）皮肤（skin）：沿 5 条切口将 3 片皮肤连同背部浅筋膜一起分别自内侧翻向外侧。上片翻至斜方肌前缘；中片和下片翻至腋后线。在剥离皮片的过程中观察背部的皮肤厚而致密，移动性小，有较丰富的毛囊和皮脂腺。

（2）浅筋膜（superficial fascia）：致密而厚，含有较多脂肪。

解剖皮神经及浅血管：在浅筋膜内解剖皮神经，背部皮神经一般在距正中线约 3cm 处穿出深筋膜。背上部的为上 6 对胸神经后支，水平行向外侧。背下部的为下 6 对胸神经后支，斜向外下行。在背上部、下部各解剖 2～3 支皮神经，观察它们分布的形式和节段性，其中第 2 胸神经后支的皮支最长，可平肩胛冈寻找。在枕外隆凸外侧 2～3cm 处剖出枕大神经，向上行至颅后，其外侧有枕动脉伴行。在枕大神经下方解剖第 3 枕神经。于竖脊肌下部外侧缘清除脂肪，剖出臀上皮神经。

皮神经（subcutaneous nerve）：在清除浅筋膜的过程中依次寻找。

1）枕大神经（greater occipital nerve）：是第 2 颈神经后支的分支，在斜方肌起点上项线下方浅出，外侧有枕动脉伴行。

2）第 3 枕神经（third occipital nerve）：是第 3 颈神经后支的分支，穿斜方肌浅出，分布至项区上部皮肤。

3）臀上皮神经（superior clunial nerves）：由第 1～3 腰神经后支的外侧支组成，行经腰区，穿胸腰筋膜于竖脊肌外侧缘浅出，越髂嵴至臀部，有细小的腰动脉分支伴行。

4）在背部正中线两侧的浅筋膜中，注意寻找从深筋膜穿出的脊神经后支的皮支。在背上部，胸神经后支靠近棘突处穿出；在下部，胸神经后支在近肋角处穿出。

脊柱区皮神经解剖出来后，观察皮神经的浅出部位、分布形式和节段性，同时注意与之伴行的浅血管（在背部正中线两侧的浅筋膜中，寻找与脊神经后支的皮支伴行的肋间后血管的穿支）。

5. 深层结构

（1）解剖背部的深筋膜：项区的深筋膜分浅、深两层，包裹斜方肌。清除浅筋膜后，观察深筋膜浅层覆盖在斜方肌表面，深筋膜深层称项筋膜（nuchal fascia），在斜方肌深面。胸背区和腰区的深筋膜也分浅、深两层，观察位于斜方肌和背阔肌表面的浅层，深层称胸腰筋膜（thoracolumbar fascia），分为前、中、后 3 层，后层覆于竖脊肌的后面，中层位于竖脊肌与腰方肌之间，前层位于腰方肌前面。清除深筋膜浅层，修洁斜方肌和背阔肌。在项部，清理到斜方肌外侧缘时要注意不能再向外剥离，以免损伤副神经和颈丛的分支。在胸背部修洁背阔肌时，注意保留作为背阔肌起始部的胸腰筋膜。在腰部外侧，背阔肌的前方，修出腹外斜肌的后缘。修洁深筋膜浅层时顺肌纤维方向清除。

（2）观察肌层和肌间三角：肌层由背肌和部分腹肌组成。由浅至深大致分为 4 层：第 1 层有斜方肌、背阔肌和腹外斜肌后部；第 2 层有夹肌、肩胛提肌、菱形肌、上后锯肌、下后锯肌和腹内斜肌后部；第3层有竖脊肌和腹横肌后部；第4层有枕下肌、横突棘肌和横突间肌等。

1）斜方肌（trapezius）和背阔肌（latissimus dorsi）：观察斜方肌和背阔肌的起止及纤维走行。在斜方肌的外下缘、背阔肌的上缘和肩胛冈的脊柱缘之间，寻找听诊三角；然后在斜方肌上端横行切断其在枕骨上的起点，再沿正中线外侧约2cm处轻轻纵行切断该肌起点并向外侧翻起，直至肩胛冈的止点。先在第12肋附近，从背阔肌的外下缘紧贴其深面插入刀柄钝性分离该肌，再沿背阔肌的肌性部分与腱膜的移行线外侧1cm处纵行切开背阔肌的肌性部分，将切断的上肌瓣、下肌瓣分别向上肌瓣、下翻开，可见此肌有部分纤维起自下位3～4肋和肩胛骨下角背面。

2）背浅肌深层和枕下三角（suboccipital triangle）：在肩胛骨上方和内侧清理肩胛提肌和菱形肌，肩胛提肌起自上4个颈椎横突，止于肩胛骨上角；菱形肌起自第6颈椎至第4胸椎棘突，止于肩胛骨脊柱缘。沿正中线外侧1cm处，纵行切断菱形肌，并将其翻向外侧，可见位于第7颈椎至第2胸椎或第3胸椎棘突和第2～5肋之间的上后锯肌，并清理。沿正中线外侧1cm处切断上后锯肌，翻向外侧，显露夹肌（splenius），观察并切除位于斜方肌深面，包裹夹肌和半棘肌的项筋膜，清理夹肌。在夹肌的外侧切断肌腹，翻向外上方，可见其深面的头半棘肌（semispinalis）；切断头半棘肌的上端并翻向下方，显露枕下部，可看到枕下三角。该三角的内上界是头后大直肌，外上界是头上斜肌，外下界为头下斜肌。枕下三角内有由外侧向内侧横行的椎动脉，其下缘有枕下神经穿出，支配枕下肌。在胸背部和腰部移行处清理很薄的下后锯肌，翻向外侧，观察其肋骨的止点。

3）竖脊肌（erector spinae）：观察纵列于脊柱两侧的竖脊肌，其是背部深层的长肌，下方起自骶骨的背面和髂嵴的后部，向上分为外侧的髂肋肌，止于各肋；中间的最长肌，止于椎骨的横突，向上可达颞骨的乳突；内侧的棘肌，止于椎骨的棘突。小心钝性分离竖脊肌的三列纤维。观察胸腰筋膜在腰区特别发达，覆盖竖脊肌，并分为3层。沿竖脊肌的中线，纵行切开胸腰筋膜后层，翻向两侧，显露竖脊肌。将竖脊肌牵拉向内侧，观察深面分隔竖脊肌和腰方肌的胸腰筋膜中层，中层和后层在外侧会合，构成竖脊肌鞘。胸腰筋膜前层覆盖腰方肌的前面，可暂不解剖。

4）腰上三角（superior lumbar triangle）和腰下三角（inferior lumbar triangle）：剖查腰上三角的位置、组成和内容，在下后锯肌下缘、竖脊肌外侧缘和腹内斜肌后缘之间观察腰上三角。当下后锯肌与腹内斜肌在第12肋的附着点未接触时，第12肋也参与构成一边，则呈四边形。腰上三角的表面由背阔肌覆盖，深面是腹横肌腱膜，腹横肌深面有肋下神经（subcostal nerve）、髂腹下神经（iliohypogastric nerve）和髂腹股沟神经（ilioinguinal nerve）斜向外下穿行。腰下三角位于腰上三角的外下方，在背阔肌的外下缘、髂嵴和腹外斜肌的后缘之间，其深面是腹内斜肌。

6. 深部血管和神经

（1）动脉（artery）

1）枕动脉（occipital artery）：起自颈外动脉，向后上经颞骨乳突内面进入项区，行于夹肌深面，在半棘肌外侧缘越过枕下三角至上项线高度穿斜方肌浅出，与枕大神经伴行分布至枕部。

2）肩胛背动脉（dorsal scapular artery）：起自锁骨下动脉，行于肩胛提肌和菱形肌深面，分布至背肌和肩带肌。

3）椎动脉（vertebral artery）：起自锁骨下动脉第1段，沿前斜角肌内侧上行，穿第6颈椎至第1颈椎横突孔，继而经枕下三角入颅。

（2）静脉（vein）：脊柱区的深静脉均与动脉伴行。

（3）神经（nerve）

1）脊神经后支（posterior ramus of spinal neve）：自椎间孔处由脊神经分出，绕上关节突外侧向后行，至相邻横突间分为内侧支和外侧支。颈神经后支分布至项区皮肤和深层肌；胸神经后支分布至胸背区皮肤和深层肌；腰神经后支分布至腰区、臀区的皮肤和深层肌；骶神经、尾神经后支分布至骶骨背面和臀区的皮肤。

2）副神经（accessory nerve）：翻起斜方肌，在该肌外上缘深面、肩胛提肌浅面寻找副神经，颈横动脉深支与其伴行。

3）胸背神经（thoracodorsal nerve）：翻开背阔肌，观察位于其深面的胸背神经，并与该肌外下缘平行走行的胸背动脉伴行。

4）肩胛背神经（dorsal scapular nerve）：行于肩胛提肌深面，再沿肩胛骨内侧缘下行，与肩胛背动脉伴行。

7. 椎管及其内容物

（1）椎管（vertebral canal）：使尸体头部下垂，垫高腹部。清除各椎骨和骶骨背面所有附着的肌肉，暴露整个脊柱后面的棘突和椎弓板，保存一些脊神经的后支，留待以后观察脊神经后支与脊髓和脊神经的联系。在各椎骨的关节突内侧和骶骨的骶中间嵴内侧纵行锯断椎弓板，再从上、下两端横行凿断椎管的后壁，掀起椎管后壁，观察椎管前壁由椎体（vertebral body）后面、椎间盘（intervertebral disc）后缘和后纵韧带（posterior longitudinal ligament）构成；后壁为椎弓板、黄韧带（ligamenta flava）和关节突关节（zygapophyseal joints）；两侧壁为椎弓根和椎间孔。

（2）脊髓被膜和脊膜腔：观察椎管壁与硬脊膜（spinal dura mater）之间的硬膜外隙（epidural space），小心清除隙内的脂肪和椎内静脉丛（internal vertebral venous plexus），注意有无纤维隔存在；沿中线纵行剪开硬脊膜，注意观察和体会硬脊膜与其深面非薄透明的脊髓蛛网膜（spinal arachnoid mater）之间存在潜在的硬膜下隙（subdural space）。提起并小心剪开蛛网膜，打开蛛网膜下隙（subarachnoid space）及其下端的终池（terminal cistern），终池的下端止于第2骶椎水平。紧贴脊髓表面有软脊膜（spinal pia mater），含有丰富的血管。寻找并观察在脊髓两侧脊神经前根、后根之间由软脊膜形成的齿状韧带（denticulate ligament），该韧带呈齿状，其尖端附于硬脊膜上。

（3）脊神经根：观察脊髓的形态、位置及与每对脊神经根相连的脊髓节段与椎骨的对应关系。脊神经根丝离开脊髓后，横行或斜行于蛛网膜下隙，汇成脊神经前根和后根，穿蛛网膜和硬脊膜囊，行于硬膜外隙中。观察终池内的终丝和由腰骶神经根构成的马尾（cauda equina）。最后用咬骨剪剪除几个椎间孔的后壁，观察脊神经节的位置、由前根和后根组成的脊神经及脊神经所分出的前支和后支。

（4）脊髓的血管、窦椎神经

1）动脉：观察沿脊髓前正中裂下行的脊髓前动脉（anterior spinal artery），沿脊髓后外侧沟下行的脊髓后动脉（posterior spinal artery），根动脉（radicular artery）伴随脊神经穿椎间孔入椎管，分为前根动脉、后根动脉和脊膜支。

2）静脉：观察脊髓表面 6 条纵行静脉行于前正中裂、后正中沟和前外侧沟、后外侧沟内。

3）窦椎神经（sinuvertebral nerve）：自脊神经干发出后，与来自椎旁交感干的交感神经纤维一起，经椎间孔返回椎管。

【复习思考题】

（一）判断题（正确答案用 A 表示，错误答案用 B 表示）

1. 骶角是骶管麻醉的进针定位标志。（　　）
2. 盲肠后位阑尾炎时，腰上三角会有明显压痛。（　　）
3. 齿状韧带是硬脊膜的一部分，向两侧伸出，介入脊神经前根、后根之间。（　　）
4. 终池是蛛网膜下隙在第 1 腰椎至第 2 骶椎范围内的扩大。（　　）
5. 椎间盘突出多发生在活动度较大的颈部和胸部。（　　）
6. 脊髓节段与椎骨序数是一一对应的关系。（　　）
7. 硬膜外隙指的是硬脊膜与蛛网膜之间的潜在腔隙，内有少量液体。（　　）
8. 听诊三角的外侧界为肩胛骨的内侧缘。（　　）
9. 两侧髂嵴最高点的连线平第 5 腰椎棘突，是计数椎骨序数的标志。（　　）
10. 脊髓表面的被膜由内向外依次为硬脊膜、蛛网膜和软脊膜。（　　）

（二）最佳选择题

1. 关于脊柱区境界的叙述，错误的是（　　）
A. 上界为枕外隆凸和上项线　B. 下界为尾骨尖　C. 侧界为胸锁乳突肌后缘
D. 侧界包括三角肌后缘上份　E. 腋后线构成下份侧界

2. 常作为辨认椎骨序数的标志为（　　）
A. 第 3 颈椎　B. 第 7 颈椎　C. 第 4 胸椎
D. 第 7 胸椎　E. 第 4 腰椎

3. 进行骶管裂孔麻醉时皮下寻找骶管裂孔的标志是（　　）
A. 骶正中嵴　B. 骶外侧嵴　C. 尾骨尖
D. 骶角　E. 髂后上棘

4. 关于胸腰筋膜的描述，错误的是（　　）
A. 向上续于项筋膜　B. 在腰区分为前、中、后三层
C. 后层内侧附于腰椎棘突和棘上韧带　D. 中层位于腰方肌前方
E. 中层内侧附于腰椎横突尖及横突间韧带

5. 腰肋韧带是（　　）
A. 胸腰筋膜前层形成的结构　B. 胸腰筋膜中层形成的结构
C. 胸腰膜后层形成的结构　D. 位于第 11 肋前端与第 1 腰椎横突之间
E. 做肾脏手术时不能切断

6. 关于枕下三角的叙述，错误的是（　　）
A. 是由枕下肌围成的三角　B. 内上界是头后小直肌　C. 外下界是头下斜肌
D. 外上界是头上斜肌　E. 底为寰枕后膜及寰椎后弓

7. 椎动脉（　　）
A. 发自锁骨下动脉第 3 段　B. 穿第 1～7 颈椎横突孔　C. 行经于枕三角内

D. 第 4 段为颅内段　　E. 以上都不对

8. 骨纤维管（　　）

A. 位于腰椎乳突与副突间的骨沟处　　B. 其前壁为上关节突与横突根之间的浅沟

C. 后壁为下关节突与副突间的韧带　　D. 上壁为副突　　E. 下壁为乳突

9. 某患者，因外伤导致脊柱骨折，双下肢瘫痪，大小便失禁，脐平面以下浅感觉、深感觉消失，脊髓损伤的节段是（　　）

A. 胸髓第 7 节段　　B. 胸髓第 8 节段　　C. 胸髓第 10 节段

D. 腰髓第 1 节段　　E. 腰髓第 2 节段

10. 支配肩胛提肌及菱形肌的神经是（　　）

A. 胸背神经　　B. 胸长神经　　C. 肩胛背神经

D. 肩胛上神经　　E. 颈丛的肌支

11. Luschka 关节（　　）

A. 由上位椎骨的椎体钩和下位椎骨体的唇缘构成

B. 由椎体钩与上面椎骨的下关节突构成

C. 由上、下关节突构成

D. 由下关节突和乳突构成

E. 又称钩锥关节

12. 有关椎管形态的描述，错误的是（　　）

A. 颈段上部椎管为圆形　　B. 胸段上部演变为三角形，出现侧隐窝

C. 腰段呈三角形　　D. 腰脊神经根需行经侧隐窝

E. 椎管以第 4～6 胸椎段最狭小

13. 关于硬脊膜的描述，正确的是（　　）

A. 硬脊膜与椎骨骨膜愈着在一起

B. 硬脊膜形成一硬脊膜囊在第 2 骶椎高度形成盲端

C. 硬脊膜囊借终丝附于骶角背面

D. 硬脊膜外隙与颅骨硬膜外隙相通

E. 除第 1 颈神经外，脊髓及其脊神经均包在硬膜囊内

14. 有关齿状韧带的描述，错误的是（　　）

A. 为软脊膜向两侧伸出的三角形结构　　B. 介于脊神经前支、后支之间

C. 其外侧端与硬脊膜相连　　D. 每侧齿状韧带有 15～22 个

E. 最上一对在第 1 颈神经根附近

15. 下列不是硬膜外隙内的结构是（　　）

A. 椎内静脉丛　　B. 脂肪　　C. 脊髓根动脉

D. 脊神经　　E. 窦椎神经和淋巴管

16. 关于硬膜外隙的叙述，不正确的是（　　）

A. 被脊神经根分为前、后两隙

B. 在中线上，前隙有结缔组织连于硬脊膜与后纵韧带之间

C. 后隙有纤维隔连于椎弓板与硬脊膜后面

D. 骶段硬膜外隙上大下小

E. 齿状韧带常穿过硬脊膜连于椎管骨膜

17. 关于椎静脉丛的叙述，错误的是（　　）

A. 椎内静脉丛位于硬膜下隙　　B. 椎外静脉丛位于椎管外面，包绕在脊柱周围

C. 在寰椎与枕骨之间的静脉称枕下静脉丛

D. 椎内外静脉丛相互沟通

E. 椎静脉丛是沟通上腔静脉系和下腔静脉系的通道

18. 脊髓的蛛网膜（　　）

A. 向上附着枕骨大孔处骨膜　　B. 向下至第 2 尾椎高度附于尾骨

C. 在齿状韧带周围形成韧带周围间隙　　D. 第 1 腰椎至第 2 骶椎间的蛛网膜下隙称终池

E. 终池内含有脊髓和脊神经

19. 脊神经根和脊髓被膜的关系是（　　）

A. 脊神经根离开脊髓时被覆软膜

B. 当脊神经根穿过蛛网膜时带出被膜形成软脊膜鞘、蛛网膜鞘和硬膜鞘

C. 三层被膜一般在椎管内与脊神经外膜、中膜、内膜相延续

D. 蛛网膜下隙一般在脊神经节的远端附近闭合

E. 以上都不对

20. 营养脊髓的动脉吻合易发生血液循环障碍的脊髓节是（　　）

A. 第 7 胸脊髓节　　B. 第 6 胸脊髓节　　C. 第 4 胸脊髓节

D. 第 10 胸脊髓节　　E. 第 8 胸脊髓节

（三）多项选择题

1. 行于枕下三角内的结构是（　　）

A. 枕大神经　　B. 枕动脉　　C. 枕下神经　　D. 椎动脉　　E. 副神经

2. 下列何结构与听诊三角无关（　　）

A. 肩胛骨　　B. 斜方肌　　C. 背阔肌　　D. 下后锯肌　　E. 菱形肌

3. 腰上三角（　　）

A. 位于斜方肌的深面　　B. 外下界为腹内斜肌后缘　　C. 内侧界为竖脊肌

D. 外上界为第 12 肋　　E. 底为腹横肌起始部的腱膜

4. 参与构成椎管前壁、后壁的结构有（　　）

A. 椎骨的椎弓板　　B. 椎间盘　　C. 黄韧带

D. 棘突间韧带　　E. 前纵韧带

5. 参与构成椎管侧壁的结构有（　　）

A. 椎弓板　　B. 椎弓根　　C. 横突间韧带

D. 椎间孔　　E. 椎间关节

6. 大前根动脉也称 Adamkiewicz 动脉，出现在（　　）

A. 第 1～4 颈脊髓节　　B. 第 5～8 颈脊髓节　　C. 第 1～6 胸脊髓节

D. 第 8～12 胸脊髓节　　E. 第 1 腰脊髓节

7. 窦椎神经（　　）

A. 又称 Luschka 神经　　B. 是自脊神经发出的脊膜支

C. 与来自交感干的交感神经纤维一起返回椎管内

D. 分布于硬脊膜　　E. 分布于脊神经根外膜和后纵韧带

8. 神经根受压引起腰腿疼痛，其原因可能是（　　）

A. 黄韧带肥厚　　B. 椎体边缘和关节突骨质增生

C. 前纵韧带增厚　　D. 棘上韧带增厚　　E. 棘突间韧带增厚

9. 关于脊髓静脉的描述，正确的是（　　）

A. 脊髓表面有 6 条纵行静脉　　B. 脊髓前正中裂及后正中沟内各有 1 条静脉

C. 两前外侧沟、后外侧沟内共有 4 条静脉

D. 纵行静脉间有吻合支　　E. 脊髓静脉穿硬脊膜与椎内静脉丛相交通

10. 神经根管（　　）

A. 临床指包括椎间孔在内的脊神经根的通道　　B. 称为椎间管

C. 又称骨纤维管　　D. 其内有脊神经根　　E. 以上描述都不对

11. 参与围成腰下三角的结构是（　　）

A. 竖脊肌　　B. 腹外斜肌　　C. 背阔肌　　D. 髂嵴　　E. 腰方肌

12. 胸腰筋膜（　　）

A. 是第 12 肋与髂嵴之间的深筋膜增厚形成的　　B. 分为前、中、后三层

C. 前层、中层形成竖脊肌鞘　　D. 中层上部形成腰肋韧带

E. 前层又称腰方肌筋膜

（四）名词解释

1. 腰肋韧带
2. 枕下三角
3. 腰下三角
4. 腰上三角
5. 听诊三角
6. 胸腰筋膜
7. Luschka 关节
8. 硬膜外隙
9. 蛛网膜下隙

（五）填空题

1. 两侧髂嵴最高点的连线平对________棘突，两侧髂后上棘的连线平对________棘突。

2. 两侧肩胛下角的连线平对________棘突，两侧肩胛冈内侧端的连线平对________棘突。

3. 脊肋角是________与________的交角。

4. 听诊三角的外侧界为________，内上界为________。

5. 腰上三角位于________深面，其内侧界为________。

6. 腰上三角的外下界为________，上界为________。

7. 腰上三角的底为腹横肌起始部的腱膜，在其深面有肋下神经、________神经和________神经经过。

8. 腰下三角由髂嵴、________与________围成。

9. 椎动脉为________的分支，其全程可分为 4 段，第 3 段位于________内。

10. 副神经________后缘中、上 1/3 交点处斜向外下，经枕三角至________前缘中、下 1/3

交点处深面进入该肌。

11. 脊髓的表面有 3 层被膜，由外向内依次为________、________和软脊膜。

12. 硬膜外隙位于________与________之间的窄隙。

13. 硬膜外隙上端起自________高度，下端终于________，临床硬膜外麻醉即将药物注入此隙，用于阻滞脊神经根。

14. 蛛网膜下隙位于________与________之间。

15. 腰椎穿刺在________椎间隙进行，将针穿入到________。

16. 枕下三角内有________和________经过。

17. 胸腰筋膜可分为 3 层，后层位于________的后面，前层位于________的前面。

18. 胸腰筋膜为腰背部的深筋膜，其中层位于________与________之间。

19. 椎管后壁是________、________和________。

20. 背肌的最浅层肌有________肌、________肌。

（六）综合应用题

1. 试述脊肋角的位置和临床意义。

2. 在腰上三角处做肾脏手术时由浅入深到肾脏的层次结构有哪些？

3. 试述腰上三角和腰下三角的位置、境界、内容及临床意义。

4. 试述枕下三角的境界及通过的结构。

5. 何谓胸腰筋膜？分几层？各层的位置怎样？

6. 简述听诊三角的位置、境界及临床意义。

7. 何谓 Luschka 关节？其易引起什么病变？

8 在第 3～4 腰椎棘突或第 4～5 腰椎棘突间穿刺抽取脑脊液时，穿刺针依次穿过哪些层次结构才能到达终池？

9. 计数椎骨棘突序数的体表标志有哪些？

（七）临床思维能力训练题

1. 患者，男性，48 岁。搬重物时，突感腰部剧烈疼痛，随后腰部活动困难，被急速送入院就诊。患者自诉近年来曾多次出现腰部僵直性疼痛，弯腰或搬举重物时加重。此次疼痛异常剧烈，当时感觉脊柱下部有“弹响”，疼痛向右侧大腿和小腿后面延伸；右侧小腿外侧、足和小趾麻木。检查见患者腰部弯向右侧，第 5 腰椎下方有明显压痛；右下肢伸直后抬高时疼痛明显，右大腿沿坐骨神经有压痛。CT 检查显示第 5 腰椎间盘至第 1 骶椎间盘突出。

请思考以下问题。

（1）何谓椎间盘突出？

（2）椎间盘突出易发生在哪些部位？为什么？

（3）脊柱侧弯与椎间盘突出的部位有何关系？

（4）本病例中患者腰部弯向右侧提示什么？

2. 患者，女性，20 岁。发热，头痛 1 周，近日体温持续升高，伴有呕吐和癫痫发作，因此诊断需要抽取脑脊液。请思考以下问题：成人常用的腰椎穿刺部位在何处？如何确定？经过的层次结构有哪些？

（陈龙菊）

第七章　上　肢

上肢通过肩部与颈部、胸部和背部相连，以三角肌前后缘上份和腋前后襞下缘中点的连线与胸部、背部为界；其与颈部的界线是锁骨上缘外 1/3 和肩峰至第 7 颈椎棘突连线的外 1/3 段。上肢可分为肩、臂、肘、前臂、腕和手部，各部又分为若干区。上肢按下列次序实训：①肩部、臂部、肘部；②前臂部、腕和手部。

一、概述、肩部、臂部和肘部

【目的和要求】

1. 掌握上肢重要的骨性和肌性标志；头静脉和贵要静脉的起始、行程、回流及交通关系；腋窝的构成、内容，腋神经与肱骨外科颈的关系及其临床意义；肱动脉的来源、行程、分支和分部；肱动脉与肱骨的位置关系及其临床意义；正中神经的行程；肌皮神经的行程、分布；肱骨肌管的构成，桡神经及肱深血管的行程；肘窝的构成、内容及其毗邻关系；尺神经在肘后区的位置及其临床意义。

2. 熟悉腋动脉、肱动脉、桡动脉和尺动脉的体表投影；正中神经、尺神经、桡神经的体表投影；腋鞘及肌腱袖的组成；肱深动脉、尺侧上副动脉与神经的伴行关系，肱动脉与肱静脉及三大神经干的伴行关系。

3. 了解上肢轴线与提携角；上肢皮神经、淋巴管的分布情况；肩胛动脉网的位置、构成的临床意义；肘部的境界与分区。

【实训教具】

1. 标本　腋窝标本；胸前壁标本；上肢标本。

2. 模型　淋巴系统模型。

【实训内容及方法】

（一）腋区

腋区（axillary region）位于肩关节的下方、臂上段与胸前外侧壁上部之间。上肢外展时，腋区呈向上膨隆的窝状，故称腋窝（axillary fossa）。

1. 腋窝的构成　腋窝的前壁在胸壁解剖时已打开，在尸体及腋窝标本上观察腋窝由顶、底和四壁构成。

（1）顶：由锁骨中 1/3 段、第 1 肋外缘和肩胛骨上缘围成，向上通颈根部。

（2）底：由浅入深为皮肤、浅筋膜及腋筋膜（axillary fascia）。

（3）四壁

1）前壁：由胸大肌、胸小肌、锁骨下肌和锁胸筋膜构成。锁胸筋膜（clavipectoral fascia）是位于锁骨下肌、胸小肌和喙突之间的胸部深筋膜。

2）后壁：由大圆肌、背阔肌、肩胛下肌和肩胛骨构成。由于肱三头肌长头穿过大圆肌和肩胛下肌、小圆肌之间，在肱三头肌长头内侧形成三边孔（trilateral foramen），外侧形成四边孔（quadrilateral foramen）。在肩胛下肌和大圆肌表面分离出肩胛下动脉及其分支（胸背动脉和旋肩胛动脉），追踪观察旋肩胛动脉向后穿过三边孔。于腋动脉后方寻找出腋神经和旋肱后动脉，向后追踪见此两结构穿过四边孔。

3）内侧壁：由前锯肌、上 4 位肋骨及肋间肌构成。

4）外侧壁：由喙肱肌、肱二头肌长头、肱二头肌短头和肱骨结节间沟构成。

2. 腋窝的内容

（1）腋动脉（axillary artery）：自第 1 肋外缘接续锁骨下动脉，至背阔肌的下缘延续为肱动脉。显露和切开腋鞘，分离出其包被的腋血管。观察腋动脉以胸小肌为标志分为 3 段，解剖出各段的分支。第 1 段：位于第 1 肋外缘与胸小肌上缘之间，分支有胸上动脉（superior thoracic artery）。第 2 段：位于胸小肌后方，分支有胸外侧动脉（lateral thoracic artery）和胸肩峰动脉（thoracoacromial artery）。胸肩峰动脉在胸小肌上缘发出，然后分为 3 支：胸肌支至胸大小肌，三角肌支至三角肌，肩峰支至肩峰。胸外侧动脉在胸小肌下缘发出，沿前锯肌表面下行至前锯肌。第 3 段：位于胸小肌下缘和大圆肌下缘之间，主要分支有肩胛下动脉（subscapular artery）、旋肱前动脉（anterior humeral circumflex artery）和旋肱后动脉（posterior humeral circumflex artery）。肩胛下动脉在肩胛下肌下缘发出，分支为旋肩胛动脉和胸背动脉。

（2）腋静脉（axillary vein）：在腋动脉的后内侧寻认腋静脉，切断腋静脉的属支，保留腋静脉主干。

（3）臂丛（brachial plexus）：位于腋窝内的部分是臂丛的锁骨下部，由以下 3 个束构成。内侧束由下干前股形成；外侧束由上干、中干的前股合成；后束由 3 个干的后股合成。显露和切开腋鞘，分离出其包被的臂丛各束。解剖臂丛在腋窝的分支：外侧束发出肌皮神经（musculocutaneous nerve）和胸外侧神经（lateral pectoral nerve），内侧束发出尺神经（ulnar nerve）、胸内侧神经（medial pectoral nerve）、前臂内侧皮神经（medial antebrachial cutaneous nerve）和臂内侧皮神经（medial brachial cutaneous nerve）。内侧束、外侧束分别发出正中神经（median nerve）的内侧根、外侧根。后束的分支有桡神经（radial nerve）、腋神经（axillary nerve）、肩胛下神经（subscapular nerve）和胸背神经（thoracodorsal nerve）。此外，还有起自锁骨上部的胸长神经（long thoracic nerve）。

（4）腋淋巴结（axillary lymph nodes）：位于腋血管及其分支或属支周围的疏松结缔组织中，按部位分为 5 群。切除腋筋膜，边摘除腋窝内的脂肪边寻找淋巴结，结合淋巴系统模型观察腋淋巴结。外侧淋巴结（lateral lymph nodes）：沿腋静脉远侧端排列，收纳上肢的淋巴，其输出管注入中央淋巴结和尖淋巴结。胸肌淋巴结（pectoral lymph nodes）：在胸小肌下缘，沿胸外侧血管排列，收纳胸前外侧壁及乳房外侧部和中央部的淋巴，其输出管注入中央淋巴结和尖淋巴结。肩胛下淋巴结（subscapular lymph nodes）：位于腋后壁，沿肩胛下血管和胸背神经排列，收纳肩胛区、胸后壁和背部的淋巴，其输出管注入中央淋巴结和尖淋巴结。中央淋巴结（central lymph nodes）：位于腋窝底的脂肪组织中，收纳上述三群淋巴结的输出管。尖淋巴结（apical lymph nodes）：沿腋静脉近侧端排列，收纳中央淋巴结和其他各群淋巴结的输出管及乳房上部的淋巴。

（5）腋鞘（axillary sheath）：由椎前筋膜向下外延续，包绕臂丛及腋血管而成。锁骨下臂丛麻醉需将药液注入此鞘内。

（二）三角肌区及肩胛区

1. 皮肤切口 尸体俯卧、上肢外展，做下列皮肤切口：①自枕外隆凸向下，沿后正中线垂直切至第 5 腰椎棘突处；②自第 7 颈椎棘突尖向两侧肩峰作一水平切口；③从肩峰向下沿臂上部外侧切至臂上、中 1/3 交界处，与臂前区的横切口相接；④约在肩胛骨下角高度，从正中线向两侧切至腋前线。剥离皮肤，翻开皮瓣，显露浅筋膜。保留皮神经和浅静脉，除去所有浅筋膜，显露深筋膜。清理小圆肌、大圆肌和肱三头肌长头，从后方观察三边孔和四边孔的境界。

2. 三角肌区 指三角肌所在的区域。清除三角肌表面的深筋膜，将手指自三角肌后缘探入，把肌肉与深部的结构分开，沿肩胛冈和肩峰下方 1～2cm 处切断三角肌，翻向外侧。观察腋神经和旋肱后动脉、旋肱后静脉伴行，从四边孔穿出后进入三角肌和小圆肌，支配该二肌。观察腋神经与肱骨外科颈的关系，肱骨外科颈骨折时，可损伤腋神经，致三角肌瘫痪，肩不能外展，可出现“方肩”。

3. 肩胛区 指肩胛骨后面的区域。清除斜方肌表面的浅筋膜、深筋膜，沿肩胛冈切断斜方肌的附着点，将该肌翻起，清理辨认肩胛骨后面的上肢带肌。肩胛骨后面的肌肉有斜方肌、背阔肌、冈上肌、冈下肌、大圆肌和小圆肌。将冈上肌、冈下肌在中份切断翻起，寻找位于两肌深面的肩胛上动脉（suprascapular artery）和肩胛上神经（suprascapular nerve）。在三边孔内清理旋肩胛动脉和静脉，继续修洁穿出三边孔后的旋肩胛动脉直至冈下窝。

4. 肌腱袖（musculotendinous cuff） 观察由冈上肌、冈下肌、小圆肌和肩胛下肌的肌腱连成腱板，围绕肩关节的上方、后方和前方，并与肩关节囊愈着形成的肌腱袖。其对肩关节起稳定作用。

5. 肩胛动脉网（scapular arterial rete） 在挂图或图谱上观察肩胛动脉网位于肩胛骨的周围，是由肩胛上动脉、肩胛背动脉和旋肩胛动脉的分支相互吻合形成。

（三）臂部

臂部上连肩部，下连肘部，被肱骨和臂内外侧肌间隔分为臂前区和臂后区。

1. 皮肤切口 上肢平置外展，手掌向前。做如下皮肤切口：①自臂上部横切口中点开始，沿上肢前面中线向远侧纵行切开皮肤直至腕前区；②在肘前区作一横切口，其与纵切口相交，并向两侧切至肱骨内外上髁稍后方；③在腕前区作一横切口，其与纵切口相交，并向两侧切至前臂内外侧缘；④在肘后区作一横切口且与肘前区横切口相接；⑤在腕背作横切口且与腕前区横切口相接。剥离臂部、肘部和前臂部全部皮肤，翻开皮瓣，显露浅筋膜。

2. 臂前区

（1）浅层结构：在三角肌胸大肌间沟内寻找头静脉，向下修洁、追踪至腕前区。在肘部前面，肱二头肌腱外侧，寻找从深筋膜穿出的前臂外侧皮神经，向下追踪至腕前区。在肱二头肌内侧沟中部寻找贵要静脉，向上追踪至臂中点穿入深筋膜处，向下追踪至腕前区。在臂上部内侧找出已解剖出的前臂内侧皮神经，向下追踪，可见其在臂内侧中、下 1/3 交界处穿出深筋膜，向下与贵要静脉伴行至腕前区。保留已解剖出的浅静脉和皮神经，清除上肢前面全部浅筋膜。观察：头静脉（cephalic vein）起自手背静脉网的桡侧，至臂前区后，沿肱二头肌外侧沟上行，经三角肌胸大肌间沟，穿锁胸筋膜注入腋静脉或锁骨下静脉。贵要静脉（basilic vein）和前臂内侧皮神经走行于肱二头肌内侧沟的下部，约在臂中部出入臂筋膜，贵要静脉汇入肱静脉或腋静脉。臂内侧皮神经在臂内侧上部穿出深筋膜，分布于臂内侧皮肤。

（2）深层结构

1）深筋膜和骨筋膜鞘：清除臂前区残余的浅筋膜，保留已剖出的浅静脉和皮神经，显露深筋膜。从臂上部起，沿前面正中线纵行切开深筋膜，在肘前区作一横切口，将臂部深筋膜翻向两侧，观察臂部深筋膜发出的臂内侧肌间隔、臂外侧肌间隔，伸入到臂肌前群、后群之间，附着于肱骨，与肱骨共同围成臂前骨筋膜鞘、臂后骨筋膜鞘。臂前骨筋膜鞘内含肱血管、正中神经、肌皮神经、尺神经和桡神经的一段、臂前群肌。修洁、分离和观察臂前群肌（包括肱二头肌、喙肱肌和肱肌三块肌肉）。

2）血管和神经：①肱动脉（brachial artery），在大圆肌下缘向下修洁肱动脉及其两侧伴行的肱静脉直至肘窝。观察和保留贵要静脉，切除肱静脉其他属支，保留肱静脉本干。解剖和观察肱动脉的行程和分支：肱动脉在大圆肌下缘处接续腋动脉，沿肱二头肌内侧沟下行，至肘窝上部，约在桡骨颈平面分为桡动脉和尺动脉两个终支。肱动脉的重要分支有 3 条：肱深动脉（deep brachial artery）在大圆肌腱下缘稍下方处，起自肱动脉上段后内侧，与桡神经伴行于桡神经沟内，经肱骨肌管至臂后区；尺侧上副动脉（superior ulnar collateral artery），在臂中份稍上方，喙肱肌止点处，起自肱动脉后内侧壁，伴尺神经下行，穿臂内侧肌间隔至肘后区；尺侧下副动脉（inferior ulnar collateral artery），在肱骨内上髁上方约 5cm 处起始，经肱肌前面行向内下方，至肘关节附近分为前、后两支。②肱静脉（brachial veins）伴行于肱动脉的两侧。③正中神经（median nerve），自腋窝向下沿肱二头肌内侧沟追踪正中神经。观察正中神经以内侧根、外侧根分别起自臂丛内侧束、外侧束，两根向下合成一干，伴肱动脉行于肱二头肌内侧沟，先行于肱动脉外侧，后越过肱动脉前方，继而沿肱动脉内侧下行至肘窝。④尺神经（ulnar nerve），从臂丛内侧束向下追踪尺神经至臂中部，观察尺神经在臂上部位于肱动脉的内侧，在臂中部穿过臂内侧肌间隔至臂后区。⑤桡神经（radial nerve）；起自臂丛后束，与肱深动脉伴行于桡神经沟内，经肱骨肌管至臂后区。⑥肌皮神经（musculocutaneous nerve），起自臂丛外侧束，穿过喙肱肌至肱二头肌与肱肌之间，行向外下，终支在肘窝外上方肱二头肌与肱肌之间穿出，移行为前臂外侧皮神经。

3. 臂后区

（1）浅层结构：臂后区皮肤较厚，浅筋膜较致密。在浅筋膜内寻找皮神经：①臂外侧上皮神经，起自腋神经，分布于三角肌区和臂外侧区上外部的皮肤；②臂外侧下皮神经，起自桡神经，分布于臂后区外下部的皮肤；③臂后皮神经，起自桡神经，分布于臂后区的皮肤；④前臂后皮神经，起自桡神经，在臂后中、下 1/3 交界处浅出深筋膜，分布于前臂后区的皮肤。

（2）深层结构

1）筋膜与骨筋膜鞘：保留皮神经和浅静脉，除去所有浅筋膜，显露深筋膜。沿臂后正中纵行切开深筋膜，翻向两侧。观察臂后骨筋膜鞘内含肱三头肌、肱深血管、桡神经和尺神经的一段。修洁肱三头肌，在肱三头肌长头和外侧头之间钝性分离，寻找桡神经和肱深动脉进入肱骨肌管处。将镊子沿桡神经走行方向插入肱骨肌管，切断该肌外侧头，打开肱骨肌管，显露管内的桡神经和肱深血管。观察肱骨肌管（humeromuscular tunnel）是由肱三头肌的 3 个头与肱骨的桡神经沟围成。

2）血管神经束：在肱骨肌管内分离观察桡血管神经束由桡神经和肱深血管组成，至臂中、下 1/3 交界处，桡神经与桡侧副动脉一起穿过臂外侧肌间隔，达肘窝外侧。由于桡神经穿肱骨肌管时，紧贴骨面，故肱骨中段骨折时，易伤及桡神经，致前臂肌后群瘫痪，呈现垂腕。

（四）肘部

1. 肘前区

（1）浅层结构：在肘前区的浅筋膜内寻找连接头静脉和贵要静脉的肘正中静脉（median cubital vein），观察其连接类型。在肱骨内上髁上方，贵要静脉附近寻找肘浅淋巴结。

（2）深层结构

1）筋膜：清除肘前区的浅筋膜，显露和观察肱二头肌腱膜（bicipital aponeurosis），该腱膜与肱二头肌腱交接处，是触摸肱动脉搏动和测量血压的听诊部位。

2）肘窝（cubital fossa）：找到肱二头肌腱，在其内侧切除肱二头肌腱膜和肘窝内的深筋膜，修洁旋前圆肌和肱桡肌，观察肘窝的境界：上界为肱骨内外上髁的连线，下外侧界为肱桡肌，下内侧界为旋前圆肌。以肱二头肌腱为标志，观察肘窝内容：肱二头肌腱内侧有肱动脉及两条伴行静脉及桡血管、尺血管，最内侧为正中神经；肱二头肌腱外侧有桡神经和前臂外侧皮神经。肱动脉在桡骨颈水平分为桡动脉、尺动脉。桡神经在肱骨外上髁前方或稍下方分浅、深两支，浅支经肱桡肌深面，至前臂桡动脉的外侧；深支穿旋后肌至前臂后区，改称为骨间后神经。

2. 肘后区

（1）肘后三角（posterior cubital triangle）：是指肘关节在屈肘为直角时，肱骨内上髁、肱骨外上髁与尺骨鹰嘴尖端三者形成一个尖向远侧的等腰三角形。当肘关节伸直时，三点则在一条直线上。

（2）肘外侧三角（lateral cubital triangle）：是肘关节屈曲 90°时，肱骨外上髁、桡骨头与尺骨鹰嘴尖端三者形成尖向前的三角形。其中点是肘关节穿刺的部位。伸肘时，上述三者之间所形成的凹陷称肘后窝。

【复习思考题】

（一）判断题（正确答案用 A 表示，错误答案用 B 表示）

1. 臂轴与前臂轴构成向外侧开放的角，正常时其为 165°～170°，称提携角。(　　)
2. 肘后侧三角是肘关节屈曲 90°时，肱骨外上髁、桡骨头与尺骨鹰嘴尖端三者形成尖向前的三角形，其中央点是肘关节穿刺的部位。(　　)
3. 解剖学“鼻烟窝”窝底为手舟骨及大多角骨，并可触及桡动脉搏动。(　　)
4. 包裹腋动脉、腋静脉和臂丛周围的结缔组织膜称为腋鞘，又称颈腋管，其向上与颈部椎前筋膜相延续。(　　)
5. 正中神经的体表投影，在前臂为从肱骨内上髁与肱二头肌腱连线中点至腕远侧纹中点稍外侧的连线。(　　)
6. 肘窝是肘前区略呈三角形的凹陷，尖指向远侧，底位于近侧。上界为肱骨内上髁、外肱骨上髁的连线，下外侧界为肱桡肌，下内侧界为尺侧腕屈肌。(　　)
7. 三边孔内有旋肩胛血管通过，四边孔内有腋神经和旋肱后血管通过。(　　)
8. 肱骨肌管内有桡神经和肱深血管通过。(　　)
9. 桡神经与肱骨内上髁后面相贴，损伤后出现“爪形手”。(　　)
10. 肘外侧三角是指屈肘 90°时肱骨外上髁、桡骨头和尺骨鹰嘴尖端三点连成的三角形。(　　)

（二）最佳选择题

1. 解剖学“鼻烟窝”（　　）

A. 桡侧为拇长伸肌腱、拇短伸肌腱　　B. 尺侧为拇长展肌腱

C. 近侧为尺骨茎突　　D. 近侧为桡骨背侧结节

E. 窝底可触及桡动脉搏动

2. 解剖学“鼻烟窝”的边界是（　　）

A. 桡骨茎突、拇长展肌、拇短伸肌腱

B. 桡骨茎突、拇长伸肌腱、桡侧腕长伸肌腱

C. 桡骨茎突、拇长展肌、拇短伸肌腱、拇长伸肌腱

D. 桡骨茎突、拇长伸肌腱、桡侧腕短伸肌腱

E. 以上都不是

3. 解剖学“鼻烟窝”的深部是（　　）

A. 第 1 掌指关节　　B. 小多角骨　　C. 手舟骨和大多角骨

D. 桡侧腕伸肌止点　　E. 外层拇短肌止点

4. 上肢提携角的构成（　　）

A. 上肢轴线与臂轴线所成的角　　B. 上肢轴线与前臂轴线所成的角

C. 臂轴延长线与前臂轴所成角　　D. 肱骨与桡骨轴线所成角的补角

E. 此角正常大于 30º 或小于 10º

5. 上肢轴线是经过以下各点的连线（　　）

A. 肱骨头—肱骨小头—尺骨头中心　　B. 肱骨头—桡骨头—桡骨茎突

C. 肱骨大结节—桡骨头—尺骨茎突　　D. 喙突—桡骨头—尺骨茎突

E. 肱骨头—桡骨头—尺骨茎突

6. 关于上肢轴线及提携角的描述，错误的是（　　）

A. 上肢轴线是经肱骨头—肱小头—尺骨头中心的连线

B. 臂轴与前臂轴延长线形成向外开放的 10º～15º 角

C. 提携角大于 20º 为肘外翻

D. 提携角小于 0º～10º 为肘内翻

E. 提携角正常情况为 10º～15º

7. 腋窝（　　）

A. 顶由锁骨内 1/3、第 1 肋外侧缘和肩胛骨上缘围成

B. 胸长神经沿其后壁下行

C. 向后沿血管神经束鞘经四边孔与肩胛区相通

D. 底由浅入深为皮肤、浅筋膜、深筋膜和腋筋膜构成

E. 以上都不是

8. 腋窝顶的围成（　　）

A. 锁骨中 1/3、第 2 肋与肩胛骨上缘　　B. 锁骨中 1/3、第 1 肋与肩胛骨腋缘

C. 锁骨外 1/3、第 1 肋与肩胛骨上缘　　D. 锁骨内 1/3、第 2 肋与肩胛骨上缘

E. 锁骨中 1/3、第 1 肋与肩胛骨上缘

9. 喙肱肌（ ）

A. 参与构成腋窝前壁
B. 参与构成腋窝内侧壁
C. 参与构成腋窝外侧壁
D. 有正中神经穿过
E. 有尺神经穿过

10. 锁胸筋膜（ ）

A. 位于喙突和锁骨之间
B. 位于锁骨与胸大肌之间
C. 位于喙突、锁骨下肌与胸小肌之间
D. 位于喙突与胸小肌之间
E. 内有锁骨下静脉穿过

11. 锁胸筋膜（ ）

A. 有贵要静脉穿过
B. 其后方为腋动脉第 2 段
C. 其前方为胸小肌
D. 位于锁骨下肌、胸小肌和喙突之间
E. 向远侧续腋筋膜

12. 不穿过锁胸筋膜的结构是（ ）

A. 头静脉
B. 胸肩峰动脉
C. 胸外侧神经
D. 胸内侧神经
E. 淋巴管

13. 穿锁胸筋膜的结构是（ ）

A. 胸长神经与胸外侧动脉
B. 腋神经与旋肱后动脉
C. 肌皮神经
D. 头静脉与胸肩峰动脉
E. 贵要静脉

14. 组成腋窝壁的肌肉中，不包括的是（ ）

A. 胸大肌
B. 背阔肌
C. 肱肌
D. 肋间肌
E. 肱二头肌

15. 关于腋窝后壁“四边孔”的组成，正确的是（ ）

A. 肩胛下肌、大圆肌、小圆肌、肱骨外科颈
B. 大圆肌、小圆肌、肩胛下肌、肱三头肌长头
C. 小圆肌、大圆肌、肱三头肌长头
D. 小圆肌、肩胛下肌、大圆肌、肱三头肌长头、肱骨外科颈
E. 以上都不对

16. 不参与围成四边孔的结构是（ ）

A. 肱骨外科颈
B. 肱三头肌长头
C. 冈下肌
D. 小圆肌
E. 大圆肌

17. 穿三边孔的结构是（ ）

A. 腋神经
B. 旋肱前血管
C. 腋神经及旋肱后血管
D. 旋肩胛血管及胸背神经
E. 旋肩胛血管

18. 穿四边孔伴腋神经的是（ ）

A. 旋肩胛动脉
B. 肩胛背动脉
C. 肩胛上动脉
D. 旋肱后动脉
E. 旋肱前动脉

19. 穿四边孔后，支配三角肌的是（ ）

A. 旋肩胛动脉
B. 胸长神经
C. 肩胛下动脉
D. 腋神经
E. 以上均错

20. 到达腋动脉第 1 段的层次为（　　）
A. 皮肤、浅筋膜 、胸小肌、锁胸筋膜
B. 皮肤、浅筋膜、胸大肌、锁胸筋膜、腋鞘
C. 皮肤、浅筋膜、胸大肌及其筋膜、锁骨下肌、锁胸筋膜
D. 皮肤、浅筋膜、锁骨下肌、锁胸筋膜
E. 无上述情况
21. 腋动脉（　　）
A. 发出肩胛上动脉
B. 在第 1 肋外侧缘处上续锁骨下动脉
C. 最易剖露的部位是第 1 段
D. 第 3 段前方有正中神经外侧根越过
E. 腋静脉位于其外侧
22. 腋动脉第 2 段（　　）
A. 仅发出胸肩峰动脉
B. 仅发出胸外侧动脉
C. 发出胸肩峰动脉和胸外侧动脉
D. 仅发出旋肱前动脉、旋肱后动脉
E. 发出胸外侧动脉和肩胛下动脉
23. 与胸背神经伴行的动脉是（　　）
A. 旋肱后动脉
B. 肩胛下动脉
C. 胸外侧动脉
D. 旋肩胛动脉
E. 以上都不是
24. 沿胸外侧血管排列的腋淋巴结是（　　）
A. 锁骨下淋巴结群
B. 胸肌淋巴结群
C. 肩胛下淋巴结群
D. 外侧淋巴结群
E. 中央群
25. 沿胸背神经排列的腋淋巴结是（　　）
A. 肩胛下淋巴结群
B. 锁骨下淋巴结群
C. 中央群
D. 胸肌淋巴结群
E. 外侧淋巴结群
26. 沿腋静脉近侧端排列的淋巴结是（　　）
A. 腋淋巴结尖群
B. 腋淋巴结中央群
C. 腋淋巴结外侧群
D. 肩胛下淋巴结
E. 胸肌淋巴结
27. 腋窝淋巴结前群肿大可触及的部位是（　　）
A. 腋窝后壁深面
B. 腋窝底部
C. 腋窝前壁深面
D. 臂上端内侧
E. 腋窝外侧壁
28. 腋神经（　　）
A. 起自臂丛外侧束，与旋肱前动脉伴行
B. 与肱深血管伴行，穿肱骨肌管
C. 与旋肩胛血管伴行，穿三边孔
D. 与旋肱后血管伴行，穿四边孔
E. 无上述情况
29. 腋神经损伤可发生（　　）
A. 方肩
B. 翼状肩
C. Klumpke 麻痹
D. 爪形手
E. Erb-Duchenne 麻痹

30. 腋鞘（ ）
A. 由颈筋膜浅层延续而成
B. 由气管前筋膜延续而成
C. 由椎前筋膜延续而成
D. 与气管前间隙相通
E. 与咽后间隙相通

31. 不参加构成肌腱（肩）袖的是（ ）
A. 冈上肌腱
B. 大圆肌腱
C. 冈下肌腱
D. 小圆肌腱
E. 肩胛下肌腱

32. 参与构成肩胛动脉网的动脉分支有（ ）
A. 肩胛上动脉、肩胛背动脉、旋肩胛动脉
B. 肩胛上动脉、肩胛背动脉、胸背动脉
C. 旋肱前动脉、旋肱后动脉、旋肩胛动脉、胸背动脉
D. 胸肩峰动脉、旋肩胛动脉、肩胛上动脉、胸背动脉
E. 胸肩峰动脉、肩胛背动脉、旋肩胛动脉

33. 行经三角肌胸大肌间沟的有（ ）
A. 腋静脉
B. 腋动脉
C. 贵要静脉
D. 头静脉
E. 无上述情况

34. 头静脉（ ）
A. 起自手背静脉网尺侧
B. 在臂中份汇入肱静脉
C. 经过臂内侧上行
D. 肘前无吻合支
E. 汇入腋静脉或锁骨下静脉

35. 肌皮神经（ ）
A. 起自臂丛内侧束
B. 支配肱三头肌
C. 穿过肱二头肌
D. 穿过喙肱肌，支配臂肌前群
E. 与肱深血管伴行

36. 关于肌皮神经的叙述，正确的是（ ）
A. 起自臂丛内侧束
B. 支配肱三头肌
C. 支配臂肌后群
D. 穿过喙肱肌
E. 与肱深血管伴行

37. 关于肱动脉的叙述，正确的是（ ）
A. 在肩胛下肌下缘续于腋动脉
B. 穿过喙肱肌，行于肱三头肌长头和肱肌前方
C. 在小圆肌下缘续接腋动脉
D. 最大的分支为肱深动脉
E. 在臂部与桡神经伴行

38. 桡神经（ ）
A. 起自臂丛后束，穿喙肱肌
B. 起自臂丛后束，穿肱二头肌
C. 起自臂丛外侧束，支配肱二头肌
D. 起自臂丛后束，支配三角肌
E. 穿肱骨肌管，与肱深血管伴行

39. 行经肱二头肌内侧沟的有（ ）
A. 肱动静脉、正中神经
B. 肱血管、正中神经及贵要静脉
C. 肱血管、正中神经及桡神经
D. 肱血管、正中神经及头静脉
E. 肱血管、正中神经及腋神经

40. 行走于肱二头肌内侧沟下半的结构有（　　）
A. 尺神经　B. 桡神经　C. 贵要静脉　D. 头静脉　E. 肱深静脉
41. 臂部中 1/3 横断面肱肌和肱二头肌之间可见（　　）
A. 正中神经　B. 肌皮神经　C. 腋神经　D. 肱动脉　E. 尺神经
42. 通过肱骨肌管的神经是（　　）
A. 正中神经　B. 桡神经　C. 尺神经
D. 肌皮神经　E. 前臂外侧皮神经
43. 桡神经臂部主干损伤后出现的一个最主要表现是（　　）
A. 呈现垂腕　B. 不能主动伸指间关节
C. 不能主动伸掌指关节　D. 手背桡侧感觉消失
E. 拇指不能外展
44. 关于肱骨肌管的叙述，错误的是（　　）
A. 旋肱前动脉行于该管内　B. 桡神经行于该管内
C. 肱骨桡神经沟参与构成该管　D. 肱三头肌参与构成该管
E. 肱深动脉行于该管内
45. 肘窝（　　）
A. 肘前区呈三角形的凹陷，尖指向近侧　B. 底由肱肌、旋前圆肌组成
C. 上界为肱骨内上髁、肱骨外上髁的连线　D. 下内侧界为桡侧腕屈肌
E. 以上都不对
46. 关于肘窝内容的描述，错误的是（　　）
A. 肱二头肌腱的内侧有肱动脉及两条伴行静脉　B. 肱血管的外侧为正中神经
C. 肱动脉在平桡骨颈处分为桡动脉与尺动脉　D. 桡动脉较尺动脉更细
E. 肱二头肌腱外侧有前臂外侧皮神经
47. 肘窝（　　）
A. 下内、外侧界为旋前圆肌和肱桡肌　B. 顶由肱二头肌腱构成
C. 底为肱二头肌　D. 有尺神经通过　E. 无上述情况
48. 肘正中静脉（　　）
A. 直接注入肱静脉　B. 为头静脉在肘部的一段
C. 与前臂内侧皮神经伴行　D. 行于肱二头肌腱深面
E. 是连于头静脉与贵要静脉之间的一段静脉
49. 在肘窝内肱二头肌腱内侧有（　　）
A. 肱动脉及其两条伴行静脉　B. 尺神经　C. 前臂内侧皮神经
D. 尺侧上副动脉　E. 肱深血管
50. 肘窝以肱二头肌腱为标志结构排列是（　　）
A. 肱动脉在腱的外侧　B. 腱的内侧是桡神经
C. 腱的外侧是正中神经　D. 前臂外侧皮神经在腱的内侧穿出
E. 尺神经不属于肘窝内容
51. 肱骨内上髁、肱骨外上髁及尺骨鹰嘴（　　）
A. 屈肘为直角时三者成一等腰三角形　B. 屈肘时三者成一直线

C. 伸肘时三者成一等腰三角形 D. 肱骨内上髁较外上髁高，不易摸到
E. 无上述情况

52. 临床上测量血压常选用（ ）
A. 锁骨下动脉 B. 腋动脉 C. 尺动脉 D. 桡动脉 E. 肱动脉

53. 肱骨内上髁骨折时可损伤（ ）
A. 正中神经 B. 尺神经 C. 桡神经浅支
D. 桡神经深支 E. 前臂内侧皮神经

54. 肘外侧三角是指（ ）
A. 屈肘 90°时，肱骨内上髁、肱骨外上髁与尺骨鹰嘴尖端三点之间
B. 屈肘 90°时，肱骨外上髁、桡骨头与尺骨鹰嘴尖端三点之间
C. 屈肘 90°时，肱骨内上髁、桡骨头与尺骨鹰嘴尖端三点之间
D. 屈肘 90°时，肱骨内上髁、肱骨外上髁与桡骨头三点所成的三角形
E. 屈肘 90°时，肱骨外侧髁、桡骨头、鹰嘴尖端三点所成的三角形

55. 肘关节穿刺点为（ ）
A. 肘前窝 B. 肘后窝 C. 肘外侧三角外侧点
D. 肘后三角中央点 E. 伸肘时肱骨内上髁、肱骨外上髁连线之中点

（三）多项选择题

1. 上肢的结构特征是（ ）
A. 骨骼轻巧 B. 运动灵活 C. 关节囊薄而松弛
D. 肌肉数目多 E. 侧副韧带少

2. 腋窝前壁的构成包括（ ）
A. 胸大肌 B. 胸小肌 C. 锁骨下肌 D. 锁胸筋膜 E. 背阔肌

3. 构成腋腔顶的是（ ）
A. 锁骨中 1/3 段 B. 第 1 肋外侧缘 C. 肩胛骨上缘
D. 喙突 E. 肩峰

4. 关于锁胸筋膜的叙述，正确的是（ ）
A. 上连锁骨下肌 B. 下连胸小肌 C. 有胸外侧神经穿过
D. 有胸肩峰血管和头静脉穿过 E. 深面为腋动脉第 1 段

5. 旋肩胛动脉的特点是（ ）
A. 穿过三边孔 B. 在冈上窝与肩胛上动脉吻合 C. 经肩胛横韧带的上方
D. 在冈下窝与肩胛上动脉吻合 E. 与腋神经伴行

6. 关于臂丛的分支及分布，正确的是（ ）
A. 胸外侧神经—胸大肌 B. 肌皮神经—三角肌
C. 胸内侧神经—胸小肌 D. 胸背神经—背阔肌
E. 腋神经—肩胛下肌

7. 关于臂丛锁骨下部的叙述，正确的是（ ）
A. 三个后股形成后束 B. 三束位于腋动脉第 1 段的后外侧
C. 三束位于腋动脉第 2 段的周围 D. 三束位于腋动脉第 3 段后内侧

E. 各束的分支位于腋动脉第 3 段周围

8. 腋鞘内含（　　）

A. 腋动脉　B. 腋静脉　C. 臂丛　D. 腋淋巴结　E. 淋巴导管

9. 腋中央淋巴结收纳（　　）

A. 胸肌淋巴结　B. 外侧淋巴结　C. 肩胛下淋巴结

D. 尖淋巴结　E. 锁骨下淋巴结

10. 可致“方肩”畸形的原因有（　　）

A. 肩关节脱位　B. 桡神经高位损伤　C. 肌皮神经高位损伤

D. 肱骨外科颈骨折　E. 胸长神经损伤

11. 肱骨外科颈骨折易发生（　　）

A. 腋神经损伤　B. 旋肱后血管损伤　C. 正中神经损伤

D. 肩胛下动脉损伤　E. 肩不能外展，三角肌萎缩

12. 头静脉（　　）

A. 位于肱二头肌外侧沟内　B. 与臂外侧皮神经伴行

C. 在胸小肌上缘，穿锁胸筋膜　D. 汇入腋静脉

E. 在胸大肌三角肌间沟内可找到

13. 贵要静脉（　　）

A. 在臂部下段走行于肱二头肌内侧沟内　B. 通过肘正中静脉与头静脉吻合

C. 在肘窝处穿深筋膜注入深静脉　D. 与前臂内侧皮神经伴行

E. 在臂中份处穿深筋膜汇入肱静脉

14. 肱骨肌管（　　）

A. 由肱骨桡神经沟与肱三头肌围成　B. 由肱骨桡神经沟与肱肌围成

C. 有桡神经与肱深血管穿过　D. 桡神经在管内发支支配肘肌

E. 下口位于肱骨中、上 1/3 处的外侧

15. 臂前骨筋膜鞘内有（　　）

A. 臂前肌群　B. 肱血管　C. 肌皮神经

D. 正中神经　E. 桡神经在臂部的全段

16. 关于肌皮神经的叙述，正确的是（　　）

A. 发自臂丛外侧束　B. 支配臂前群诸肌

C. 前臂外侧皮神经为其终支　D. 分布于前臂外侧皮肤

E. 支配旋前圆肌

17. 正中神经（　　）

A. 起自臂丛内侧束、外侧束　B. 在肘窝穿旋前圆肌入前臂

C. 其内侧无分支，为安全区　D. 在臂中份从前方斜过肱动脉

E. 支配肱二头肌

18. 关于腋动脉与肱动脉的描述，正确的是（　　）

A. 锁骨中点到肘窝中点稍下处为其行径的投影

B. 大圆肌下缘是两动脉的分界标志

C. 斜方肌下缘是两动脉的分界标志

D. 两动脉供血给肩部、臂、肘、前臂与手部
E. 全长与桡神经伴行

19. 肱骨内上髁（　　）
A. 是前臂前群浅层肌的总起点，除肱桡肌外
B. 尺神经经过其后方，是尺神经易损伤处
C. 贵要静脉行于其后方
D. 与肱骨外上髁的连线为肘窝的上界
E. 尺神经经过其前方，是神经易损伤处

20. 肘窝（　　）
A. 顶由肱二头肌腱膜与深筋膜构成
B. 底为肱二头肌
C. 有尺神经通过
D. 下外侧界为肱桡肌
E. 上界为肱骨内上髁、肱骨外上髁之间的连线

（四）名词解释

1. 解剖学“鼻烟窝”
2. 提携角
3. 腋窝
4. 锁胸筋膜
5. 三边孔
6. 四边孔
7. 腋鞘
8. 肌腱袖
9. 肱骨肌管（桡神经管）
10. 肱二头肌腱膜
11. 肘窝
12. 肘后三角
13. 肘外侧三角
14. 肘后窝

（五）填空题

1. 上肢轴线是经________、肱骨小头和________中心的连线。
2. 当上肢外展 90°，掌心向上时，从________至________的连线为腋动脉和肱动脉的体表投影。
3. 腋区位于________、________与胸前外侧壁上部之间。
4. 腋动脉第 1 段位于________与________之间。
5. 肩胛下动脉分为________和________。
6. 桡神经主干在臂部与________血管伴行，尺神经在臂部与________动脉伴行。
7. 临床上常在肘部浅静脉进行药物注射或取血，这些肘部浅静脉有________、贵要静脉和________。
8. 头静脉在肘窝处经________与________吻合。

9. 肱二头肌腱膜与肱二头肌腱交接处，是触摸________搏动和________的听诊部位。

10. 在腋窝内，腋静脉位于腋动脉的________侧；在肘窝内，肱动脉位于正中神经________侧。

（六）综合应用题

1. 简述解剖学“鼻烟窝”的组成及其内容。

2. 简述腋窝的组成。

3. 简述三边孔、四边孔的组成及孔内通过的结构。

4. 简述腋动脉的分段及其分支。

5. 简述腋淋巴结的分群和位置。

6. 乳房外侧部发生癌肿时，癌细胞常先侵入哪些淋巴结群？为什么？临床上行乳腺癌根治术应保护哪些结构？

7. 腋神经来自臂丛的哪个束？主要支配哪两块肌肉？腋神经损伤后有何表现？

8. 桡神经在肱骨肌管中受损，患者伸肘关节的能力只是减弱而不是完全消失，为什么？

9. 哪些神经与肱骨骨面紧贴，损伤后可出现何种畸形？

10. 尺神经、桡神经和正中神经在臂上部与肱动脉相互伴行，试说明上述三条神经分别经何途径进入前臂上部？

11. 试述肘窝的境界及内容。

12. 肱骨中段骨折易损伤何神经？引起哪些临床表现？为什么？

13. 何为肱二头肌腱膜？有何临床意义？

（王振富）

二、前臂部、腕和手部

【目的和要求】

1. 掌握前臂前群肌的配布、作用和神经支配及前臂前区的四个血管神经束的组成、行程、分支和分布；骨间后血管、神经的行程及分布；腕管的构成及其内容物的排列和临床意义；掌浅弓的位置、构成、分支和分布，掌深弓和尺神经深支的位置、分支和分布；正中神经、尺神经在手掌的分支和分布；解剖学“鼻烟壶”的位置、边界、窝底结构及其临床意义；掌腱膜的形态结构；手背筋膜间隙的位置、交通和临床意义；指髓间隙的构成及其临床意义；手指腱鞘的构成及其内容，拇指和小指腱滑膜鞘的交通。

2. 熟悉前臂后群肌的配布、作用和神经支配；手背皮神经的分布；伸肌支持带的附着及6个纤维骨性管道通过的肌腱。

3. 了解腕掌侧韧带、屈肌支持带、腕桡侧管、腕尺侧管的位置；手掌的筋膜间隙的区分、位置和交通。

【实训教具】

1. 标本 上肢标本；手标本。

2. 模型 手肌肉血管模型。

【实训内容及方法】

（一）前臂部

1. 前臂前区

（1）浅层结构：在桡侧的浅筋膜内寻找和观察前臂外侧皮神经和头静脉，在尺侧的浅筋膜内寻找和观察前臂内侧皮神经和贵要静脉。前臂外侧皮神经为肌皮神经的终支，分布于前臂外侧皮肤。

（2）深层结构

1）筋膜：清除前臂前区及腕前区的浅筋膜，保留已分离出的浅静脉和皮神经，显露前臂前区的深筋膜。纵行切开前臂筋膜，并将其翻向两侧，观察由前臂前区筋膜、前臂内侧肌、前臂外侧肌间隔和尺骨、桡骨及前臂骨间膜共同围成的前臂前骨筋膜鞘。

2）前臂肌前群：共有 9 块，分为 3 层。观察和辨认各肌的名称、排列顺序。浅层：由桡侧向尺侧依次为肱桡肌、旋前圆肌、桡侧腕屈肌、掌长肌和尺侧腕屈肌；中层：只有一块指浅屈肌；深层：将指浅屈肌拉向内侧，观察其深面位于桡侧的是拇长屈肌，位于尺侧的是指深屈肌，在腕上方分开拇长屈肌和指深屈肌，可见两肌远侧部的深方为旋前方肌。

3）血管神经束：前臂前区有 4 个血管神经束。①桡血管神经束（由桡动脉及其两条伴行静脉和桡神经浅支组成）：将肱桡肌拉向外侧，寻找桡动脉（radial artery）和桡神经浅支（superficial branch of radial nerve），桡动脉在前臂下部行于肱桡肌和桡侧腕屈肌腱之间，位置表浅，活体可触及其搏动；追踪桡神经浅支至前臂中、下 1/3 交界处，经肱桡肌腱深面转至前臂后区。②尺血管神经束（由尺动脉、尺静脉和尺神经组成）：将尺侧腕屈肌拉向内侧，寻找尺动脉（ulnar artery）和尺神经（ulnar nerve），向上追踪尺神经至尺神经沟处，向下追踪至腕前区。观察尺神经和尺动脉之间的位置关系。③正中血管神经束（由正中神经及其伴行血管组成）：在旋前圆肌两头之间寻找正中神经（median nerve），观察正中神经向下行于指浅屈肌和指深屈肌之间至手掌。正中动脉（median artery）发自骨间前动脉，伴随正中神经下行。④骨间前血管神经束（由骨间前血管和神经组成）：在旋前圆肌尺头深面查找骨间总动脉，向外分离此动脉至前臂骨间膜上缘处，查看分出的骨间前动脉、骨间后动脉。在拇长屈肌与指深屈肌之间寻找骨间前动脉（anterior interosseous artery）和骨间前神经（anterior interosseous nerve），追踪至旋前方肌上缘。观察骨间后动脉穿经前臂骨间膜上缘至前臂骨间膜后方。

4）前臂屈肌后间隙：观察位于前臂前区远侧 1/4 段，指深屈肌腱、拇长屈肌腱深面和旋前方肌浅面之间的前臂屈肌后间隙。将探针插入腕管，理解该间隙向远侧经腕管与掌中间隙相交通。

2. 前臂后区

（1）浅层结构：在前臂后区下部的内侧、外侧部寻找贵要静脉、头静脉和前臂内侧、外侧皮神经，在中间部寻找前臂后皮神经。保留皮神经和浅静脉，除去所有浅筋膜，显露深筋膜。

（2）深层结构

1）筋膜：显露深筋膜和伸肌支持带，纵形切开深筋膜（保留伸肌支持带），翻向两侧，显露前臂肌后群。观察由前臂后区筋膜、前臂内侧肌间隔、前臂外侧肌间隔和尺骨、桡骨及前臂骨间膜共同围成的前臂后骨筋膜鞘。前臂后骨筋膜鞘内有前臂肌后群诸肌和骨间后血管神经束等。

2）前臂肌后群：分为 2 层，每层各有 5 块。自桡侧向尺侧分离观察各浅层肌：桡侧腕长伸肌、桡侧腕短伸肌、指伸肌、小指伸肌和尺侧腕伸肌。向两侧拉开桡侧腕伸肌和指伸肌，清理和辨认深层的 5 块肌肉：旋后肌位于上外侧，其余 4 块肌从桡侧向尺侧为拇长展肌、拇短伸肌、拇长伸肌和示指伸肌。

3）骨间后血管神经束：由骨间后血管和神经组成，位于前臂肌后群浅层、深层之间。桡神经深支（deep branch of radial nerve）在桡骨头下方 5～7cm 处从旋后肌穿出，改称骨间后神经，向下修洁至旋后肌下缘。寻找出骨间后动脉、骨间后静脉，观察它们的位置与走行。

（二）腕和手掌

1. 皮肤切口 上肢平置外展，手掌向前。作如下皮肤切口：①自腕前区横切口中点至中指指端作一纵切口；②由腕前区横切口中点至拇指指端作一斜切口；③沿尺侧 4 指根部作一横切口。将手掌、拇指和中指掌侧面皮肤翻开，显露浅筋膜。

2. 浅层结构 在鱼际处辨认前臂外侧皮神经终支、桡神经浅支和正中神经掌支的分支；在小鱼际处辨认尺神经掌支和掌短肌。保留皮神经，除去浅筋膜，显露手掌深筋膜。

3. 深层结构

（1）筋膜与筋膜鞘

1）腕部深筋膜：为前臂筋膜在腕前区的延续，可分浅、深两层。浅层称腕掌侧韧带（volar carpal ligament）。深层称屈肌支持带（flexor retinaculum），是腕前区深筋膜深层增厚形成的扁带。其尺侧端附着于豌豆骨和骨钩，并与腕掌侧韧带远侧部分共同构成腕尺侧管（ulnar carpal canal），管内有尺神经和尺动脉、尺静脉通过；桡侧端分两层附着于手舟骨结节和大多角骨结节，形成腕桡侧管（radial carpal canal），包绕桡侧腕屈肌腱。切除腕掌侧韧带，显露位于其远侧深面的屈肌支持带。观察屈肌支持带和腕骨沟共同构成腕管（carpal canal）。纵行切开屈肌支持带，分离、观察腕管内结构，内有指浅屈肌腱、指深屈肌腱和拇长屈肌腱等 9 条肌腱及其腱鞘，以及正中神经通过。在管内，各指浅屈肌腱、指深屈肌腱被一屈肌总腱鞘（又名尺侧囊）包裹；拇长屈肌腱被拇长屈肌腱鞘（又名桡侧囊）包绕。屈肌总腱鞘常与小指的指滑膜鞘相通，拇长屈肌腱鞘与拇指的指滑膜鞘相通。

2）掌部深筋膜：分为浅、深两层。浅层分为鱼际筋膜、小鱼际筋膜和掌腱膜三部分。掌腱膜（palmar aponeurosis）为位于掌心部致密的腱性纤维膜，覆盖于指浅屈肌腱的表面，厚而坚韧，略呈三角形，尖向近侧。深层包括骨间掌侧筋膜和拇收肌筋膜。

从掌腱膜外侧发出掌外侧肌间隔，从内侧发出掌内侧肌间隔。从远侧向近侧剥离掌腱膜，切断掌内侧、外侧肌间隔，将掌腱膜连同掌长肌腱一起翻向近侧，切勿损伤其深方的结构。观察由手掌深筋膜的浅、深两层与掌内侧、外侧肌间隔围成外侧、中间和内侧三个骨筋膜鞘：掌腱膜深方为掌中间鞘（intermediate compartment）；小鱼际筋膜深方为内侧鞘（medial compartment）；鱼际筋膜深方为外侧鞘（lateral compartment）。探察内侧鞘、外侧鞘与中间鞘，清除小鱼际筋膜和鱼际筋膜，显露各鞘的内容。

（2）血管：手的血液供应来自桡动脉、尺动脉的分支，彼此吻合成掌浅弓和掌深弓。

1）掌浅弓（superficial palmar arch）及指掌侧血管：在豌豆骨桡侧，切除腕掌侧韧带，打开腕尺侧管，修洁管内走行的尺动脉和尺静脉后，向远侧追踪尺动脉，可见其在管内发出掌深支，继续剖查尺动脉末端，修洁由弓发出的分支。观察掌浅弓由尺动脉终支和桡动脉的掌浅支吻合构成，自弓的凸侧发出 1 条小指尺掌侧动脉（ulnar palmar artery of quinary finger）、3 条指掌侧总动脉（common palmar digital artery），每条总动脉又分为 2 条指掌侧固有动脉（proper palmar digital artery）。

2）掌深弓（deep palmar arch）：向桡侧拉开各指屈肌腱及蚓状肌（或在腕管近侧切断各腱），除去其深方的疏松结缔组织和骨间掌侧筋膜。循已解剖出的尺动脉的掌深支，向桡侧继续追踪，观察尺动脉的掌深支和桡动脉的终支吻合成的掌深弓及其凸侧发出的 3 条掌心动脉（palmar metacarpal artery）。

（3）神经：分布于手掌的神经是正中神经、尺神经及其分支。在腕尺侧管内，修洁尺神经，可见其在豌豆骨外下方分为浅、深两支，再向下剥离尺神经浅支（superficial branch of ulnar nerve），追踪观察其分为两支：指掌侧固有神经（proper palmar digital nerve）和指掌侧总神经（common palmar digital nerve），指掌侧总神经又分为 2 条指掌侧固有神经。观察与掌深弓伴行的尺神经深支及其分支。在腕管内向远侧剥离正中神经，在屈肌支持带下缘找出正中神经的返支（recurrent branch），追踪至鱼际肌；再向下追踪，观察正中神经分为 3 条指掌侧总神经，直至指蹼间隙处。观察其与同名动脉、静脉的伴行情况。

（4）筋膜间隙：位于手掌骨筋膜鞘的中间鞘内。掌腱膜桡侧缘发出一掌中隔，附着于第 3 掌骨，将掌中间鞘分隔为尺侧的掌中间隙和桡侧的鱼际间隙。掌中间隙（midpalmar space）位于掌中间鞘尺侧半的深部，在第 3～5 指屈肌腱、第 2～4 蚓状肌与骨间掌侧筋膜之间，内侧是掌内侧肌间隔，外侧以掌中隔与鱼际间隙分开，近侧经腕管与前臂屈肌后间隙相通，远侧经蚓状肌鞘达指蹼间隙，并与指背相交通。鱼际间隙（thenar space）位于掌中间鞘桡侧半的深部，在掌中隔、外侧肌间隔与拇收肌筋膜之间。此间隙近侧端是盲端，远侧经第 1 蚓状肌鞘与示指指背侧相通。

（三）手背

1. 皮肤切口 上肢平置外展，手背向前。作如下皮肤切口：①自腕背横切口正中至拇指甲根作一斜切口；②从腕背横切口中点至中指甲根作一纵切口；③沿掌指关节背侧作一横切口；④沿示指、无名指背面中线各作纵切口。翻开或切除手背和手指背面的皮肤，显露浅筋膜。

2. 浅层结构 手背浅筋膜薄，翻剥皮肤时勿损伤浅静脉和皮神经。手背浅静脉非常丰富，相互吻合成手背静脉网（dorsal venous rete of hand）。先修洁手背浅筋膜内的手背静脉网，并向桡侧、尺侧追踪观察其汇合成头静脉和贵要静脉。在手背近侧端寻找桡神经浅支，在尺侧寻找尺神经手背支，观察两者在手背的吻合及各发出的 5 条指背神经，分别分布于桡侧、尺侧各两个半手指背侧皮肤。

3. 深层结构

（1）伸肌支持带（extensor retinaculum）：又名腕背侧韧带，由腕背深筋膜增厚形成，其内侧附于尺骨茎突和三角骨，外侧附于桡骨远端外侧缘。它向深面发出 5 个纤维隔，附着于尺骨、桡骨背面，形成 6 个骨纤维性管道，有 9 条前臂伸肌腱及其腱鞘通过。清除腕背侧的浅筋膜，显露伸肌支持带，观察其形态及附着部位。纵行切开伸肌支持带，观察其发出的 5 个纤维隔及附着部位。修洁 6 个骨纤维管内的肌腱及其腱鞘，从桡侧向尺侧依次辨认：①拇长展肌与拇短伸肌腱及其腱鞘；②桡侧腕长伸肌腱、桡侧腕短伸肌腱及其腱鞘；③拇长伸肌腱及其腱鞘；④指伸肌与示指伸肌腱及其腱鞘；⑤小指伸肌腱及其腱鞘；⑥尺侧腕伸肌腱及其腱鞘。

（2）手背筋膜及筋膜间隙：手背深筋膜称手背筋膜（dorsal fascia of hand），分浅、深两层。浅层称手背腱膜（aponeurosis dorsalis manus），是伸肌支持带的延续，并与伸肌腱结合；手背筋膜的深层称骨间背侧筋膜（dorsal interosseous fascia）。手背浅筋膜、手背腱膜和骨间背侧筋膜三者之间形成 2 个筋膜间隙：手背皮下间隙（dorsal subcutaneous space）和手背腱膜下间隙（dorsal subaponeurotic space）。保留浅静脉和皮神经，逐渐清除浅筋膜，显露手背腱膜，观察两者之间的手背皮下间隙。清除手背腱膜，显露骨间背侧筋膜，观察两者之间的手背腱膜下间隙。观察伸指肌腱的腱间结合。

（3）解剖学"鼻烟窝"（anatomical snuffbox）：位于腕和手背的桡侧，当伸拇指、展拇指时，呈尖向拇指的三角形凹陷，其桡侧界为拇长展肌腱和拇短伸肌腱，尺侧为拇长伸肌腱，近侧界为桡骨茎突，窝底为舟骨及大多角骨，窝内可触及桡动脉搏动。在桡侧修洁至拇指的三个肌腱，观察解剖学"鼻烟壶"各边界。除去窝内的疏松结缔组织，修洁在窝内走行的桡动脉、桡静脉。略向上追踪至前臂前区，向下追踪至其穿第 1 骨间背侧肌入手掌。

（四）手指

1. 浅层结构

（1）皮肤：指掌侧有 3 条横纹（transverse creases of finger）：近、中、远横纹。指腹处神经末梢和血管丰富，感觉灵敏。

（2）浅筋膜：手指掌侧筋膜内疏松结缔组织聚成小球状，有纤维隔介于其间，将皮肤连于手指腱鞘。

（3）指髓间隙（pulp space）：又称指髓，是位于各指远节指骨远侧 4/5 段掌侧的骨膜与皮肤之间的密闭间隙。其是由近侧连于指远横纹皮下和指深屈肌腱末端的纤维隔与其两侧、前面和末端的致密皮肤围成。其内有许多纤维隔连于远节指骨骨膜和指腹皮肤之间，将间隙内脂肪分成许多小叶，有血管和神经行于其中。

（4）血管和神经：每指均有两条指掌侧固有动脉和两条指背动脉，分别与同名神经伴行于指掌面与背侧面交界线的前方、后方。从指蹼间隙处向下修洁指掌侧固有神经和血管，观察其位置。

2. 深层结构

（1）指浅屈肌腱、指深屈肌腱：拇指有一条屈肌腱，其余各指均有浅、深两条，行于各指的指腱鞘内。指浅屈肌腱向远侧分为两股，附着于中节指骨中部的两侧缘，形成腱裂孔，指深屈肌腱从腱裂孔穿出后，止于远节指骨底。

（2）指腱鞘（tendinous sheaths of fingers）：是包绕指浅屈肌腱、指深屈肌腱的鞘管，由腱纤维鞘（tendinous fibrous sheath）、腱滑膜鞘（tendinous synovial sheath）两部分组成。除去浅筋膜，显露手指掌侧面的腱纤维鞘。纵行切开腱纤维鞘，观察指浅屈肌腱、指深屈肌腱的位置关系及其终止部位。观察腱滑膜鞘的结构。

【复习思考题】

（一）判断题（正确答案用 A 表示，错误答案用 B 表示）

1. 在前臂前区远侧 1/4 段，指深屈肌腱、拇长屈肌腱深面和旋前方肌浅面之间有潜在的疏松结缔组织间隙，称为前臂屈肌后间隙。该间隙向远侧无交通。（　　）

2. 前臂肌后群分为两层，浅层自桡侧向尺侧为桡侧腕长伸肌、桡侧腕短伸肌、指伸肌、小指伸肌和尺侧腕伸肌。(　　)
3. 桡神经深支在桡骨头下方从旋后肌穿出，改称骨间总神经。(　　)
4. 指髓间隙又称指髓，位于各指远节指骨远侧段掌侧的骨膜与皮肤之间的密闭间隙。(　　)
5. 尺动脉的掌深支和桡动脉的终支吻合成掌深弓，其凸侧发出 4 条掌心动脉。(　　)
6. 腕管由屈肌支持带和腕骨沟共同构成，管内有指浅屈肌腱、指深屈肌腱和拇长屈肌腱等 9 条肌腱及其腱鞘通过。(　　)
7. 掌中间隙脓液可以经腕管至前臂屈肌后间隙或向远侧沿第 2～4 蚓状肌鞘达第 2～4 指蹼间隙及指背。(　　)
8. 分布于手掌的神经有正中神经、尺神经。(　　)
9. 伸肌支持带由腕背深筋膜增厚形成，向深面发出 5 个纤维隔，附着于尺骨、桡骨背面，形成 6 个骨纤维性管道，有 6 条前臂伸肌腱及其腱鞘通过。(　　)
10. 手背浅筋膜、手背腱膜和骨间背侧筋膜三者之间形成 2 个筋膜间隙：手背皮下间隙和手背腱膜下间隙，两者互不交通。(　　)

（二）最佳选择题

1. 关于正中神经的叙述，错误是（　　）
A. 肘以上与肱动脉伴行　B. 穿旋前圆肌　C. 经指浅屈肌、指深屈肌之间
D. 经腕管入手掌　E. 在前臂支配尺侧腕屈肌
2. 关于前臂屈肌后间隙的叙述，错误的是（　　）
A. 在前臂前区近侧 1/4 段
B. 位于指深屈肌腱、拇长屈肌腱深面和旋前方肌浅面之间
C. 为潜在的疏松结缔组织间隙
D. 该间隙向远侧经腕管与掌中间隙相交通
E. 内侧界为尺侧腕屈肌和前臂筋膜
3. 前臂后区浅层伸肌、深层伸肌之间的血管神经束是（　　）
A. 正中神经血管束　B. 桡神经血管束　C. 骨间后血管神经束
D. 尺血管神经束　E. 无上述情况
4. 桡血管神经束内有（　　）
A. 桡神经、肱血管　B. 桡神经、肱深血管
C. 桡神经、肌皮神经　D. 桡神经浅支、桡动脉、桡静脉
E. 桡神经、桡动脉、桡静脉
5. 骨间后神经（　　）
A. 是肌皮神经的分支　B. 支配前臂所有伸肌
C. 是桡神经深支穿出旋后肌的部分　D. 支配肱桡肌与桡侧腕长伸肌、腕短伸肌
E. 无血管伴行
6. 经过屈肌支持带浅面的结构有（　　）
A. 掌长肌腱与正中神经　B. 掌长肌腱
C. 桡血管与桡侧腕屈肌腱　D. 桡侧腕屈肌腱与正中神经

E. 指浅屈肌腱
7. 不通过腕管的结构是（　　）
A. 正中神经　　B. 拇长屈肌腱
C. 尺动脉　　D. 指浅屈肌腱　　E. 指深屈肌腱
8. 通过腕管的结构是（　　）
A. 指浅屈肌腱与尺神经　　B. 拇长屈肌腱与尺神经
C. 掌长肌腱与正中神经　　D. 桡侧腕屈肌腱与正中神经
E. 指浅屈肌腱、指深屈肌腱与正中神经
9. 手掌的桡侧囊包绕（　　）
A. 拇长屈肌腱　　B. 指伸屈肌腱　　C. 指浅层肌腱
D. 蚓状肌　　E. 小鱼际肌
10. 关于骨间掌侧筋膜的叙述，正确的是（　　）
A. 指手背深筋膜的浅层　　B. 指手掌深筋膜的深层
C. 位于指屈肌腱浅面　　D. 位于掌骨背面
E. 位于骨间肌深面
11. 构成鱼际鞘内侧壁的是（　　）
A. 示指屈肌腱、第 1 蚓状肌　　B. 拇收肌及其筋膜
C. 掌外侧肌间隔　　D. 掌腱膜　　E. 掌中隔
12. 掌浅弓（　　）
A. 位于屈肌总腱鞘的深面　　B. 位于掌腱膜的深面
C. 由桡动脉终支与尺动脉浅支构成　　D. 弓顶的投影适对掌远纹
E. 位于指浅屈肌腱、指深屈肌腱之间
13. 关于掌浅弓的叙述，错误的是（　　）
A. 位于掌腱膜与指屈肌腱之间
B. 由桡动脉的终支与尺动脉的掌浅支吻合而成
C. 位于掌腱膜与屈肌总腱鞘之间
D. 由尺动脉的终支与桡动脉的掌浅支吻合而成
E. 弓凸缘发出 1 条小指尺掌侧动脉和 3 条指掌侧总动脉
14. 掌深弓（　　）
A. 由桡动脉终支与尺动脉掌深支构成　　B. 弓顶投影适对掌中纹
C. 位于掌中间隙内　　D. 发出 3 条指掌侧总动脉
E. 位于骨间掌侧筋膜与骨间背侧肌之间
15. 掌深弓位于（　　）
A. 掌腱膜深面　　B. 掌中间鞘内　　C. 掌外侧鞘内
D. 掌中间隙内　　E. 骨间掌侧筋膜与骨间掌侧肌之间
16. 关于手掌神经的叙述，错误的是（　　）
A. 尺神经深支发支支配拇收肌　　B. 正中神经发出返支
C. 第 2 指掌侧面的皮肤有尺神经分支分布　　D. 手掌的尺侧 1/3 有尺神经分布
E. 小指指掌侧总神经由尺神经发出

17. 关于掌中间隙的描述，错误的是（　　）
A. 位于屈肌总腱鞘的后方
B. 外侧以掌中隔与鱼际间隙分开
C. 经腕管与前臂屈肌后间隙相通
D. 其近端为盲端
E. 位于掌中间鞘的尺侧半
18. 掌中间隙（　　）
A. 位于屈肌总腱鞘的深面掌中隔的尺侧
B. 位于屈肌总腱鞘与掌腱膜之间
C. 内有掌浅弓
D. 内有掌深弓
E. 无上述情况
19. 无名指腱鞘炎若波及小指，其原因最可能是（　　）
A. 两者邻近
B. 无名指腱鞘穿破后脓液流向鱼际间隙
C. 无名指腱鞘穿破后脓液流向掌中间隙
D. 无名指腱鞘与尺侧囊相通
E. 沿尺神经分支扩散
20. 手掌与手背间的主要通道为（　　）
A. 鱼际间隙
B. 指蹼间隙
C. 外侧鞘
D. 中间鞘
E. 内侧鞘
21. 鱼际间隙（　　）
A. 位于拇收肌筋膜的后方
B. 在鱼际鞘内
C. 内有掌浅弓
D. 内有正中神经分支
E. 位于掌中间鞘内，掌中隔的桡侧
22. 关于手背静脉网的叙述，正确的是（　　）
A. 收集手背浅部、深部的静脉血
B. 桡侧合成贵要静脉
C. 尺侧合成头静脉
D. 手掌静脉血主要经掌侧静脉回流
E. 浅淋巴回流与浅静脉不同
23. 关于伸肌支持带的叙述，正确的是（　　）
A. 又称腕尺侧韧带
B. 内侧附于尺骨茎突和三角骨
C. 外侧附于桡骨远端内侧缘
D. 桡神经从深面通过
E. 小指伸肌通过其浅面
24. 关于手背腱膜的叙述，正确的是（　　）
A. 伸肌支持带的延续，为手背深筋膜的浅层结构
B. 两侧分别附于第 2、5 掌骨
C. 为手背深筋膜的深层结构
D. 即骨间背侧筋膜
E. 与手背浅筋膜共同形成腱膜下间隙
25. 关于手背腱膜下间隙的叙述，正确的是（　　）
A. 手背浅筋膜与手背深腱膜之间无间隙
B. 手背浅筋膜与手背深筋膜之间的间隙
C. 手背腱膜与手背深筋膜深层之间的间隙
D. 与手背皮下间隙互不交通
E. 与手掌软组织间隙并不交通
26. 脓性指头炎切开引流时，最好采用（　　）
A. 侧面纵切口
B. 掌面横切口
C. 鱼形切口
D. 掌面纵切口
E. 侧面横切口

（三）多项选择题

1. 关于桡动脉的叙述，正确的是（　　）

A. 与桡神经浅支伴行　B. 有两条静脉伴行　C. 后方为桡神经及腋神经

D. 内侧为腋静脉及尺神经　E. 行经桡神经沟

2. 前臂屈肌后间隙感染常由哪些部位的感染蔓延所致（　　）

A. 掌中间隙　B. 掌鱼际间隙　C. 拇长屈肌腱鞘

D. 屈肌总腱鞘　E. 手背皮下

3. 肱骨中份骨折易发生（　　）

A. 桡神经损伤　B. 前臂伸肌瘫痪，呈垂腕状

C. 腋神经及旋肱后动脉损伤　D. 肱深动脉损伤

E. 桡神经与肱动脉损伤

4. 手掌软组织的特点是（　　）

A. 手掌皮肤厚而紧张　B. 掌心部浅筋膜致密，有纤维隔

C. 手掌感染，手背肿胀明显　D. 缺损时不易缝合，常需植皮

E. 浅静脉和浅淋巴管各自相互交通

5. 不通过腕管的结构为（　　）

A. 指浅屈肌腱、指深屈肌腱　B. 尺神经和尺动脉、尺静脉

C. 正中神经和拇长屈肌腱　D. 桡神经和桡动脉、桡静脉

E. 正中神经和掌长肌

6. 关于手部桡侧囊的叙述，正确的是（　　）

A. 与拇指的指滑膜鞘相连

B. 又称拇长屈肌腱鞘

C. 在近侧端可延至腕横韧带上方 2.5cm

D. 在掌中部与鱼际间隙相通

E. 远侧端与小指指滑膜鞘相通

7. 腕尺侧囊包绕（　　）

A. 骨间肌　B. 拇长屈肌腱　C. 掌长肌腱

D. 指深屈肌腱　E. 指浅屈肌腱

8. 手掌骨筋膜之外侧鞘内含（　　）

A. 拇短展肌　B. 拇短屈肌　C. 拇对掌肌

D. 拇长屈肌腱　E. 拇指掌侧固有动脉

9. 手掌骨筋膜鞘之中间鞘内含（　　）

A. 屈肌总腱鞘　B. 蚓状肌　C. 掌浅弓

D. 指浅屈肌腱　E. 指深屈肌腱

10. 正中神经返支（　　）

A. 在屈肌支持带远侧缘处由正中神经发出

B. 与桡动脉的掌浅支伴行

C. 支配拇收肌以外的鱼际肌

D. 还支配第 1、2 蚓状肌

E. 还分布于拇指和示指桡侧皮肤

11. 正中神经在腕部损伤后，出现（　　）

A. 拇指外展力弱　B. 拇指不能对掌　C. 拇指不能伸

D. 鱼际肌萎缩　E. 拇指、示指不能内收

12. 掌浅弓（　　）

A. 由尺动脉末端和桡动脉掌浅支组成　B. 位于掌腱膜深面

C. 变异较大　D. 比掌深弓的位置略低　E. 常与尺神经深支伴行

13. 通常可摸到上肢动脉搏动的部位是（　　）

A. 紧靠桡侧腕屈肌腱外侧　B. 桡骨远端的后方

C. 紧靠尺侧腕屈肌腱的外侧　D. 手舟骨和大多角骨表面

E. 肘窝

14. 掌中间隙（　　）

A. 位于掌中间鞘尺侧半深方　B. 可经第 2～4 蚓状肌管达第 2～4 指蹼间隙

C. 其近侧端密闭　D. 后界为第 3、4 掌骨及骨间肌

E. 前界为中指屈肌腱、无名指屈肌腱及小指屈肌腱，间隙内有第 2～4 蚓状肌

15. 掌中间隙的边界为（　　）

A. 中指屈肌腱、无名指屈肌腱及小指的屈肌腱　B. 第 2～4 蚓状肌

C. 骨间背侧肌　D. 掌中隔　E. 掌内侧肌间隔

16. 鱼际间隙的边界为（　　）

A. 掌中隔　B. 掌内侧肌间隔　C. 拇收肌筋膜

D. 掌外侧肌间隔　E. 拇对掌肌，拇短屈肌

（四）名词解释

1. 屈肌支持带
2. 腕管
3. 桡侧囊
4. 掌腱膜
5. 鱼际鞘
6. 掌中间隙
7. 鱼际间隙
8. 伸肌支持带
9. 指髓间隙
10. 手背腱膜
11. 手背皮下间隙
12. 指腱鞘
13. 骨筋膜鞘
14. 前臂屈肌后间隙

（五）填空题

1. 在前臂下部，桡动脉位于________与________之间，位置表浅，可触及搏动。

2. 正中神经穿________肌、桡神经深支穿________肌进入前臂。
3. 桡骨颈骨折时，常可损伤的神经为________，肱骨内上髁骨折时，常可损伤的神经为________。
4. 腕尺侧管内有________和________通过。
5. 腕管由________与________共同围成。
6. 掌浅弓位于________和________及屈肌总腱鞘、蚓状肌之间，由________与________吻合而成。
7. 手背浅筋膜、手背腱膜和骨间背侧筋膜三者之间构成两个筋膜间隙，即________和________。
8. 指髓位于各指远节指骨远侧 4/5 段掌侧的________和________之间。
9. 手指腱鞘由________和________两部分构成。
10. 拇指的指滑膜鞘与________相通，小指的指滑膜鞘与________相通。

（六）综合应用题

1. 简述腕管的构成、通过的结构及交通。
2. 在腕、手部由深筋膜形成的或参与形成的结构有哪些？
3. 简述掌中间隙的边界，若掌中间隙感染化脓，脓液可经何途径流向何处？
4. 简述鱼际间隙的边界及连通。
5. 指髓间隙是怎样围成的？有何临床意义？
6. 前臂前区包括哪些血管神经束？各包含哪些结构？
7. 为什么前臂前面外侧是手术安全侧？

（七）临床思维能力训练题

患者，男性，61 岁，退休工人。因右手桡侧三个半指麻木、疼痛 3 个月入院。患者于入院前 3 个月无明显诱因出现右手桡侧三个半指麻木、疼痛，夜间为重，难以睡眠。适当活动手部后略有缓解。检查所见：右手大鱼际略平，鱼际肌轻度萎缩。拇指、示指、中指及无名指桡侧半感觉迟钝。各指活动范围正常，拇指外展、内收及对掌力量减弱。右腕掌侧正中神经走形部位 Tinel 征阳性。肌电图检查：右侧正中神经前臂至手段潜伏期延长，传导速度减慢，运动动作电位波幅衰减。X 线片未见明显的骨质异常。临床诊断：右侧腕管综合征。本例患者采用手术治疗，术中所见：右侧腕横韧带（屈肌支持带）质硬韧，正中神经受压变扁，失去正常神经光泽，局部充血，以腕横韧带近侧缘为重。

请思考以下问题。

（1）腕管是如何构成的？通行结构有哪些？

（2）腕管综合征为什么会引起上述区域的感觉及运动障碍？

（吴　刚）

第八章　下　　肢

下肢与躯干直接相连。下肢前方以腹股沟与腹部分界；外侧和后方以髂嵴与腰部、骶部分界；内侧与会阴相连。下肢分为臀、股、膝、小腿、踝和足等部。下肢按以下次序实训：①臀部和股部；②膝部、小腿部、踝与足部。

一、概述、臀部和股部

【目的和要求】

1. 掌握下肢重要的骨性和肌性标志；坐骨神经、股动脉和足背动脉的体表投影；大隐静脉、小隐静脉的起止、行程、属支及其临床意义；梨状肌上孔、下孔及坐骨小孔的构成及其穿经结构；坐骨神经与梨状肌的关系；肌腔隙、血管腔隙的位置、境界及内容；股鞘与股管；股三角的位置、境界、构成及内容物的位置关系；收肌管的构成、位置及内容；闭孔动脉、闭孔静脉、闭孔神经的行程、分支和分布；坐骨神经的行程、分支和分布。

2. 熟悉臀肌的层次；阔筋膜的配布及特点；髂胫束和隐静脉裂孔的位置。

3. 了解臀上、下静脉、动脉、神经的体表投影；下肢淋巴结群的名称、位置、分部及收集范围。

【实训教具】

1. 标本　尸体；盆部正中矢状切面标本；下肢标本。

2. 模型　淋巴系统模型；下肢可拆装的肌肉、血管、神经模型。

【实训内容及方法】

（一）股前内侧区

1. 皮肤切口　尸体仰卧位，观察股前内侧区的境界，摸认髂前上棘、耻骨结节等体表标志。然后作如下皮肤切口。

（1）从髂前上棘沿腹股沟作一斜形切口至耻骨结节，然后向下、向后延伸绕阴囊根部（男性）或大阴唇外侧缘（女性）至大腿内侧面。

（2）经过胫骨粗隆水平作一横切口，两端分别达小腿内侧面、外侧面。

（3）由切口 1 中点向下沿大腿前面作纵切口直达切口 2。将皮肤向两侧翻起。

2. 层次结构

（1）浅层结构

1）皮肤（skin）

2）浅筋膜（superficial fascia）：分为较浅的脂肪层和较深的膜性层。在该筋膜中辨认浅动脉、浅静脉、淋巴结及皮神经等重要结构。

浅动脉：①旋髂浅动脉；②腹壁浅动脉；③阴部外动脉。观察这些动脉发出的部位。

大隐静脉及属支：在股骨内侧髁后缘辨认大隐静脉及伴行的隐神经。向上追踪大隐静脉至耻骨结节下外约 3cm 处，穿过股部深筋膜注入股静脉。在大隐静脉注入股静脉附近分别观察大隐静脉的 5 条属支：①腹壁浅静脉（superficial epigastric vein）；②旋髂浅静脉（superficial iliac circumflex vein）；③阴部外静脉（external pudendal vein）；④股内侧浅静脉（superficial medial femoral vein）；⑤股外侧浅静脉（superficial lateral femoral vein）。后两条浅静脉的注入点位置较低。

腹股沟浅淋巴结：结合淋巴系统模型，在已解剖的尸体腹股沟韧带下方及大隐静脉近端两旁观察腹股沟浅淋巴结。

皮神经：①股外侧皮神经，在髂前上棘下方 5～10cm 处穿出深筋膜；②股神经前皮支和股神经内侧皮支于大腿中部、下部沿缝匠肌表面穿出深筋膜；③闭孔神经皮支于大腿上部内侧穿出阔筋膜；④隐神经，在股骨内侧髁后缘处伴行于大隐静脉。

（2）深层结构

1）深筋膜（deep fascia）：大腿深筋膜又称阔筋膜（fascia lata）。在标本上观察阔筋膜，可见外侧与内侧厚薄不一。股外侧阔筋膜增厚的部分叫髂胫束（iliotibial track），起自髂嵴，止于胫骨外侧髁。阔筋膜张肌包于髂胫束上份两层之间。阔筋膜在腹股沟韧带中、内 1/3 交界处的下方 3～4cm 处，形成一个卵圆形的凹陷，称隐静脉裂孔（saphenous hiatus），又称卵圆窝。

2）股前内侧群肌：观察缝匠肌、股四头肌、耻骨肌、长收肌、股薄肌、短收肌、大收肌的位置，检查缝匠肌的起止点，观察股四头肌腱包绕髌骨的前面和两侧，并形成髌韧带附着于胫骨粗隆的情况。

3）骨筋膜鞘：在股部中段横断面标本上观察，阔筋膜向大腿深部发出股内侧、股外侧和股后 3 个肌间隔，伸入肌群间，并附于股骨粗线，与骨膜及阔筋膜共同形成 3 个骨筋膜鞘。

4）肌腔隙与血管腔隙：观察其境界和穿经结构。肌腔隙：前界为腹股沟韧带外侧部，后外侧界为髂骨，内侧界为髂耻弓。内有髂腰肌、股外侧皮神及股神经通过。血管腔隙：前界为腹股沟韧带内侧部，后内侧界为耻骨肌筋膜及耻骨梳韧带（pectineal ligament），内侧界为腔隙韧带（lacunar ligament），后外侧界为髂耻弓（iliopectineal arch）。腔隙内有股鞘、股动脉、股静脉、生殖股神经股支及淋巴管通过。其最内侧为股管的上口，称股环（femoral ring）。

5）股三角（femoral triangle）：解剖股三角并观察其境界和内容。境界：股三角位于股前内侧区上 1/3 部。上界为腹股沟韧带，外下界为缝匠肌的内侧缘，内下界为长收肌的内侧缘。前壁为阔筋膜，后壁凹陷，自外侧向内侧为髂腰肌、耻骨肌和长收肌及其筋膜。内容：股三角内的结构由外侧向内侧依次为股神经、股鞘及其包含的动脉、静脉、股管、股深淋巴结和脂肪等。①股鞘：为包绕股血管近侧段的一漏斗形薄层筋膜鞘。自大隐静脉汇入股静脉处向上纵行切开股鞘前壁，可见股鞘被两个筋膜隔分为三个腔隙，从外到内分别容纳股动脉、股静脉和股管。②股管：股静脉内侧的潜在性间隙即股管，内有腹股沟深淋巴结和脂肪。观察股管外侧壁是将股静脉与其分隔的纤维隔，前壁为阔筋膜，后壁为耻骨肌筋膜。股管上口称股环（femoral ring），用小指顺股静脉内侧向上探，可通向股环。下口是盲端，对着卵圆窝。③股动脉及主要分支：在髂前上棘至耻骨联合上缘的中点（腹股沟中点），腹股沟韧带下方，辨认股动脉，并追踪至股三角的尖，观察其潜入缝匠肌的深面，进入收肌管。在股动脉主干上部后外侧，距腹股沟韧带 3～5cm 处发出股深动脉。股深动脉在股三角内有两个主要分支，旋股外侧动脉和旋股内侧动脉。旋股外侧动脉一般从股深动脉外侧发出，行于缝匠肌、股直肌深面。在股深动脉内侧发出旋股内侧动脉，它从髂腰肌和耻骨肌之间穿向深面。沿股深动脉主干向下寻找沿途发出的 3～4 支穿动脉，观察它们穿过短收肌与大收肌至大腿后部的情况。④股静脉：为腘静脉的延续，移行为髂外静脉。它除收集大腿深部静脉外，主要收纳大隐静脉的血液。股静脉位于股动脉内侧，注意其先位于股动脉内侧，至股三角尖走向股动脉后方。⑤腹股沟深淋巴结：在股静脉上部附近及股管内，有3～4个淋巴结，其收纳下肢和会阴部深淋巴、浅淋巴，其输出淋巴管注入髂外淋巴结（在解剖操作中，清理股深静脉时常将该淋巴结已清除掉）。⑥股神经：在腹股沟韧带下方，股动脉的外侧，观察股神经及其分支形如马尾，分别支配耻骨肌、缝匠肌、股四头肌及股前内侧区皮肤。其中，有一支特别长，与股动脉伴行进入收肌管，称隐神经。

6）收肌管及其内容：观察收肌管前壁是长于股内侧肌与大收肌间的收肌腱板，腱板的前方为缝匠肌所覆盖；管的外侧壁为股内侧肌；后壁为长收肌和大收肌。收肌管的上口接股三角尖，下口为收肌腱裂孔，管内通过的结构，由前向后有隐神经、股动脉和股静脉。

7）股内侧区的血管和神经：在标本上辨认位于短收肌表面的闭孔神经前支，该支分支至长收肌、短收肌、股薄肌及股内侧区皮肤；观察位于短收肌深面的闭孔神经后支，该支分支至闭孔外肌和大收肌。辨认闭孔动脉前支、后支。

（二）臀区及股后区

1. 皮肤切口 将尸体呈俯卧位，观察臀部与股后区的境界，摸认髂前上棘、髂后上棘、髂嵴、髂结节、大转子、坐骨结节、股骨内侧髁、股骨外侧髁、半腱肌、半膜肌和股二头肌腱等体表标志。然后作如下皮肤切口。

（1）从两侧髂后上棘连线中点向下作一纵切口至尾骨尖。

（2）自纵切口上端向外侧沿髂嵴作一弧形切口至髂前上棘。

（3）自纵切口下端向外侧沿臀沟作一弧形切口至臀部外侧。

（4）过腘窝下方（相当于胫骨粗隆水平）作一横切口与股前区已作的胫骨粗隆水平横切口衔接。

（5）沿股后正中线作纵切口连接（3）中切口和（4）中切口。

2. 层次结构

（1）浅层结构

1）皮肤（skin）。

2）浅筋膜（superficial fascia）：浅筋膜发达，个体差异较大。在髂嵴上方、竖脊肌外缘，浅筋膜内辨认由第1～3腰神经发出的后支，即臀上皮神经。在臀大肌下缘中点附近辨认从下向上的臀下皮神经，其为股后皮神经的分支。在髂后上棘至尾骨尖连线的中段穿出臀内侧皮神经。

（2）深层结构

1）深筋膜（deep fascia）：观察臀区深筋膜非常发达，它发出纤维束深入臀大肌肌束内，可见其向上附着于髂嵴，向外下方移行为阔筋膜，向下移行为股后深筋膜。

2）臀肌：分为3层。浅层为臀大肌（gluteus maximus）和阔筋膜张肌（tensor fasciae latae）；中层自上而下为臀中肌（gluteus medius）、梨状肌（piriformis）、上孖肌、闭孔内肌腱、下孖肌和股方肌（quadratus femoris）；深层有臀小肌（gluteus minimus）和闭孔外肌（obturator externus）。

3）出入梨状肌上孔的血管、神经：在梨状肌的内上方寻找由梨状肌上孔穿出的臀上动脉（superior gluteal artery）、臀上静脉（superior gluteal vein）和臀上神经（superior gluteal nerve）。臀上动脉分布至臀大肌、臀中肌、臀小肌；臀上神经支配臀中肌、臀小肌。

4）出入梨状肌下孔的血管、神经：在梨状肌下方可见人体最粗大的坐骨神经（sciatic

nerve），其内侧为股后皮神经（posterior femoral cutaneous nerve），再内侧为臀下动脉（inferior gluteal artery）、臀下静脉（inferior gluteal vein）和臀下神经（inferior gluteal nerve），在最内侧为阴部内动脉（internal pudendal artery）、阴部内静脉（internal pudendal vein）和阴部神经（internal pudendal nerve），后者出梨状肌下孔后，立即进入坐骨小孔。

5）出入坐骨小孔的血管、神经：坐骨小孔由骶棘韧带、坐骨小切迹与骶结节韧带共同围成，由外侧向内侧依次有阴部内动脉、阴部内静脉及阴部神经通过。

6）观察坐骨神经的行径：坐骨神经自梨状肌下孔穿出后（有时在梨状肌上缘或梨状肌中穿出）在坐骨结节与大转子连线中点偏内下行。在臀大肌下缘与股二头肌长头之间坐骨神经位置表浅。

7）观察股后区的肌肉、神经和血管：辨认半腱肌、半膜肌和股二头肌。在股二头肌深面，观察坐骨神经至腘窝上角处分为胫神经（tibial nerve）和腓总神经（common peroneal nerve）。在坐骨神经深面寻找股深动脉发出的穿动脉，观察其穿过短收肌、大收肌、营养股后群肌的情况。

【复习思考题】

（一）判断题（正确答案用 A 表示，错误答案用 B 表示）

1. 股环上面覆有壁腹膜，呈一小凹陷，称为股小凹。（　　）
2. 在股三角底边，血管神经由内向外依次为股静脉、股动脉、股神经。（　　）
3. 坐骨神经在股后区的外侧分支少，为其安全侧，手术显露坐骨神经时，应沿其外侧分离，以免损伤其分支。（　　）
4. 股后皮神经本干循股后区中线下行于阔筋膜浅面，沿途分支分布于股后区皮肤。（　　）
5. 耻骨肌属内收肌群，受股神经与闭孔神经双重支配。（　　）
6. 股动脉在股三角底边的投影点是腹股沟韧带中点。（　　）
7. 股神经通过肌腔隙进入股部。（　　）
8. 旋股内侧动脉的重要标志是其穿过耻骨肌和长收肌之间。（　　）
9. 经梨状肌上孔的结构由内向外依次是臀上动脉、臀上静脉、臀上神经。（　　）
10. 闭孔神经和闭孔血管均穿闭膜管出盆到达股部。（　　）

（二）最佳选择题

1. Nelaton 线是（　　）

A. 髂后上棘与坐骨结节的连线　　B. 髂后下棘与坐骨结节的连线
C. 髂前上棘与坐骨结节的连线　　D. 髂前上棘与大转子尖的连线
E. 此线过小转子尖

2. 颈干角（　　）

A. 正常成人为 90°～110°　　B. 女性大于男性，成人大于儿童
C. 女性小于男性，成人大于儿童　　D. 大于 130°为髋外翻
E. 小于 120°为髋外翻

3. 出入梨状肌下孔的结构中，居最外侧的是（　　）

A. 坐骨神经　　B. 股后皮神经　　C. 臀下血管
D. 阴部内血管　　E. 阴部神经

4. 出梨状肌下孔，入坐骨小孔的是（　　）
A. 臀下血管及神经　B. 闭孔血管及神经
C. 臀下血管及阴部神经　D. 阴部内血管及股后皮神经
E. 阴部内血管及阴部神经
5. 大隐静脉（　　）
A. 起自足背静脉弓的外侧端　B. 内踝前方为其切开的常用部位
C. 经髌骨内缘上行　D. 在大腿部与隐神经伴行
E. 在耻骨结节内下方 3～4cm 处穿隐静脉裂孔
6. 不属于大隐静脉注入股静脉前属支的是（　　）
A. 阴部内浅静脉　B. 腹壁浅静脉　C. 旋髂浅静脉
D. 股外侧浅静脉　E. 股内侧浅静脉
7. 通过坐骨小孔的结构由外向内依次是（　　）
A. 阴部内动脉、阴部内静脉及阴部神经　B. 阴部内动脉、阴部神经及阴部内静脉
C. 阴部内静脉、阴部内动脉及阴部神经　D. 阴部内静脉、阴部神经及阴部内动脉
E. 阴部神经、阴部内静脉及阴部内动脉
8. 腹股沟浅淋巴结（　　）
A. 位于腹股沟管外环处　B. 分三群位于腹股沟韧带下方
C. 下群位于腹股沟韧带下方　D. 下群沿大隐静脉末端纵行排列
E. 上群沿腹壁浅静脉排列
9. 隐静脉裂孔（　　）
A. 是阔筋膜的薄弱处，又称卵圆窝　B. 位于髂前上棘下方约 3cm 处
C. 其内侧缘明显而锐利　D. 有隐神经通过
E. 以上都不对
10. 肌腔隙与血管腔隙位于（　　）
A. 腹股沟韧带与耻骨梳韧带之间　B. 腹股沟韧带与髋骨之间
C. 腹股沟韧带与髂骨之间　D. 髂耻弓与腔隙韧带之间
E. 以上都不对
11. 通过肌腔隙的结构是（　　）
A. 股动脉与股静脉　B. 隐神经与耻骨肌　C. 股神经与髂腰肌
D. 股鞘与股管　E. 股深淋巴结
12. 血管腔隙（　　）
A. 有股神经与股血管通过　B. 有淋巴管与股血管通过　C. 位于髂耻弓的外侧
D. 有股神经与髂腰肌通过
E. 有闭孔血管通过
13. 股三角（　　）
A. 位于股部上 1/2 处
B. 由腹股沟韧带、缝匠肌内侧缘与股薄肌内侧缘围成
C. 由腹股沟韧带、缝匠肌内侧缘与长收肌内侧缘围成
D. 其后壁为髂腰肌、大收肌和股薄肌

E. 其前壁为髂胫束

14. 在股三角居最外侧的是（　　）

A. 股动脉　B. 股静脉　C. 股神经　D. 股深淋巴结　E. 隐神经

15. 股鞘内容从内侧向外侧为（　　）

A. 股动脉、股静脉、股神经　B. 股静脉、股动脉、股神经

C. 股动脉、股静脉、股深淋巴结　D. 股管、股静脉、 股动脉

E. 股管、股动脉、 股静脉

16. 股管（　　）

A. 上口为股环　B. 内有股血管　C. 内有股神经

D. 内有大隐静脉　E. 是一盲管，内有股浅淋巴结

17. 股疝容易发生绞窄是由于（　　）

A. 股管过于狭窄　B. 股鞘坚硬　C. 卵圆窝的镰状缘锐利

D. 股环周围结构缺乏延伸　E. 以上都不是

18. 股神经（　　）

A. 起自腰丛，穿血管腔隙入股三角　B. 起自腰丛，穿肌腔隙入股三角

C. 其最长支为隐神经，穿隐静脉裂孔　D. 支配股四头肌与内收肌

E. 经股动静脉之间下行

19. 关于股动脉的分支，错误的是（　　）

A. 腹壁浅动脉　B. 股深动脉　C. 旋髂浅动脉

D. 腹壁下动脉　E. 阴部外动脉

20. 关于 Hunter 管的描述，错误的是（　　）

A. 位于股前区中 1/3 段　B. 前壁为缝匠肌及大收肌腱板

C. 外侧壁为股内侧肌　D. 后壁为长收肌及大收肌

E. 又称收肌管，其上口与股三角尖不相通

21. 闭孔神经（　　）

A. 是骶丛的分支　B. 经股管入股三角

C. 分布于股四头肌　D. 经闭膜管入股分布于内收肌群

E. 经阴部管入股分布于内收肌

22. 坐骨神经（　　）

A. 出盆点是髂后上棘与大转子连线中点　B. 在股后区与股深动脉伴行

C. 在股后中线居股二头肌长头深面　D. 在股后中线与半腱肌、半膜肌交叉

E. 在腘窝上角分为胫神经与腓总神经

23. 为了避开坐骨神经，臀部安全注射部位是（　　）

A. 上外象限　B. 上内象限　C. 下内象限

D. 下外象限　E. 以上四个象限的汇合处

（三）多项选择题

1. 腹股沟浅淋巴结（　　）

A. 上群淋巴结沿腹股沟韧带下方排列　B. 下群淋巴结沿阴部外静脉排列

C. 下群淋巴结沿大隐静脉末段排列
D. 收集整个下肢的淋巴回流
E. 主要收集外生殖器及肛管的淋巴

2. 股动脉（ ）
A. 在腹股沟韧带中点的下方可触摸到
B. 穿动脉为其直接分支
C. 在股三角尖移行为腘动脉
D. 由髂外动脉延续而来
E. 在腹股沟韧带下方发出阴部内动脉

3. 坐骨神经（ ）
A. 与梨状肌的关系复杂，梨状肌损伤易压迫坐骨神经
B. 经坐骨结节与股骨大转子之间下降
C. 在盆内就发出分支的高分支型最为常见
D. 臀大肌下缘和股二头肌长头外侧缘夹角处为坐骨神经常用压痛点
E. 发出肌支与股神经共同支配大收肌

4. 股神经（ ）
A. 支配耻骨肌和大收肌
B. 走行在股三角和肌腔隙内
C. 表面被髂腰肌覆盖
D. 发出股内侧皮神经、股外侧皮神经分布于大腿
E. 在股动脉、股静脉浅面进入收肌管

5. 阴部神经（ ）
A. 与阴部内血管伴行
B. 分支支配外生殖器
C. 经坐骨小孔入坐骨直肠窝
D. 经坐骨大孔出盆
E. 在梨状肌下缘位于坐骨神经的外侧

6. 阔筋膜（ ）
A. 是全身最厚的深筋膜
B. 在股外侧份的纵行纤维增厚称为髂胫束
C. 包裹整个大腿
D. 外侧份（髂胫束）下部两层包裹阔筋膜张肌附着于股骨外侧髁
E. 向深部发出三个肌间隔

7. 臀大肌（ ）
A. 常作为肌肉注射部位
B. 为强有力的伸髋关节肌
C. 下端止于臀肌粗隆及髂胫束
D. 是髋关节的主要展肌
E. 被臀上神经支配

8. 自梨状肌下孔进入臀区的神经有（ ）
A. 阴部神经
B. 坐骨神经
C. 臀下神经
D. 股后皮神经
E. 闭孔神经

9. 股三角的境界（ ）
A. 腹股沟韧带为其上界
B. 股薄肌的内侧缘为其内侧界
C. 缝匠肌的内侧缘为其外侧界
D. 前壁为阔筋膜
E. 后壁为腰大肌和大收肌

（四）名词解释

1. Nelaton 线
2. 卵圆窝
3. 肌腔隙和血管腔隙
4. 股鞘
5. 股管
6. 股三角
7. Hunter 管
8. 颈干角

（五）填空题

1. 坐骨结节至髂前上棘的连线称________；股骨颈与股骨干之间形成________。
2. 屈髋稍外展外旋位，由________至________连线的上 2/3 段即为股动脉的投影。
3. 梨状肌上孔由外侧至内侧依次为________、________和臀上静脉。
4. 穿经坐骨小孔结构由外侧至内侧依次为________、________和阴部神经。
5. 大隐静脉穿________汇入________。
6. 肌腔隙内有髂腰肌、________和________通过。
7. 股环的后界为________，内侧界为________。
8. 股神经起自腰丛，沿髂筋膜深面经________进入________。
9. 收肌管上口与________相通，下口为________。
10. 检查坐骨神经压痛点的常用部位为________与________夹角处。

（六）综合应用题

1. 试述大隐静脉的行径、属支及其临床意义。
2. 股三角界线如何确定？其内有哪些结构？
3. 梨状肌上孔、下孔各有哪些结构通过，排列关系如何？
4. 试述收肌管的位置、境界及内容。
5. 简述股管的位置、形态结构。股疝为什么容易发生嵌顿？

（谭文波）

二、膝部、小腿部、踝与足部

【目的和要求】

1. 掌握腘窝的境界、构成及内容物的位置关系；胫神经、腓总神经的行程、分支和分布及损伤后的表现；腘动脉、腘静脉的位置和行程；腓浅神经的行程、分布及损伤后的临床表现；胫前动脉、胫前静脉、腓深神经的行程、分布；胫后动脉、胫后静脉和胫神经的行程、分支和分布；足背动脉的毗邻、行程、分支和分布；踝管的构成及内容的排列关系，踝管的临床意义。

2. 熟悉腓肠神经的合成、行程、分布；踝前区肌腱排列顺序。

3. 了解腘窝的交通；足底及足弓的构成。

【实训教具】

1. 标本 尸体；腘窝标本；下肢标本；足标本。

2. 模型 下肢（显示血管、神经、淋巴、肌肉）模型；足模型。

【实训内容及方法】

（一）小腿前外侧区和足背

1. 皮肤切口 尸体仰卧位，作如下皮肤切口。

（1）延长大腿前面的纵切口直达内踝、外踝水平。

（2）经内踝、外踝水平作一过踝关节前方的横切口达踝部的内侧面、外侧面。

（3）沿足趾根部、趾蹼背侧作一横切口达足背内侧缘、外侧缘。

（4）循上述第 2 切口、第 3 切口的中点，纵行切开足背皮肤，直达第 3 趾尖。将皮瓣翻向两侧，注意勿损伤皮神经和浅血管。

2. 层次结构

（1）浅层结构：小腿前外侧区皮肤较厚而紧，移动性小，而足背皮肤较薄。浅筋膜疏松，含少量脂肪。浅静脉为大隐静脉，皮神经为隐神经和腓浅神经等。

1）大隐静脉：起于足背静脉弓的内侧，经内踝前方约 1cm 处（大隐静脉切开的常用部位）上行达小腿前内侧。观察沿小腿前内侧区走行的大隐静脉及其伴行的隐神经。

2）隐神经和腓浅神经：隐神经伴大隐静脉行至足内侧缘。在小腿上部，隐神经居静脉后方，在小腿下部绕至静脉前方；腓浅神经由腓总神经分出，在小腿外侧中、下 1/3 交界处穿出深筋膜至皮下，随即分成内侧支、外侧支至足背。

（2）深层结构

1）深筋膜：观察小腿下部，踝关节上方，深筋膜横行纤维增厚，即伸肌上支持带（小腿横韧带）。向下，在踝关节前下方近足背处深筋膜又显著增厚，呈横位的“Y”形，此即伸肌下支持带（小腿十字韧带）。

2）小腿前外侧群肌：小腿下 1/3 从内侧到外侧依次观察小腿前方的胫骨前肌、踇长伸肌、趾长伸肌；在小腿外侧的腓骨长肌、腓骨短肌。

3）胫前动脉、足背动脉：分开胫骨前肌和趾长伸肌的上段，在两肌之间，骨间膜前面，辨认胫前动脉。胫前动脉来自腘动脉，在伸肌上支持带下缘延续为足背动脉，在踝关节前方行于踇长伸肌腱和趾长伸肌腱之间，位置表浅，活体能触摸到其搏动。

4）腓浅神经、腓深神经：在腓骨颈外侧找出腓总神经，观察其绕过腓骨颈前面，穿入腓骨长肌深面，并分成腓浅神经、腓深神经；腓浅神经在腓骨长肌、腓骨短肌之间下行，在小腿前外侧中、下 1/3 交界处穿出深筋膜，沿胫前动脉寻找与之伴行的腓深神经。

5）足背深层结构：在踇长伸肌腱与趾长伸肌腱间找出腓深神经、足背动脉和足背静脉。

（二）腘窝、小腿后区和踝后区

1. 皮肤切口 尸体俯卧位，观察腘窝、小腿后区和踝后区的境界，摸认股骨及胫骨的内、外侧髁，内、外踝及跟腱等体表标志。然后作如下皮肤切口：

（1）在内、外踝水平过踝关节后方作一横切口与踝前区横切口衔接。

（2）在腘窝下缘已有横切口沿小腿后正中线作一纵切口直达足跟。将小腿后区皮肤翻向两侧。注意踝部的横切口不宜过深。

2. 层次结构

（1）浅层结构：皮肤松弛，移动性较大（但足跟皮肤角化层较厚）。浅筋膜中有小隐静脉、腘浅淋巴结、股后皮神经的末支、隐神经、腓肠皮神经的分支、腓肠神经等重要结构。

1）小隐静脉（small saphenous vein）：起自足背静脉弓外侧端，伴腓肠皮神经绕外踝后方于小腿后区正中线上行，穿腘窝深筋膜汇腘静脉。

2）腓肠神经（sural nerve）：由腓肠内侧皮神经和腓神经交通支于小腿后区下部吻合而成，穿出深筋膜后，经外踝后方达足背外侧，分布于小腿后区下部及足背外侧的皮肤。

（2）深层结构

1）腘窝的境界：观察腘窝上内侧界的半膜肌、半腱肌，上外侧界的股二头肌。下内、下外侧界的腓肠肌内侧头、外侧头。

2）腘窝的内容：在股二头肌内侧缘找出腓总神经，追踪至腘窝外侧角，可见其在腓骨头下方绕腓骨颈分为腓浅神经和腓深神经。在腘窝中线最浅面有胫神经，其深面为腘静脉、腘动脉。胫神经与腓总神经：胫神经于腘窝上角由坐骨神经分出，在窝中发出若干关节支、肌支至膝关节和附近肌。另发出一腓肠内侧皮神经加入腓肠神经。在小腿浅层肌、深层肌之间胫神经伴胫后动脉走行，最后经内踝后方进入足底。腓总神经在腘窝上角由坐骨神经分出，沿股二头肌内缘行向外下，越腓肠肌外侧头表面至腓骨头下方绕腓骨颈（此处骨折容易损伤该神经），在此分成腓浅神经和腓深神经。腘动脉与胫后动脉：腘动脉位置最深，是股动脉的延续，在腘窝内发出膝上内侧动脉、膝上外侧动脉，膝下内侧动脉、膝下外侧动脉及膝中动脉 5 条分支。在腘窝下角腘动脉分成胫前动脉（见小腿前外侧区深层结构）和胫后动脉。胫后动脉在小腿浅层肌、深层肌之间与胫神经伴行，在其起始处发出腓动脉，主干经内踝后方进入足底，分为足底内侧动脉和足底外侧动脉。腘静脉：由胫前静脉、胫后静脉在腘下角处汇成，有小隐静脉注入。在腘窝内伴胫神经和腘动脉上行。腘深淋巴结：在腘血管周围有 4～5 个腘深淋巴结，收纳小腿以下的深淋巴和小腿后外侧和足外侧部的浅淋巴管。其输出淋巴管注入腹股沟深淋巴结。

3）小腿后区的肌肉及血管、神经：小腿后区的肌浅层有腓肠肌和比目鱼肌，深层有胫骨后肌（中间）、趾长屈肌（胫侧）、踇长屈肌（腓侧）。在胫骨后肌表面辨认胫后动脉、胫后静脉及胫神经。在腘窝下缘，观察腘动脉分成胫前动脉、胫后动脉。在腘肌下缘胫后动脉起点稍下方寻找腓动脉及伴行静脉。

4）踝管及其内容：屈肌支持带与内踝、跟骨内侧面之间共同构成踝管（malleolar canal），观察支持带向深面发出的纤维隔和形成的 4 个骨纤维管，从前向后依次为胫骨后肌腱、趾长屈肌腱、胫后动脉、胫后静脉、胫神经和踇长屈肌腱等。

【复习思考题】

（一）判断题（正确答案用 A 表示，错误答案用 B 表示）

1. 腘窝内重要结构由浅至深依次为胫神经、腘静脉、腘动脉。（　　）
2. 由腓总神经发出腓浅神经，支配腓骨长肌，损伤后导致足不能外翻。（　　）
3. 小隐静脉经外踝后方向上与腓肠神经伴行。（　　）
4. 胫神经与胫后血管伴行，皮支为腓肠内侧皮神经，支配小腿后群肌和小腿外侧群肌。（　　）
5. 踝关节的韧带包括内侧韧带、距腓前韧带、距腓后韧带、跟腓韧带、伸肌下支持带。（　　）

6. 参与围成小腿骨筋膜鞘的结构是小腿深筋膜、小腿横韧带、小腿前肌间隔、小腿后肌间隔、胫骨骨膜、腓骨骨膜、胫骨间的骨间膜、腓骨间的骨间膜。（　　）
7. 参与构成足底弓的血管是足底外侧动脉和足底深支。（　　）
8. 伸肌下支持带（小腿十字韧带）由深筋膜增厚形成，呈横的“Y”形，内侧端部分附着于足底深筋膜，外侧端附于跟骨外侧面，趾长伸肌腱在其深面通过。（　　）
9. 踝管内通过的结构有胫骨后肌腱及其腱鞘、趾长屈肌腱及其腱鞘、胫后动脉、胫后静脉、胫神经和踇长屈肌腱及其腱鞘。（　　）
10. 跟骨、距骨、足舟骨、3个楔骨、第1～3跖骨一起参与构成足内侧纵弓。（　　）

（二）最佳选择题

1. 腘窝内位置最浅的结构是（　　）
A. 腘动脉　B. 腘静脉　C. 腘深淋巴结　D. 胫神经　E. 腓浅神经
2. 腓总神经（　　）
A. 是骶丛的分支　B. 是腰丛的分支　C. 支配小腿三头肌
D. 沿股二头肌腱内侧缘向下外，绕腓骨颈　E. 损伤后出现足背屈和外翻
3. 足背动脉（　　）
A. 行于踇长伸肌腱的外侧　B. 行于趾长伸肌腱的外侧
C. 其内侧为腓浅神经　D. 没有伴行静脉
E. 足底深支穿第2跖骨间隙入足底
4. 踝管（　　）
A. 由屈肌支持带与内踝、跟骨围成　B. 是小腿与足背的通道
C. 有胫后血管与腓骨肌腱通过　D. 有跖腱膜通过
E. 有腓肠神经与小隐静脉通过
5. 下列不属于踝管内结构的是（　　）
A. 胫骨后肌腱　B. 趾长屈肌腱
C. 胫后动脉、胫后静脉及胫神经　D. 踇长屈肌腱
E. 胫骨前肌腱
6. 不属于踝部肌支持带的是（　　）
A. 小腿横韧带　B. 小腿十字韧带　C. 腘斜韧带
D. 三角韧带　E. 外侧韧带
7. 关于小隐静脉，不正确的是（　　）
A. 起自足背静脉弓的外侧端　B. 经足外踝后方　C. 沿小腿后方上行
D. 与腓肠神经伴行　E. 注入股静脉中段
8. 关于小隐静脉的描述，错误的是（　　）
A. 经内踝前方上行　B. 起于足背静脉弓
C. 行于小腿后区浅筋膜内　D. 与腓肠神经伴行
E. 穿腘筋膜注入腘静脉
9. 下列不属于小腿后骨筋膜鞘内结构的是（　　）
A. 腓肠神经　B. 胫神经　C. 胫后动脉　D. 胫后静脉　E. 腓动脉

10. 胫神经（　　）
A. 支配小腿三头肌及腓骨长肌
B. 行于小腿后群浅、深层肌之间
C. 支配趾长屈肌及腓骨短肌
D. 伴小隐静脉下行
E. 经外踝后方至足底
11. 腘窝内容由浅入深依次为（　　）
A. 腘动脉、腘静脉、胫神经
B. 腘静脉、腘动脉、胫神经
C. 胫神经、腘动脉、腘静脉
D. 胫神经、腘静脉、腘动脉
E. 腓总神经、腘静脉、胫神经
12. 分布于足内侧缘的神经是（　　）
A. 腓肠神经
B. 胫神经
C. 腓深神经
D. 腓浅神经
E. 隐神经

（三）多项选择题

1. 胫前动脉（　　）
A. 在足背延续为足背动脉
B. 与腓浅神经伴行
C. 进入小腿后骨筋膜鞘
D. 与腓深神经伴行
E. 穿骨间膜至小腿前面后立即发出胫前返动脉
2. 胫后动脉（　　）
A. 分为足底内侧动脉、足底外侧动脉两末支
B. 与腓肠外侧皮神经伴行
C. 与腓神经伴行
D. 发出腓动脉和胫骨滋养动脉
E. 穿比目鱼肌腱弓走行于浅、深两层肌之间
3. 足背动脉（　　）
A. 行于踇长伸肌腱的外侧
B. 是腓动脉的终末支
C. 行于趾长伸肌腱的内侧
D. 与腓深神经伴行
E. 发出跗内侧动脉、跗外侧动脉
4. 腘动脉（　　）
A. 在收肌腱裂孔处续为股动脉
B. 在腘肌下缘分成胫前动脉和胫后动脉两终支
C. 股骨髁上骨折易损伤腘动脉
D. 关节支，有膝降动脉、膝上内侧动脉、膝上外侧动脉、膝下内外侧动脉、膝下外侧动脉
E. 在腘窝内腘动脉位于胫神经和腘静脉之间
5. 腓总神经在腓骨颈平面以下的分支有（　　）
A. 腓肠外侧皮神经
B. 腓神经交通支
C. 腓浅神经
D. 腓深神经
E. 支配股二头肌短头的神经
6. 腓浅神经支配（　　）
A. 腓骨长肌
B. 胫骨后肌
C. 胫骨前肌
D. 腓骨短肌
E. 腘肌
7. 患肢不能置于健肢之上的原因是（　　）
A. 股内侧肌萎缩
B. 坐骨神经损伤
C. 闭孔神经损伤
D. 腓神经损伤
E. 以上均不正确

8. 关于足弓的描述，正确的是（ ）
A. 外侧纵弓由跟骨、外侧两块楔骨及外侧两块趾骨构成
B. 足弓可分为内侧纵弓、外侧纵弓和横弓
C. 起着减震、弹拨、缓冲的作用
D. 使足底形成一个凸向上的弓
E. 由跗骨与跖骨借足底韧带、关节连接而成
9. 踝部肌支持带有（ ）
A. 小腿横韧带 B. 小腿十字韧带
C. 腓骨肌上支持带、腓骨肌下支持带 D. 三角韧带
E. 外侧韧带
10. 踝管内通过的结构有（ ）
A. 胫骨后肌腱 B. 趾长屈肌腱 C. 胫后动脉静脉及胫神经
D. 踇长屈肌腱 E. 胫骨前肌腱

（四）名词解释

1. 踝管
2. 小腿十字韧带
3. 足弓
4. 腘窝
5. 分裂韧带

（五）填空题

1. 腘窝的上外侧界为________，上内侧界为________。
2. 腘窝的下外侧界为________，下内侧界为________。
3. 腘窝内容由浅入深为________、腘静脉、________及窝上外界的腓总神经。
4. 腓总神经在腓骨颈处分为________和________。
5. 腘动脉在腘窝下角分为________和________。
6. 腓骨长肌、腓骨短肌受________支配；胫骨前肌受________支配。
7. 腓总神经在________处易受损伤，足呈________畸形。
8. 腘静脉由________汇成；腘深淋巴结的输出管注入________。
9. 小隐静脉起自________汇入________。
10. 腓肠神经多由________与________合成。
11. 踝管由________与跟骨内侧面和________围成。
12. 踝管内通过的结构由前向后依次为胫骨后肌腱、趾长屈肌腱、________、________。
13. 足弓由________与________借韧带和关节连接而成。
14. 足背筋膜间隙内容纳趾长伸肌腱、趾短伸肌腱、________、________。

（六）综合应用题

1. 腘窝界线如何确定？其内由浅入深排列哪些结构？
2. 腓骨颈骨折可能损伤什么神经？损伤后出现什么症状？为什么？
3. 简述踝管的组成及经过踝管的结构。

4. 小腿后群肌的神经支配及神经损伤会出现的症状？

5. 镰刀砍在足背上（相当于舟骨的背面），由浅入深可能损伤哪些结构？

（七）临床思维能力训练题

患者，男性，45 岁。5 天前因患呼吸道感染伴高热、咳嗽，曾在某诊所进行青霉素臀部注射。最后 1 次右臀部注射后，患者即觉右小腿向下直至脚趾麻木、刺痛和烧灼感。翌日，患者入院时出现足下垂。检查：右臀有若干注射痕迹，大致沿坐骨神经的行径。右小腿外侧和右足背感觉消失。踝关节不能背屈，足不能外翻，伴有明显的足下垂，足趾伸直也困难。行走时见患者拖着右足的前部和外侧缘。诊断：肌内注射所致的神经并发症。

请思考以下问题。

（1）坐骨神经体表投影部位是什么？

（2）坐骨神经与梨状肌常见关系如何？

（3）胫神经和腓总神经损伤后的表现如何？

（谭　刚）

复习思考题参考答案

第一章　头　　部

（一）判断题

1. B　2. A　3. B　4. A　5. B　6. A　7. A　8. B　9. A　10. A　11. A　12. A

（二）最佳选择题

1. D　2. B　3. C　4. C　5. A　6. A　7. C　8. E　9. D　10. A　11. D　12. D　13. D　14. A　15. D　16. C　17. D　18. E　19. A　20. B　21. E

（三）多项选择题

1. BCE　2. ADE　3. ACDE　4. ABCDE　5. ABCDE　6. BCE　7. CDE　8. ABCE　9. ABCDE　10. ABCDE

（四）名词解释

1. 局部解剖学是按照人体的局部分区来研究器官和结构的位置、形态、体表标志与投影、层次和毗邻关系等的科学。

2. 翼点为额、顶、颞、蝶四骨汇合之处，位于颧弓中点上方约两横指（约3.8cm）处，多呈“H”形。翼点是颅骨的薄弱部分，其内面有脑膜中动脉沟，沟内有脑膜中动脉前支通过，此处受暴力打击时，易发生骨折，并常伴有上述动脉的撕裂出血，形成硬膜外血肿。

3. 面静脉与颅内的海绵窦借多条途径相交通，因此面部感染有向颅内扩散的可能，尤其是口裂以上两侧口角至鼻根的三角形区域，感染向颅内扩散的可能性更大，被称为“危险三角区”。

4. 覆盖于额顶枕的软组织，由浅入深分为5层，依次为：皮肤、浅筋膜（皮下组织）、帽状腱膜及颅顶肌（额肌、枕肌）、腱膜下疏松结缔组织和颅骨外膜。其中，浅部3层紧密连接，难以将其各自分开，因此，常将此3层合称“头皮”。

5. 腱膜下间隙出血，易广泛蔓延，形成较大的血肿。此间隙内的静脉，经导静脉与颅骨的板障静脉及颅内的硬脑膜静脉窦相通，若发生感染，可经上述途径继发颅骨骨髓炎或向颅内扩散，因此此层被认为是颅顶部的“危险层”。

6. 海绵窦位于蝶鞍的两侧，为一对重要的硬脑膜静脉窦，由硬脑膜两层间的腔隙构成。窦内间隙有许多结缔组织小梁，将窦腔分隔成许多小的腔隙，窦中血流缓慢，感染时易形成栓塞。

（五）填空题

1. 颅　面　2. 中、内 1/3　眶上血管和神经　3. 中点下方约 0.8cm　眶下血管及神经　4. 颏血管和神经　颏神经麻醉　5. 颞骨的颧突　颧骨的颞突　6. 脑膜中动脉前支　硬膜外血肿　7. 下颌骨下缘　咬肌前缘　8. 眼神经　下颌神经　9. 咬肌后份　下颌后窝内及下颌支　10.颧弓下一横指　与上颌第二磨牙相对的颊黏膜　11. 鼻翼与口角间　耳屏间切迹　12. 三　第一　13. 面　面瘫　14. 枕额肌的额肌　枕肌　15. 帽状腱膜　腱膜下疏松结缔组

织　16. 垂体窝　灰结节　17. 硬脑静脉膜窦　蝶鞍　18. 颈内动脉　展神经

（六）综合应用题

1. 在眶上缘内、中 1/3 交界处的眶上切迹（眶上孔），眶下缘中点下方约 1cm 处的眶下孔和下颌体上、下缘连线的中点距正中线 2.5cm 的颏孔处进针。

2. 翼点为额、顶、颞、蝶四骨汇合之处，位于颧弓中点上方约两横指（约 3.8cm）处，多呈"H"形。翼点是颅骨的薄弱部分，其内面有脑膜中动脉沟，沟内有脑膜中动脉前支通过，此处受暴力打击时，易发生骨折，并常伴有上述动脉的撕裂出血，形成硬膜外血肿。

3. 脑膜中动脉主干经过前垂直线与下水平线交点；前支通过前垂直线与上水平线的交点；后支则经过后垂直线与上水平线的交点。

4. 面浅部出血在下颌骨下缘与咬肌前缘相交处压迫面动脉止血。

5. 面神经在面部有颞支、颧支、颊支、下颌缘支、颈支 5 组分支。

6. 腮腺鞘有以下特点：腮腺鞘与腮腺接合紧密，并发出间隔，深入腺实质内，将腮腺分隔成许多小叶。由于腮腺有致密的筋膜鞘包裹，炎症时常引起剧痛。腮腺鞘的浅层特别致密，而深层薄弱且不完整，腮腺化脓时，脓肿不易从浅层穿透，而穿入深部，形成咽旁脓肿或穿向颈部。因化脓性腮腺炎为多数小叶性脓肿，故在切开排脓时，应注意引流每一脓腔。

7. 腮腺位于面侧区，上缘邻接颧弓、外耳道和颞下颌关节；下平下颌角；前邻咬肌、下颌支和翼内肌的后缘，浅部向前延伸，覆盖于咬肌后份的浅面；后缘邻接乳突前缘及胸锁乳突肌前缘的上份；深部位于下颌后窝内及下颌支的深面。腮腺的深面与茎突诸肌及深部血管、神经相邻。这些肌肉、血管、神经（包括颈内动脉、颈内静脉、舌咽神经、迷走神经、副神经及舌下神经）共同形成"腮腺床"。

8. 腮腺可分为浅、深两部，通常以下颌骨后缘或以穿过腮腺的面神经丛作为两者的分界。腮腺管的体表投影相当于自鼻翼与口角间的中点至耳屏间切迹连线的中 1/3 段。

9. 穿经腮腺的血管和神经：纵行的有颈外动脉、颞浅动静脉、下颌后静脉及耳颞神经；横行的有上颌动静脉、面横动静脉和面神经及其分支。上述血管、神经的位置关系，由浅入深，依次为面神经及其分支、下颌后静脉、颈外动脉及耳颞神经。

10. 腮腺手术中最易损伤面神经，若发生损伤，可引起面瘫。

11. 额顶枕区软组织分为皮肤、浅筋膜（皮下组织）、帽状腱膜及颅顶肌（额肌、枕肌）、腱膜下疏松结缔组织和颅骨外膜。颞区软组织分为皮肤、浅筋膜、颞筋膜、颞肌和颅骨外膜。

12. 海绵窦位于蝶鞍的两侧，前达眶上裂内侧部，后至颞骨岩部的尖端。窦内有颈内动脉和展神经通行。在窦的外侧壁内，自上而下排列有动眼神经、滑车神经、眼神经与上颌神经。

13. 头皮撕裂累及了皮肤、浅筋膜、帽状腱膜与枕额肌 4 层软组织。不可以只缝合皮肤，缝合头皮时一定要将这 3 层都缝好，一方面可以减少皮肤的张力，有利于伤口的愈合，另一方面也有利于止血。头皮下血肿发生在腱膜下疏松结缔组织层。此间隙内的静脉，经导静脉与颅骨的板障静脉及颅内的硬脑膜静脉窦相通，若发生感染，可经上述途径继发颅骨骨髓炎或向颅内扩散。

14. 垂体位于蝶鞍中央的垂体窝内，借漏斗和垂体柄穿过鞍膈与第三脑室底的灰结节相连。垂体肿瘤可突入第三脑室，发生脑脊液循环障碍，引起颅内压增高。垂体窝的顶为硬脑膜形成的鞍膈，鞍膈的前上方有视交叉和视神经。垂体前叶的肿瘤可将鞍膈的前部推向上方，压迫视交叉，出现视野缺损。垂体窝的底，仅隔一薄层骨壁与蝶窦相邻。垂体病变时，可使垂体窝的深度增加，甚至侵及蝶窦。垂体窝的前方为鞍结节，后方为鞍背，垂体肿瘤时，两处的骨质可因受压而变薄，甚至出现骨质破坏现象。垂体窝的两侧为海绵窦，垂体肿瘤向两侧扩展时，可压迫海绵窦，发生海绵窦瘀血及脑神经受损的症状。

（七）临床思维能力训练题

1. 提示　根据损伤的部位，相当于体表右侧翼点处，造成闭合性颅骨骨折，致使脑膜中动脉损伤、出血，形成右侧颞区的硬膜外血肿；阅读 CT 片的基础是充分了解相应的脑断面结构；该病例所出现的临床症状是由于血肿压迫了相应的脑区或脑神经；手术入路要经过颞区软组织层次结构及颅骨。

2. 提示　面神经与腮腺的关系最为复杂，是手术切除腮腺中，根据肿瘤的恶性程度是否要保护的最重要结构，因此，要明确面神经在颅外走行、分支及分布情况；根据穿经腮腺的结构及腮腺深面的结构推断在腮腺手术中可能造成损伤的结构。

（李文春）

第二章　颈　　部

一、颈部层次结构、舌骨上区和颈动脉三角

（一）判断题

1. A　2. A　3. B　4. B　5. A　6. A　7. A　8. A　9. B　10. A

（二）最佳选择题

1. D　2. B　3. D　4. E　5. C　6. C　7. D　8. E　9. E　10. E　11. C　12. B　13. D　14. C　15. B　16. D

（三）多项选择题

1. AB　2. BCDE　3. ACDE　4. ABCD　5. ACD　6. ABCD　7. ABCDE　8. BCDE　9. ACE　10. BCE

（四）名词解释

1. 颈动脉鞘是颈筋膜在颈部大血管和迷走神经周围形成的筋膜鞘，内有颈总动脉、颈内动脉、颈内静脉及迷走神经等。

2. 神经点是颈丛皮支浅出颈深筋膜的集中点，约在胸锁乳突肌后缘中点处，是颈部皮神经阻滞麻醉的部位。

3. 左、右颈前静脉在胸骨上间隙内借一横支相吻合，称为颈静脉弓。

4. 气管前间隙位于气管前筋膜与气管颈部之间，内有甲状腺最下动脉、甲状腺下静脉、甲状腺奇静脉丛、头臂干及左头臂静脉。小儿还有胸腺上部和主动脉弓。

5. 咽后间隙位于椎前筋膜与颊咽筋膜之间，其延伸至咽侧壁外侧的部分为咽旁间隙。

6. 椎前间隙位于脊柱颈部、颈深肌群与椎前筋膜之间。颈椎结核脓肿多积于此间隙，并向两侧扩散至椎外侧区，经腋鞘扩散至腋窝。脓肿溃破后，可经咽后间隙向下扩散至后纵隔。

（五）填空题

1. 前斜角肌　中斜角肌　2. 胸骨颈静脉切迹上方的凹陷　气管颈段　3. 锁骨下动脉的搏动　臂丛　4. 颈外静脉　胸锁乳突肌　5. 下颌后静脉后支　枕静脉　6. 耳大神经　锁骨上神经　7. 斜方肌　胸锁乳突肌　8. 气管前筋膜　气管颈部　9. 椎前筋膜　颊咽筋膜　10. 椎前筋膜　颈椎结核脓肿　11. 胸锁乳突肌上份前缘　二腹肌后腹　12. 颈动脉三角　下颌下三角　13. 颈内动脉　颈外动脉　14. 甲状腺上动脉　舌动脉　15. 颈动脉三角　胸锁乳突肌　16. 颈动脉三角　下颌下三角

（六）综合应用题

1. 颈部深筋膜即颈筋膜，可分为浅、中、深三层：颈筋膜浅层又称封套筋膜，围绕整个颈部形成一个封闭式的筒鞘状结构。该筋膜包绕胸锁乳突肌和斜方肌形成两个肌鞘，包绕腮腺和下颌下腺，形成两个腺体筋膜鞘，在胸骨和锁骨上分为两层，形成两个间隙。颈筋膜中层即气管前筋膜，又称内脏筋膜，分两部分，一部分包绕颈部大血管及神经，即形成颈动脉鞘；另一部分包绕气管、食管和甲状腺，形成一个内脏鞘总鞘即第二封套，筑成保护脏器的第二道防线，并伸入气管、食管和甲状腺间，分别形成气管、食管和甲状腺鞘。颈筋膜深层又称椎前筋膜，即颈部椎前肌的“肌外衣”，该筋膜向上附于颅底，向两侧包绕锁骨下动脉、锁骨下静脉及臂丛，并向腋腔走行，形成腋鞘。

2. 颈筋膜间隙

（1）胸骨上间隙：封套筋膜下部（距胸骨柄上缘 3～4cm 处）浅、深两层分别附着于胸骨柄的前缘、后缘所形成的筋膜间隙。内含胸锁乳突肌胸骨头、颈静脉弓、淋巴结及脂肪组织等。

（2）气管前间隙：位于气管前筋膜与气管颈部之间。内含疏松结缔组织、淋巴结、甲状腺最下动脉、甲状腺下静脉、甲状腺奇静脉丛、头臂干及左头臂静脉。向下与前纵隔交通。

（3）咽后间隙：位于椎前筋膜与颊咽筋膜之间，向下与后纵隔相交通。

（4）椎前间隙：位于椎前筋膜、脊柱与颈深肌群之间。颈椎结核脓肿多积于此间隙，并向两侧扩散至椎外侧区，经腋鞘扩散至腋窝。脓肿溃破后，可经咽后间隙向下扩散至后纵隔。

3. 颈动脉三角由胸锁乳突肌上份前缘、肩胛舌骨肌上腹和二腹肌后腹围成。其浅面为皮肤、浅筋膜、颈阔肌及颈筋膜浅层；深面为椎前筋膜；内侧为咽侧壁及其筋膜。三角内有颈总动脉及其分支、颈内静脉及其属支、舌下神经及其降支、迷走神经及其分支、副神经及部分颈深淋巴结等。

4. 气管前间隙是位于气管颈部与气管前筋膜之间的潜在间隙，其内有疏松结缔组织、淋巴结、甲状腺奇静脉丛、甲状腺最下静脉、甲状腺最下动脉、头臂干和左头臂静脉，幼儿的胸腺上部也位于此间隙内。

5. 下颌下三角由二腹肌前腹、后腹和下颌骨体下缘围成，又称二腹肌三角。三角内主要结构有下颌下腺、面动脉、舌下神经、舌动脉和舌神经、下颌下神经节和下颌下淋巴结。

（七）临床思维能力训练题

案例分析：

急性感染性喉炎是病毒或细菌感染引起的，为常见的呼吸道急性感染性疾病之一。常见于 6 个月至 3 岁的婴幼儿，冬、春季节多发。

婴幼儿喉在颈部的位置相对较高，且舌根距喉较近，另外小儿喉腔相对狭窄，喉软骨柔软，对呼吸道的支撑能力差，容易使呼吸道在吸气时塌陷。急性感染性喉炎发生时，喉黏膜发生急性弥漫性炎症，造成喉黏膜严重充血、水肿，使呼吸道更加狭窄，加之小儿喉的上述特点，故可引起喉梗阻。

急性感染性喉炎在经药物对症治疗后仍无好转，而且出现喉梗阻，危及患儿生命时应尽快实行气管切开术。

气管切开术是将气管颈部前壁切开，插入气管套管，重新建立通畅呼吸道的手术，多为解除严重喉梗阻而行。另外对于昏迷、神经系统疾病、外伤等患者引起的下呼吸道分泌物阻塞，也需行气管切开，进行吸引，以解除分泌物的梗阻。气管切开术往往是一项非常紧急的手术，应用广泛，各科医生都应该掌握这一手术。

手术时患者取仰卧位，肩下垫一小枕使头呈后仰位，使气管更加贴近皮肤，便于术中暴露气管。自环状软骨下缘向下至胸骨上窝处沿颈前中线作一正中切口，依次切开皮肤、颈浅筋膜、颈筋膜浅层（包括胸骨上间隙的前、后两层），向两侧分开舌骨下肌群，再切开颈筋膜中层，即气管前筋膜，即可暴露气管。可在第3～4气管软骨环或第5～6气管软骨环处切开气管前壁，插入气管套管。新的呼吸通道即可建立。

气管切开可分为高位、中位和低位3种。高位切开指在环甲膜处横向切开，或在第1～2气管软骨环切开，称为紧急气管切开术。一般在患者已窒息或甚为紧迫的情况下进行，待患者恢复正常呼吸后再改行低位切开。中位气管切开指在第3～4气管软骨环切开，为临床常用的切开部位。低位气管切开是指在第5～6气管软骨环切开，多为便于施行鼻、咽、喉及口腔等处大手术时而施行。

气管切开时应始终不要偏离中线，避免损伤颈部大血管。由于小儿患者气管细软，有时会将大血管当作气管切开，引起致命大出血。若难以区别的，可用空针穿刺，如有空气抽出即可确认为气管，如抽出血则为大血管。另外，在胸骨上间隙内有颈静脉弓，避免损伤出血，必要时可结扎切断。

若进行中位气管切开，应注意分离保护甲状腺峡。若甲状腺峡较窄而位置较低，可将其向下牵拉；若较宽而位置偏高，可将其中部切断结扎，以充分暴露第3及第4气管软骨环。

若进行低位气管切开，分离暴露气管时，勿过于向下分离，以免误伤胸膜顶，引起气胸，尤其幼儿的右侧胸膜顶较高，常突入颈部，故损伤机会较多。幼儿因胸腺、左头臂静脉和主动脉弓等结构可高出颈静脉切迹，故术中勿伤及上述结构。

另外，气管切开时应充分考虑气管的毗邻关系，勿伤及周围结构。例如，切开气管时勿将刀尖插入过深，避免损伤食管前壁，造成气管食管瘘，也要避免将气管拉向一侧而切开气管后方的食管。

（唐　杰）

二、肌三角、胸锁乳突肌区及颈根部、颈外侧区

（一）判断题

1. A　2. B　3. A　4. B　5. A　6. A　7. A　8. B　9. A　10. A

（二）最佳选择题

1. B　2. E　3. B　4. D　5. B　6. C　7. E　8. C　9. C　10. B　11. B　12. E　13. B　14. D

（三）多项选择题

1. ACDE 2. ABC 3. ABCD 4. ACDE 5. BDE 6. CD 7. BCD 8. ABCDE 9. ACE 10. ABD

（四）名词解释

1. Horner 综合征主要指颈部交感神经节的损伤等引起的特征性症状。临床表现为病侧瞳孔缩小、眼裂变窄、上睑下垂、眼球内陷，同侧面部潮红并伴有汗分泌减少。

2. 颈袢也称舌下神经袢，由第 1 颈神经前支的部分纤维构成舌下神经降支（实为第 1 颈神经纤维），称颈袢上根，与第 2 及第 3 颈神经前支的部分纤维构成的颈袢下根在环状软骨水平结合成颈袢，由袢发出分支支配舌骨下肌群。

3. Virchow 淋巴结是左锁骨上淋巴结中的斜角肌前淋巴结，属于颈外侧下深淋巴结。胃癌和食管下段癌多向左侧锁骨上窝淋巴结群转移，在胸锁乳突肌后缘和锁骨上缘的交角处触及肿大的淋巴结，为胃癌、食管癌转移的标志。

4. 同侧锁骨下静脉与颈内静脉汇合成头臂静脉，汇合处形成向两外上开放的角，称为静脉角，胸导管和右淋巴导管分别注入左静脉角、右静脉角。

5. 甲状腺鞘，即甲状腺假被膜，由气管前筋膜包裹甲状腺而成，与甲状腺真被膜之间形成的间隙为囊鞘间隙。

（五）填空题

1. 甲状腺鞘 囊鞘间隙 2. 喉上神经外支 喉返神经 3. 紧贴 远离 4. 环甲关节 甲状软骨下角 5. 同侧 对侧 6. 正中位 后仰 7. 锁骨下动脉 臂丛 8. 斜角肌间隙 锁骨中点 9. 颈内静脉 头臂静脉 10. 前斜角肌 锁骨下动脉 11. 颈上、中、下 节间支 12. 第 2～3 颈椎横突 第 6 颈椎横突 13. 第 7 颈椎 颈胸神经节 14. 胸骨柄 第 1 胸椎体 15. 锁骨内 1/3 2～3cm 16. 主动脉弓 右锁骨下动脉 17. 上、中 1/3 枕小神经

（六）综合应用题

1. 肌三角由颈前正中线、胸锁乳突肌前缘和肩胛舌骨肌上腹围成。其浅面的结构由浅入深依次为皮肤、浅筋膜、颈阔肌、颈前静脉、皮神经和封套筋膜，深面为椎前筋膜。三角内浅层有胸骨舌骨肌和肩胛舌骨肌上腹，深层有胸骨甲状肌和甲状舌骨肌，在气管前筋膜深部有甲状腺、甲状旁腺、气管颈部和食管颈部等器官。

2. 颈椎结核脓肿常积于椎前间隙内，脓肿溃破后，可向两侧扩散至椎外侧区，经腋鞘扩散至腋窝；向下经咽后间隙扩散至后纵隔。

3. 甲状腺呈“H”形，分为峡部和两侧叶。甲状腺的外膜称真被膜，即纤维囊。气管前筋膜包绕甲状腺形成腺鞘，又称甲状腺假被膜。假被膜增厚形成甲状腺悬韧带，将甲状腺固定于喉及气管壁上。甲状腺位于第 2～4 气管软骨前方。两侧叶位于喉下部和气管颈部的前外侧，上端达甲状软骨中部，下端至第 6 气管软骨。甲状腺的前面由浅入深有皮肤、浅筋膜、封套筋膜、舌骨下肌群及气管前筋膜；两侧叶的后内侧邻近喉与气管、咽与食管及喉返神经；侧叶的后外侧与颈动脉鞘及颈交感干相邻。

4. 甲状腺肿大时，如向后内侧压迫喉与气管，可出现呼吸困难、吞咽困难或声音嘶哑；如向后外方压迫颈交感干，可出现 Horner 综合征，即病侧瞳孔缩小、眼裂变窄、上睑下垂

及眼球内陷等。

5. 甲状腺的动脉有：甲状腺上动脉，起自颈外动脉起始部前壁，伴喉上神经外支行向前下方；甲状腺下动脉，是甲状颈干的分支，沿前斜角肌内侧缘上行，发分支分别与甲状腺上动脉吻合，分布于甲状腺、甲状旁腺、气管及食管等；甲状腺最下动脉，较小，出现率约为10%，主要起自主动脉弓或头臂干，沿气管颈部上行至甲状腺峡，参与甲状腺动脉之间的吻合。甲状腺的静脉分上、中、下三对静脉。甲状腺上静脉、甲状腺中静脉汇入颈内静脉；甲状腺下静脉汇入头臂静脉。两侧甲状腺下静脉在气管前与峡部的属支吻合成甲状腺奇静脉丛。手术时，结扎血管应注意避免损伤喉上神经、喉返神经。喉上神经与甲状腺上动脉在靠近甲状腺上极处分开，因此，结扎此血管应紧贴甲状腺上极。喉返神经与甲状腺下动脉在靠近甲状腺下极处关系复杂，因此，结扎此血管应远离甲状腺下极。

6. 气管颈部的位置：气管颈部上与第6颈椎下缘接环状软骨，下方平胸骨颈静脉切迹移行为气管胸部。气管颈部的毗邻，前面由浅入深依次为皮肤、浅筋膜、颈筋膜浅层、胸骨上间隙及颈静脉弓、舌骨下肌群、气管前筋膜和气管前间隙。第2～4气管软骨环前方有甲状腺峡，峡的下方有甲状腺下静脉、甲状腺奇静脉丛和可能存在的甲状腺最下动脉。气管颈部的两侧为甲状腺侧叶，后方为食管，两者之间的气管食管旁沟内有喉返神经，其后外侧为颈动脉鞘和颈交感干。气管切开时切开层次由浅入深依次为皮肤、浅筋膜、颈筋膜浅层、胸骨上间隙及颈静脉弓、舌骨下肌群、气管前筋膜和气管前间隙。

7. 胸膜顶的前方有前斜角肌、锁骨下动静脉、膈神经、迷走神经及左颈根部的胸导管；后方有颈交感干、第1肋、第2肋和第1胸神经前支；外侧为臂丛和中斜角肌；内侧邻气管、食管及左侧尚有胸导管和左喉返神经；上方有Sibson筋膜。

8. 颈部淋巴结数目较多，除收纳头部、颈部淋巴外，还收集胸部及上肢的部分淋巴。按部位可分为颈上部淋巴结群、颈前淋巴结群和颈外侧淋巴结群。颈上部淋巴结沿头、颈交界处由后向前呈环状排列，收集头面部淋巴，直接或间接注入颈外侧上深淋巴结；位置表浅，分为5组：下颌下淋巴结、颏下淋巴结、枕淋巴结、乳突淋巴结、腮腺淋巴结。颈前淋巴结位于颈前正中，分为颈前浅淋巴结和颈前深淋巴结。其输出管注入颈外侧下深淋巴结。颈外侧淋巴结群以颈筋膜浅层为界分为颈外侧浅淋巴结（沿颈外静脉排列）和颈外侧深淋巴结（沿颈内静脉排列）。颈外侧深淋巴结又分为颈外侧上深淋巴结和颈外侧下深淋巴结，其中位于左颈根部左侧斜角肌处的淋巴结称为Virchow淋巴结，当食管下部癌或胃癌转移时，常可累及该淋巴结。

（七）临床思维能力训练题

分析提示：甲状腺功能亢进症，简称甲亢，是由多种原因导致的甲状腺激素分泌过多，引起以神经、循环、消化等系统兴奋性增高和代谢亢进为主要表现的一种临床综合征。甲亢可分为原发性甲亢、继发性甲亢和高功能腺瘤甲亢三种。其中原发性甲亢占85%～90%，其他两种较为少见。原发性甲亢表现为甲状腺弥漫性、两侧对称性肿大，常伴有眼球突出，患者性情急躁，容易激动，失眠、怕热、多汗，食欲亢进，但反而消瘦、心悸、脉压增大、内分泌功能紊乱，女性易发生月经失调。实验室检查可见T_3、T_4明显增高，基础代谢率增高。该病女性多见，男女之比为1∶4，发病年龄多在20～40岁。

原发性甲亢的病因尚未完全明确。目前认为是一种自身免疫性疾病，此类患者血液中存在刺激甲状腺的自身抗体，能够刺激甲状腺上皮细胞增生，大量分泌甲状腺素。

甲状腺有合成、储存和分泌甲状腺素的功能。甲状腺素能调节人体的基础代谢，其主要作用为加快全身细胞利用氧的效能，加速蛋白质、碳水化合物和脂肪的代谢，促进人体的生长发育。

甲亢患者由于甲状腺激素分泌过多,导致甲状腺滤泡细胞增生肥大,细胞呈立方形或柱形，甚至成为乳头状而折叠凸入滤泡腔内。另外，甲状腺内可有淋巴细胞浸润，形成淋巴滤泡，从而使甲状腺发生弥漫性、对称性肿大。

甲亢患者由于甲状腺功能亢进，因而甲状腺内血管增生、血流量增多，这也是造成甲状腺肿大的原因之一；另外，在甲状腺区所听到的连续性吹风样杂音，就是由血流量增多而引起的血管杂音。

甲亢患者由于眶内及球后组织中有大量脂肪细胞、淋巴细胞及浆细胞浸润，黏多糖及透明质酸增多，导致眶内及球后组织容积增加，而使眼球向外突出。

甲亢患者由于甲状腺激素分泌过多，导致基础代谢率升高、代谢亢进，从而引起精神过敏、焦虑烦躁、失眠紧张、激动易怒、心动过速、脉压增大、食欲亢进，但消瘦、疲乏无力、怕热、多汗、内分泌失调等一系列神经、循环、消化等系统兴奋性增高和代谢亢进为主要表现的临床症状。

甲状腺的两侧叶位于喉下部和气管颈部的前外侧，上极平甲状软骨中点，下极至第 6 气管软骨。甲状腺峡位于第 2～4 气管软骨前方。甲状腺侧叶的后内侧与喉和气管、咽和食管及喉返神经相邻，后外侧与颈动脉鞘和鞘内的颈总动脉、颈内静脉和迷走神经，以及位于椎前筋膜深面的颈交感干相邻。甲状腺肿大时，向后可压迫喉和气管、咽和食管，引起呼吸困难和吞咽困难；若压迫喉返神经可引起声音嘶哑；若向后外方压迫交感干可引起 Horner 综合征，即患侧瞳孔缩小、眼裂变窄（上睑下垂所致）和眼球内陷等。

甲状腺大部切除是目前治疗甲亢的常用而有效的方法之一。术前应充分考虑手术指征，做好术前准备。术中多采用颈部横切口，依次切开皮肤、浅筋膜、颈筋膜浅层（封套筋膜）、舌骨下肌群、颈筋膜中层（气管前筋膜）和甲状腺纤维囊，暴露甲状腺。气管前筋膜在此处形成甲状腺鞘，即甲状腺假被膜。在甲状腺两侧叶的内侧及峡部的后面，假被膜增厚并与甲状软骨、环状软骨及气管软骨环的骨膜愈着，形成甲状腺悬韧带，因此吞咽时肿大的甲状腺可随吞咽而上下移动。

由于甲状腺上动脉与喉上神经外支伴行，甲状腺下动脉与喉返神经有复杂的交叉关系，故手术中结扎甲状腺上动脉、甲状腺下动脉时应注意勿伤及喉上神经外支和喉返神经，否则术后会引起患者声音嘶哑等。另外，甲状旁腺位于甲状腺囊鞘之间，术中应注意保护甲状旁腺，避免发生误伤、挫伤或造成血液供应受损，否则可引起甲状旁腺功能减退，造成患者血钙降低，焦虑，肢端或口周麻木，腕、足痉挛，甚至发生咽喉及膈肌痉挛，引起窒息。

（贺细菊）

第三章　胸　　部

一、胸壁、膈、胸膜和肺

（一）判断题

1. B　2. A　3. B　4. B　5. A　6. B　7. B　8. B　9. B　10. A　11. A　12. A　13. B

14. B 15. B 16. B

（二）最佳选择题

1. A 2. D 3. C 4. A 5. D 6. A 7. C 8. E 9. C 10. D 11. D

（三）多项选择题

1. ABDE 2. AB 3. ABCDE 4. ABCDE 5. ABCDE 6. ABC 7. CDE

（四）名词解释

1. 腰肋三角位于腰部和肋部之间，底为第 12 肋，是膈的薄弱区。腰肋三角的前方与肾相邻，后方有肋膈隐窝。故肾手术时应特别注意，以免撕破壁胸膜而引起气胸。

2. 胸骨柄与胸骨体连接处微向前突，称胸骨角。胸骨角两侧连接第 2 肋软骨，是计数肋和肋间隙的标志。胸骨角平主动脉弓起止处、气管杈、左主支气管与食管交叉处和第 4 胸椎体下缘。

3. 脏胸膜与壁胸膜之间形成的潜在性间隙，称胸膜腔。胸膜腔左右各一，内为负压，含有少量浆液。气胸、胸腔积液或胸膜粘连，会影响呼吸功能。

4. 出入肺门的主支气管、肺动脉、肺静脉、支气管动脉、支气管静脉、淋巴管和神经等结构被结缔组织包绕，构成肺根，外包以胸膜。

5. 肋胸膜与膈胸膜转折形成的半环形胸膜腔隐窝，称肋膈隐窝。其在平静呼吸时的深度约为 5cm，是胸膜腔的最低部位，胸腔积液首先积聚于此。

6. 乳房结缔组织中有许多纤维束，两端分别附着于皮肤和胸肌筋膜，称乳房悬韧带或 Cooper 韧带。乳腺癌时，淋巴回流受阻引起乳房水肿，同时乳腺癌局部的纤维组织增生，乳房悬韧带变短，使皮肤形成许多小凹陷，呈橘皮样改变。

（五）填空题

1. 脏胸膜 壁胸膜 2. 胸肌淋巴结 胸骨旁淋巴结 3. 锁骨下动脉 胸骨 4. 肋膈隐窝 肋纵隔隐窝 5. 第 6 肋 第 10 肋 6. 壁胸膜 脏胸膜 7. 肺静脉 肺动脉 8. 左主支气管 左肺静脉 9. 右肺上叶支气管 右肺静脉 10. 肩胛线或腋后线 肋间隙中部 11. 第 12 胸椎 主动脉 12. 第 10 胸椎 食管 13. 第 8 胸椎 下腔静脉

（六）综合应用题

1. 左肺根的毗邻：左肺根的前方有心包隆凸、膈神经和心包膈血管，后方有左迷走神经（在主动脉弓左前方发出左喉返神经）、胸主动脉、交感干及内脏大神经等，上方有主动脉弓及其分支左颈总动脉和左锁骨下动脉。右肺根的毗邻：右肺根前方有心包隆凸、膈神经和心包膈血管，后方有右迷走神经（在右锁骨下动脉前方发出右喉返神经）、食管、奇静脉、交感干及内脏大神经等，上方有右头臂静脉、奇静脉弓、上腔静脉、气管和食管，下方有下腔静脉。

2. 女性乳房的淋巴回流主要注入腋淋巴结，主要有 6 个引流方向：①乳房外侧部和中央部的淋巴管注入胸肌淋巴结；②上部的淋巴管注入尖淋巴结和锁骨上淋巴结；③内侧部的淋巴管注入胸骨旁淋巴结；④深部的淋巴管注入胸肌间淋巴结；⑤内侧部的浅淋巴管与对侧乳房的淋巴管交通；⑥内下部的淋巴管通过腹壁和膈下的淋巴管与肝的淋巴管交通。

3. 胸膜下界：左侧起自第 6 肋软骨中点处，右侧起自第 6 胸肋关节后方，两侧均斜向外下方。在锁骨中线、腋中线和肩胛线分别与第 8、10、11 肋相交，在后正中线两侧平第 12 胸椎棘突。右侧胸膜下界比左侧略高。肺下界：高于胸膜下界。平静呼吸时，在锁骨中线、腋中线和肩胛线分别与第 6、8、10 肋相交，在后正中线两侧平第 10 胸椎棘突。小儿肺下界比成年人约高 1 个肋。

4. 由浅至深胸壁的层次依次为皮肤、浅筋膜、深筋膜、胸廓外肌层、胸廓和肋间肌、胸内筋膜和壁胸膜。

5. 第 2 肋间神经的皮支分布于胸骨角平面，第 4 肋间神经的皮支分布于男性乳头平面，第 6 肋间神经的皮支分布于剑突平面，第 8 肋间神经的皮支分布于肋弓平面，第 10 肋间神经的皮支分布于脐平面，第 12 肋间神经的皮支分布于髂前上棘平面。肋间神经皮支的分布特点有助于测定麻醉平面和诊断脊髓损伤的节段。

6. 肋间后动脉、肋间后静脉和肋间神经的主干及其在肋角处分叉形成的上支沿肋沟向前走行，形成的下支沿下位肋上缘向前走行。在肋沟处，肋间血管神经主干及其上支的排列顺序自上而下为肋间后静脉、肋间后动脉和肋间神经，下支的排列顺序自上而下为肋间神经、肋间后动脉和肋间后静脉。根据肋间血管神经的行程，常在肩胛线或腋后线第 7、8 肋间隙中部行胸膜腔穿刺，以免损伤肋间血管神经。

二、纵　　隔

（一）判断题

1. B　2. A　3. A　4. A　5. B　6. A　7. B　8. B　9. A　10. A　11. B　12. A　13. A　14. A　15. A　16. A　17. B　18. B

（二）最佳选择题

1. C　2. D　3. A　4. D　5. B　6. B　7. D　8. B　9. E　10. E　11. B　12. E　13. A　14. C　15. A　16. D

（三）多项选择题

1. ABCDE　2. ABCDE　3. ABCDE

（四）名词解释

1. 纵隔是左、右纵隔胸膜之间的器官和组织的总称。纵隔呈矢状位，位于胸腔正中偏左，一侧发生气胸时，纵隔向对侧移位。

2. 位于升主动脉、肺动脉与上腔静脉、左心房前壁之间的间隙称心包横窦，其可通过一手指。心脏和大血管手术时，可在心包横窦处钳夹升主动脉和肺动脉，以暂时阻断血流。

3. 位于左肺静脉、右肺静脉、下腔静脉、左心房后壁和心包后壁之间的间隙，称心包斜窦。

4. 位于浆膜心包前壁与下壁反折处的间隙称心包前下窦，其是心包腔的最低部位，心包积液首先积聚于此。

5. 浆膜心包的脏、壁两层在大血管根部反折移行，围成心包腔。心包腔含有少量浆液，心包积液时可压迫心脏。

6. 动脉韧带为一纤维结缔组织索，连于主动脉弓下缘和左肺动脉的起始部。若动脉导管在出生后 1 年内尚未闭锁，则为先天性动脉导管未闭。

7. 动脉导管三角由左膈神经、左迷走神经和左肺动脉围成，内有动脉导管（韧带）、左喉返神经和心浅丛，是手术中寻找动脉导管的标志。

（五）填空题

1. 胸骨　脊柱　2. 胸廓上口　膈　3. 头臂干　左锁骨下动脉　4. 乳糜池　主动脉裂孔　5. 第 5 胸椎高度　左纵隔胸膜　6. 第 4 胸椎　右肺根　7. 胸骨角　第 4 胸椎体下缘　8. 粗、短、直　左　9. 胸腺（或胸腺剩件）下部　纵隔前淋巴结　10. 前室间支　旋支　11. 后室间支　右旋支　12. 主动脉弓前下方　心深丛　13. 右侧肋间后静脉　半奇静脉　14. 气管前间隙　腹膜后隙

（六）综合应用题

1. 气管胸部位于上纵隔中央，上端平胸骨的颈静脉切迹与颈部相续，下端平胸骨角分为左主支气管、右主支气管。气管胸部前方有胸骨柄、胸腺、左头臂静脉、主动脉弓、头臂干、左颈总动脉和心深丛；后方有食管，左后方有左喉返神经；左侧有左迷走神经和锁骨下动脉；右侧有奇静脉弓和右迷走神经，右前方有右头臂静脉和上腔静脉。

2. 食管前方有气管、气管杈、左主支气管、左喉返神经、右肺动脉、迷走神经的食管前丛、心包、左心房和膈；后方有迷走神经的食管后丛、胸主动脉、胸导管、奇静脉、半奇静脉、副半奇静脉和右肋间后动脉；左侧有左颈总动脉、左锁骨下动脉、主动脉弓、胸主动脉、胸导管上段；右侧有奇静脉弓。左主支气管平第 4～5 胸椎水平跨越食管的前方，该处食管较狭窄，是异物滞留和食管癌的好发部位。左心房扩大可压迫食管，食管钡餐造影时出现明显的压迹。

3. 纵隔是左、右纵隔胸膜之间的器官和组织的总称。纵隔的前界为胸骨，后界为脊柱，两侧为纵隔胸膜，上为胸廓上口，下为膈。四分法以胸骨角和第 4 胸椎体下缘平面为界，将纵隔分为上纵隔和下纵隔，下纵隔又以心包的前壁、后壁为界分为前纵隔、中纵隔和后纵隔。

4. 上纵隔的器官和结构由前向后可分为三层。前层有胸腺、头臂静脉和上腔静脉，中层有主动脉弓及其分支、膈神经和迷走神经，后层有气管、食管和胸导管等。

5. 胸导管平第 12 胸椎下缘高度起自乳糜池，经主动脉裂孔进入胸腔，于胸主动脉与奇静脉之间上行，至第 5 胸椎高度经食管与脊柱之间向左侧斜行，然后经食管与左侧纵隔胸膜之间上行，经胸廓上口至颈部。在左颈总动脉和左颈内静脉的后方转向前内下方，注入左静脉角。胸导管上段和下段与纵隔胸膜相贴，当胸导管上段或下段损伤并伴有纵隔胸膜破损时，可引起左侧或右侧乳糜胸。

（七）临床思维能力训练题

食管癌早期病灶小，局限于食管黏膜内，故早期患者并无吞咽困难，但可有咽下食物哽噎感或异样感。随着癌肿增大，侵及食管四周，突入食管腔内，患者会出现进行性吞咽困难，初期对固体食物吞咽困难，而后对半流质、流质也困难，因此患者出现严重营养不良、脱水而逐渐消瘦。因为食管黏膜受损，出现水肿、糜烂，继发感染，所以吞咽时出现胸骨后灼痛、钝痛。癌肿可穿透食管壁，侵入纵隔或心包等食管外组织，引起持续性胸痛等一系列症状。如侵犯喉返神经，则引起声音嘶哑，侵入胸主动脉，引起大量呕血，并可能导致立即致命的出血。如侵入气管，则形成食管气管瘘，食物反流入呼吸道，可引发阵发性咳嗽、进食时呛咳及肺部感染等。为什么胸段食管癌时左侧喉返神经麻痹较右侧常见？这是由于两侧喉返神经的行径不同，右侧喉返神经仅与食管的颈部有联系。

了解食管胸段的解剖关系有助于认识为何纵隔其他结构和器官易被癌肿侵袭。食管胸段除

了与气管和左主支气管毗邻外，还与胸膜腔、肺、主动脉等毗邻，这些也可能受侵害。由于左主支气管与食管的关系较右主支气管更密切，故左主支气管受累更为常见。另外，右侧纵隔胸膜插入食管与主动脉之间而形成食管后隐窝，因此，食管癌可向胸膜扩散。右侧纵隔胸膜受侵害较左侧更常见。

食管癌主要经淋巴转移。食管的毛细淋巴管互相吻合成黏膜下淋巴管丛，由淋巴管丛形成集合淋巴管注入邻近的淋巴结。食管颈部注入气管旁淋巴结，食管胸部上段注入气管支气管淋巴结和气管旁淋巴结，而下段注入纵隔后淋巴结和胃左淋巴结。因此，食管癌可经上述淋巴通道转移至这些局部淋巴结，继而广泛转移至全身，上至颈部淋巴结，下至腹主动脉周围的淋巴结。另外癌肿也可经局部淋巴结直接入胸导管，经血液转移。本例食管癌侵及气管并转移至锁骨。

（姚柏春）

第四章 腹 部

一、腹前外侧壁

（一）判断题

1. A 2. B 3. A 4. B 5. B 6. B 7. B 8. A 9. A 10. B 11. A 12. A

（二）最佳选择题

1. E 2. E 3. A 4. B 5. D 6. A 7. B 8. A 9. C 10. D 11. B 12. D 13. C 14. E 15. D 16. D 17. C 18. A 19. C 20. C

（三）多项选择题

1. ABDE 2. BE 3. BCDE 4. BCE 5. ABCDE 6. BCDE 7. ACE 8. ABC 9. ABCDE 10. ABC 11. BCE 12. ACDE

（四）名词解释

1. 腹直肌鞘是包裹腹直肌和锥状肌的腱性结构，由三块扁肌的腱膜组成。前层由腹外斜肌腱膜和腹内斜肌腱膜的前层组成，后层由腹内斜肌腱膜的后层和腹横肌腱膜组成。

2. 在脐下4～5cm处，腹内斜肌腱膜和腹横肌腱膜转向腹直肌的前方参与构成腹直肌鞘的前层，其后层的下缘形成一凹向下的弓状游离缘，称弓状线或半环线。

3. 腹直肌鞘前、后两层在腹直肌外侧缘处融合，形成一半月形凸向外侧的弧形结构，称半月线。

4. 腹白线又称白线，位于腹前壁正中线上，由两侧的腹直肌鞘纤维彼此交织而成，上宽下窄。

5. 腹股沟韧带内侧端的一小部分腱膜由耻骨结节向下后外侧转折并附于耻骨梳，其转折处形成腔隙韧带（陷窝韧带）。

6. 腹外斜肌腱膜下缘在髂前上棘至耻骨结节间，向后卷曲反折增厚形成腹股沟韧带。

7. 腹内斜肌和腹横肌的下缘呈弓状越过精索的上方延为腱膜，在腹直肌外缘精索的后方两者呈腱性融合，形成腹股沟镰（联合腱）。

8. 腹壁下动脉、腹直肌外侧缘和腹股沟韧带内侧半所围成的三角形区域，称为腹股沟三角（Hesselbach 三角）。其为腹前外侧壁的一个薄弱部位，疝囊经腹股沟三角突出者为腹股沟直疝。

9. 腹股沟管是位于腹股沟韧带内侧半上方约1.5cm，由外上斜向内下的肌筋膜裂隙。长4～5 cm，男性有精索通过，女性有子宫圆韧带通过。

10. 腹股沟管内口又称深环或腹环，位于腹股沟韧带中点上方约一横指处，是腹横筋膜向外突出而成的一个卵圆形孔。

（五）填空题

1. 腹前外侧壁　腹后壁　2. 水平　垂直　3. 左右上腹　左右下腹　4. Camper 筋膜　Scarpa 筋膜　5. 腹壁浅动脉　旋髂浅动脉　6. 第 6 肋间神经　第 10 肋间神经　7. 腹外斜肌腱膜　腹内斜肌腱膜的前层　8. 腹内斜肌腱膜的后层　腹横肌腱膜　9. 腹外斜肌　腹横肌　10. 腹股沟韧带中点稍内侧　脐　11. 腹壁下动脉　腹股沟韧带内侧半　12. 腹股沟斜疝　腹股沟直疝　13. 髂腹下神经　生殖股神经　14. 脐正中襞　脐内侧襞　15. 腹股沟内侧窝　腹股沟外侧窝　16. 腹外斜肌腱膜　腹内斜肌的起始部　17. 腹横筋膜　联合腱　18. 深环　腹股沟韧带中点上方约一横指处　19. 浅环　腹外斜肌腱膜　20. 精索和髂腹股沟神经　子宫圆韧带

（六）综合应用题

1. 经腹直肌切口进入腹膜腔经过层次为皮肤、浅筋膜、腹直肌鞘前层、腹直肌、腹直肌鞘后层、腹横筋膜、腹膜外组织和壁腹膜。

2. 阑尾切除术可选择通过脐与右髂前上棘连线中、外 1/3 交点并与此线垂直的斜切口（阑尾斜切口）。经过层次为皮肤、浅筋膜、腹外斜肌腱膜、腹内斜肌、腹横肌、腹横筋膜、腹膜下筋膜和壁腹膜。

3. 腹腔穿刺时常在腹股沟韧带中、内 1/3 交点与脐连线的外上方进行。在行阑尾切除术时，如需向外侧延伸切口，应注意勿伤及旋髂深动脉。

4. 腹股沟斜疝通过：腹环→腹股沟管→皮下环→阴囊或大阴唇皮下。腹股沟直疝通过：腹股沟三角→皮下环→阴囊或大阴唇皮下。

5. 腹股沟管位于腹股沟韧带内侧半上方约一横指处，与之平行。男性有精索和髂腹股沟神经通过，女性有子宫圆韧带通过。有两口四壁：内口为深环，位于腹股沟韧带中点上方一横指处，是腹横筋膜外突形成的一个卵圆形孔；外口为浅环，是腹外斜肌腱膜在耻骨结节外上方形成的三角形裂隙。前壁浅层为腹外斜肌腱膜，深层在管的外 1/3 处有腹内斜肌的起始部；后壁为腹横筋膜，在管的内侧 1/3 处有联合腱；上壁为腹内斜肌与腹横肌的弓状下缘；下壁为腹股沟韧带。

（七）临床思维能力训练题

分析提示：从腹股沟韧带上方的腹股沟区形成的疝称为腹股沟疝。腹股沟疝分为斜疝和直疝两种。斜疝从位于腹壁下动脉外侧的腹股沟管内环突出，向内、下、前斜行，经腹股沟管出腹股沟外环进入阴囊或大阴唇。直疝从腹壁下动脉内侧，不经腹股沟管，而通过腹股沟三角从腹股沟管的后壁突出。

腹股沟区是腹壁的薄弱区。这是由于腹外斜肌在此处移行为较薄的腹外斜肌腱膜，其下方还形成一裂口（浅环）；腹内斜肌与腹横肌下缘均未达到腹股沟韧带的内侧部，致使该区无肌肉覆盖；男性有输精管、女性有子宫圆韧带通过腹股沟管，在此形成潜在性裂隙。另外，站立时，该区所承受的腹内压力比平卧时高 3 倍，故此处易发生疝。

腹股沟斜疝的基本症状是在阴囊内或大阴唇处有一肿块，肿块常在站立、行走、咳嗽或劳动时出现，平卧或休息时可回纳消失。若肿块不能回纳发生嵌顿，将会引发急性肠梗阻、肠管坏死，必须急症处理。

本例患者属重体力劳动者，右侧阴囊内的肿块反复出现，符合腹股沟斜疝的症状，检查所见体征特别是透光试验阴性，完全支持该病的诊断。

（王汉琴）

二、结 肠 上 区

（一）判断题

1. A 2. B 3. A 4. A 5. B 6. A 7. B 8. A 9. A 10. A 11. B 12. B 13. A 14. A 15. B

（二）最佳选择题

1. D 2. C 3. A 4. C 5. C 6. B 7. B 8. A 9. A 10. B 11. E 12. A 13. A 14. A 15. B 16. B 17. C 18. B 19. D 20. D 21. E 22. A 23. B 24. E 25. A 26. D 27. C 28. C 29. C 30. B 31. D 32. B 33. B 34. C 35. C 36. E 37. E 38. D

（三）多项选择题

1. ABCE 2. BC 3. ABC 4. ADE 5. ACD 6. ABCD 7. ACDE 8. ABDE 9. ABD 10. ABD 11. ABC 12. ADE 13. ABC 14. ABCDE 15. ABCD

（四）名词解释

1. 胃后壁隔网膜囊与胰、左肾上腺、左肾、脾、横结肠及其系膜相毗邻，这些器官共同形成胃床。

2. 十二指肠上部近侧段黏膜平坦无皱襞，钡餐 X 线下呈三角形阴影，称十二指肠球。十二指肠溃疡好发于此部的前壁。

3. 十二指肠空肠曲是十二指肠升部末端与空肠起始部形成的一个向上弯曲，位于第 2 腰椎的左侧，是上消化道、下消化道的分界处。

4. 十二指肠悬韧带又称十二指肠悬肌或 Treitz 韧带，位于十二指肠上襞右上方深部，由纤维组织和肌组织构成，从十二指肠空肠曲上面向上连至膈右脚，有上提和固定十二指肠空肠曲的作用。手术时常用它来确认空肠的起始部。

5. 膈下间隙是介于横结肠及其系膜与膈之间的腹膜腔，又称结肠上区，此隙被肝分为肝上间隙、肝下间隙。

6. 肝的脏面，有左、右两条纵沟和介于两者之间的横沟，三条沟呈“H”形。横沟称肝门或第一肝门，有肝管、肝固有动脉和肝门静脉的分支、淋巴管及神经等出入。

7. 肝蒂为出入肝门的肝管、肝固有动脉、肝门静脉、淋巴管和神经等的总称，走行于肝十二指肠韧带内。

8. 胆囊三角（Calot 三角）由胆囊管、肝总管和肝下缘三者组成。胆囊动脉常于三角内起自肝固有动脉右支，因而胆囊手术中一般在胆囊三角内寻找结扎胆囊动脉。

9. 肝胰壶腹（Vater 壶腹）为胆总管与胰管汇合后略膨大部，位于十二指肠降部后内侧壁。

10. 胃脾韧带是由胃底连于脾门的双层腹膜结构，内含胃短血管和胃网膜左血管，参与网膜囊左界的组成。

（五）填空题

1. 膈 横结肠及其系膜 2. 胃结肠韧带 胃脾韧带 3. 肝胃韧带 肝十二指肠韧带 4. 胆总管 肝门静脉 5. 脾门 胃大弯左侧部 6. 胃短血管 胃网膜左血管 7. 胃左动脉 胃右动脉 8. 脾动脉 胃脾 9. 腹腔干 肝固有动脉 10. 肠系膜上动脉 腹主动脉 11. 胰十二指肠上前动脉、胰十二指肠上后动脉 胰十二指肠下动脉 12. 右季肋区和腹上区 左季肋区 13. 前 居中 14. 右锁骨中线或右腹直肌外缘 右肋弓 15. 胆囊管 肝总管 16. Calot 胆囊动脉 17. 十二指肠后段 胰腺段 18.四 十二指肠降部 19.十二指肠 脾门 20. 胆总管 肝门静脉 21.脾肾韧带 脾结肠韧带 22.肠系膜上静脉 脾静脉

（六）综合应用题

1. 胃后壁隔网膜囊与胰、左肾、左肾上腺、脾、横结肠及其系膜相毗邻，这些结构承托了胃，称为胃床。

2. 胃的动脉供应及来源：胃左动脉，由腹腔干发出；胃右动脉，由肝固有动脉发出；胃网膜左动脉，发自脾动脉；胃网膜右动脉，由胃十二指肠动脉发出；胃短动脉，发自脾动脉；胃后动脉，出现率约为 72%，发自脾动脉。

3. 胃的周围有肝胃韧带、胃结肠韧带、胃脾韧带、胃膈韧带、胃胰韧带。

4. 十二指肠按走向分为上部、降部、水平部与升部四部。十二指肠的动脉主要有胰十二指肠上前动脉、胰十二指肠上后动脉、胰十二指肠下动脉。

5. 前上方：肝方叶、胆囊。后方：胆总管、胃十二指肠血管、肝门静脉及下腔静脉。下方：胰头和胰颈。

6. 前方：横结肠及其系膜、肝右前叶、小肠袢。后方：右肾内侧部、右肾门、右肾血管及右输尿管。外侧：结肠右曲。内侧：胰头、胰管和胆总管。

7. 肝十二指肠韧带内三个结构的位置关系：胆总管在右、肝固有动脉在左，两者的后方为肝门静脉。

8. 胰头由胰十二指肠上动脉、胰十二指肠下动脉供应。胰体和胰尾自右至左分别由胰背动脉、胰下动脉、脾动脉胰支和胰尾动脉供应。胰十二指肠上动脉发自胃十二指肠动脉。胰十二指肠下动脉发自肠系膜上动脉。其余分支均发自脾动脉。

9. 肝门静脉由肠系膜上静脉和脾静脉在胰颈后方汇合而成。属支有 7 条：胃左静脉、胃右静脉、脾静脉、肠系膜上静脉、肠系膜下静脉、胆囊静脉和附脐静脉。

10. 答案

（1）经腹直肌切口进入腹膜腔经过层次为皮肤、浅筋膜、腹直肌鞘前层、腹直肌、腹直肌鞘后层、腹横筋膜、腹膜外组织和壁腹膜。

（2）胃可能在后壁穿孔。在胃大弯下方约 1cm 处横行切开胃结肠韧带，将胃翻向上方，可寻找暴露穿孔。

（3）因胃内容物流入网膜囊内，故腹膜腔内未见漏出的胃内容物。如果胃内容物增多可能经网膜孔流向肝肾隐窝→右结肠旁沟→右髂窝→盆腔。

（4）胃大部切除时，需处理肝胃韧带、胃结肠韧带、胃脾韧带、胃胰韧带。结扎胃左血管、胃右血管，胃网膜左血管、胃右血管，胃后血管。切断胃壁时，在大弯侧的标志是胃网膜左动脉的第 1 胃壁支与胃短动脉间，在小弯侧的标志是胃左动脉的第 1 、 2 胃壁支间。

11. 答案

（1）肝外胆道由肝左管、肝右管、肝总管、胆囊和胆总管组成。

（2）胆总管分为四段：十二指肠上段、十二指肠后段、胰腺段和十二指肠壁段。

（3）胆总管切开探查引流术常在十二指肠上段进行。

（4）进入腹膜腔后在小网膜右缘的肝十二指肠韧带内寻找胆总管。

（5）若需切除胆囊，在胆囊三角内寻找结扎胆囊动脉。若发生动脉出血，可指压肝十二指肠韧带内的肝固有动脉暂时控制出血。

（七）临床思维能力训练题

1. 分析提示：胃溃疡多发生在 40～50 岁的男性，半数以上溃疡发生于胃小弯，也可发生于贲门附近或胃后壁。其主要症状为上腹痛，可为钝痛、灼痛、胀痛。疼痛常发生于进餐后 0.5～1 小时，在下次进餐前自行缓解。部分患者可只表现上腹隐痛不适、饱胀、厌食、嗳气、泛酸等症状。病史可达几年或十几年。其常见的并发症是出血和急性穿孔。

胃溃疡急性穿孔后，因大量的胃内容物进入腹膜腔引起弥漫性腹膜炎。其主要表现为突发性剧烈腹痛、持续加重，疼痛先出现于上腹，后漫延至全膜。腹肌紧张，呈板状，有压痛和反跳痛。穿孔后，胃肠道内的气体可进入腹腔，产生气腹。站立时做 X 线检查，在膈下可见半月形游离气体阴影。叩诊时肝浊音界缩小或消失。

本例患者至少已有 3 年的胃溃疡病史。本次因饱餐诱发急性穿孔，突发上腹部剧烈刀割样疼痛，引起弥漫性腹膜炎，患者处于休克状态。

对于溃疡病合并急性穿孔的患者，除症状轻、一般情况尚好的单纯性、较小的空腹穿孔可采用非手术治疗外，一般应尽早进行手术治疗。手术可采用单纯穿孔缝合术和彻底性手术——胃大部切除术。

行胃大部切除术时应沿胃小弯分离结扎胃右血管、胃左血管；沿胃大弯分离结扎胃网膜右血管和胃网膜左血管。术中应注意勿损伤结肠中动脉；在游离胃大弯时只能将胃网膜左、右动脉弓发出并分布至胃大弯的短支结扎，保留动脉弓于大网膜；勿过多游离十二指肠残端，以避免损伤十二指肠上动脉和胰十二指肠上动脉，否则残端缺血，影响愈合。术中还应注意勿损伤胆胰管及胰腺等器官。

2. 分析提示：肝硬化是一种慢性、进行性、弥漫性肝病。我国以病毒性肝炎所致肝硬化为主，国外以乙醇中毒多见。其临床表现以肝功能损害和门静脉高压为主，晚期常出现消化道出血等并发症。

门静脉高压的病理基础是广泛的肝细胞变性坏死、肝细胞结节再生、结缔组织增生及纤维化导致肝硬化，以及严重的肝脏血液循环障碍。由此引起肝门静脉系统阻力增加和血流量增多最终导致门静脉高压。脾大、门-腔静脉侧支循环的建立和开放及腹水是门静脉高压的三大临床表现。

脾大是由门静脉高压、脾长期瘀血而致。肝门静脉压力升高，消化器官和脾的回心血流经肝受阻，导致门、腔静脉系统许多部位之间建立门-腔静脉侧支循环。主要有：①肝门静脉系的胃左静脉与上腔静脉系的食管静脉吻合形成的食管静脉丛；②肝门静脉系的直肠上静脉与下腔静脉系的直肠中下静脉吻合形成的直肠静脉丛；③肝门静脉系的附脐静脉通过脐周静脉网与腹壁上静脉、胸腹壁静脉、腹壁下静脉和腹壁浅静脉相吻合，形成肝门静脉与上腔静脉、下腔静脉之间的吻合。食管静脉丛静脉曲张，管壁变薄，当粗糙的食物通过时易破裂出血，导致呕血、柏油样便，甚至出现失血性休克。脐周静脉迂曲可呈现“海蛇头”样。

腹水是肝硬化最突出的临床表现，原因是肝门静脉压力增高，腹腔内脏血管床压力增高，组织液回吸收减少而漏入腹腔形成腹水，此外肝功能受损，血浆中白蛋白降低，引起血浆胶体渗透压降低，致血浆外渗，是引起腹水的重要原因。

对严重的门静脉高压患者，外科常采用肠-腔静脉吻合术或脾-肾静脉吻合术进行分流，使肠系膜上静脉或肾静脉的血液不经过肝门静脉和肝，直接回流到下腔静脉，从而达到缓解肝门静脉高压的目的。

本例患者有十余年的乙型肝炎病史，具有典型的肝硬化和门静脉高压的症状和体征。入院前出现急性大量呕血和柏油样便，说明食管下段已发生静脉破裂，患者已处于失血性休克状态。需采取急救措施，防止大量出血危及患者生命。

（王配军）

三、结肠下区和腹膜后隙

（一）判断题

1. B　2. A　3. B　4. B　5. A　6. B　7. B　8. B　9. B　10. A

（二）最佳选择题

1. C　2. C　3. B　4. C　5. D　6. A　7. D　8. C　9. C　10. B　11. C　12. B　13. A　14. A　15. D　16. C　17. A　18. C　19. C　20. E

（三）多项选择题

1. ABE　2. ACD　3. CDE　4. ACE　5. ABCDE　6. ABD　7. ABCD　8. ABC　9. ABE　10. BD　11. ABCD

（四）名词解释

1. 由内侧界为小肠系膜根，外界为降结肠，上为横结肠及其系膜的左 1/3 部，下为乙状结肠及其系膜，后界为腹后壁所围成向下开放的斜方形间隙，称为左肠系膜窦。

2. 由内侧界为小肠系膜根，外界为升结肠，上界为横结肠及其系膜的右 2/3 部，后界为腹后壁所围成的约呈三角形的间隙，称右肠系膜窦。

3. 临床上通常将回肠末段、盲肠及阑尾统称为回盲部。

4. 回肠末端连通盲肠，开口处的黏膜形成上、下两个半月形皱襞，称为回盲瓣，其有防止肠内容物由盲肠逆流入回肠的作用。

5. 阑尾根部体表投影在脐与右髂前上棘连线的中、外 1/3 交界处，称 McBurney 点。阑尾炎时该处常有明显压痛。

6. 阑尾根部体表投影也可在左髂前上棘、右髂前上棘连线的中、右 1/3 交界处，称 Lanz 点。阑尾炎时该处常有明显压痛。

7. 腹后壁的腹膜与腹后壁的腹内筋膜之间的间隙称为腹膜后隙，其上起膈，下至骶骨岬，两侧向外连于腹膜外组织。

8. 肾角（脊肋角）为肾门在腹后壁的体表投影，位于第 12 肋下缘与竖脊肌外缘的交角处。肾病变时，此处常有压痛或叩击痛。

9. 肾内缘中部凹陷处称肾门，其有肾血管、肾盂、神经和淋巴管等出入。

10. 由肾门深入肾实质所围成的腔隙称肾窦，内有肾静脉及其属支、肾动脉及其分支、肾盂、肾大盏、肾小盏、结缔组织、神经、淋巴等。

11. 每一肾段动脉分布的肾实质区域，称为肾段，肾段有 5 个。肾段的划分，为肾局限性病变的定位及肾段或肾部分切除提供了解剖学基础。

（五）填空题

1. 横结肠及其系膜　小骨盆上口　2. 第 2 腰椎左侧　右骶髂关节前方　3. 肠系膜根　升结肠　4. 降结肠　横结肠及其系膜的左 1/3 部　5. 中结肠动脉　回结肠动脉　6. 回肠末端　阑尾　7. 脐　右髂前上棘连线的中、外 1/3 部　8. 回结肠动脉　阑尾系膜游离缘　9. 肠系膜上动脉　肠系膜下动脉　10. 第 12 肋下缘　竖脊肌外缘　11. 第 12 胸椎上缘　第 3 腰椎上缘　12. 第 11 胸椎下缘　第 2 腰椎下缘　13. 胸膜　气胸　14. 肾静脉　肾动脉　15. 肾动脉　肾静脉　16. 上极动脉　下极动脉　17. 纤维囊　肾筋膜　18. 腹腔干　肠系膜下动脉　19. 肾上腺中动脉　肾动脉　20. 第 5 腰椎　左髂总静脉、右髂总静脉　21. 下腔静脉　左肾静脉

（六）综合应用题

1. 肠系膜上动脉的分支有胰十二指肠下动脉、中结肠动脉、右结肠动脉、回结肠动脉和空肠动脉、回肠动脉。结肠由肠系膜上动脉的中结肠动脉、右结肠动脉、回结肠动脉及肠系膜下动脉的左结肠动脉、乙状结肠动脉供血。

2. 阑尾常见的位置如下：①回肠前位；②盆位；③盲肠后位；④回肠后位；⑤盲肠下位。阑尾炎时，脐与右髂前上棘连线的中、外 1/3 交界处（McBurney 点）有明显压痛。手术时，寻找阑尾的标志是盲肠壁的三条结肠带。

3. 左结肠旁沟内积液只能向下流入盆腔。右结肠旁沟内积液向上可流入肝肾隐窝，向下可经右髂窝流入盆腔。

4. 腹后壁的腹膜与腹后壁的腹内筋膜之间的间隙称为腹膜后隙。腹膜后隙内的主要器官有肾、肾上腺、输尿管、胰、腹部的大血管、神经和淋巴结等。腹膜后隙的感染向上经腰肋三角蔓延至纵隔后间隙，向下蔓延至盆腔的腹膜后隙。

5. 肾位于脊柱的两侧，贴附于腹后壁。左肾高于右肾半个椎体，左肾上端平第 11 胸椎下缘，下端平第 2 腰椎下缘；右肾上端平第 12 胸椎上缘，下端平第 3 腰椎上缘。第 12 肋斜过左肾后面的中部，右肾后面的上部。肾门相当于第 1～2 腰椎高度，其体表投影为竖脊肌外侧缘

与第 12 肋的交角处。右肾前面与肝右叶、结肠右曲、十二指肠降部相邻，左肾前面与胃、胰、脾门、结肠左曲、空肠相邻。

6. 肾蒂内的结构有肾血管、肾盂、神经和淋巴管。肾窦内的结构有肾静脉及其属支、肾动脉及其分支、肾盂、肾大盏、肾小盏、结缔组织、神经、淋巴等。

7. 主动脉腹部的成对脏支有肾上腺中动脉、肾动脉、睾丸或卵巢动脉。下腔静脉的主要属支有髂总静脉、右睾丸（卵巢）静脉、肾静脉、右肾上腺静脉、肝静脉、膈下静脉和腰静脉。

8. 答案

（1）阑尾的体表投影在脐与右髂前上棘连线的中、外 1/3 交界处。

（2）阑尾切除术可选择通过脐与右髂前上棘连线中、外 1/3 交点的斜切口。经过层次为皮肤、浅筋膜、腹外斜肌腱膜、腹内斜肌、腹横肌、腹横筋膜、腹膜外组织和壁腹膜。

（3）阑尾根部附于盲肠后内侧壁。以盲肠的结肠带为标志，向下追踪可找到阑尾根部。若在右髂窝未发现阑尾，应注意在肝下、盲肠壁浆膜下、左下腹部、小骨盆腔内等处寻找。

（4）在阑尾系膜游离缘寻找结扎阑尾动脉。

（5）阑尾穿孔时，因体位不当，脓液向上可流入肝肾隐窝，向下可流入盆腔。

（七）临床思维能力训练题

1. 分析提示：急性阑尾炎最常见的症状是典型的转移性腹痛，腹痛始于上腹部和脐周，数小时后转移并固定于右下腹，并呈持续性疼痛。其原因是阑尾的内脏感觉神经与脐周的躯体感觉神经均传入到第 10、11 胸脊髓节，阑尾炎早期因管腔阻塞、扩张和管壁肌收缩而刺激阑尾管壁内的内脏感觉神经，从而引起脐周内脏牵扯性疼痛。数小时后，当阑尾炎发展到化脓、坏疽或穿孔阶段，炎症侵及阑尾附近的壁腹膜而刺激躯体神经时，引起右下腹躯体性疼痛，并出现 McBurney 点（脐与右髂前上棘连线的中、外 1/3 交界点）的压痛和反跳痛等体征。

本例患者具有典型的急性阑尾炎的症状和体征。患者仰卧位，右下肢屈曲，提示该患者阑尾位置较深或在盲肠后位靠近腰大肌处，右下肢屈曲位可使腰大肌松弛，避免对阑尾的刺激，减轻疼痛。因此，临床上用“腰大肌试验”作为急性阑尾炎的体征之一。

急性阑尾炎手术取右下腹斜切口，即经脐与右髂前上棘连线的中、外 1/3 交界处，并与连线垂直的切口，长 8～10cm，其中 1/3 在连线之上，2/3 在连线之下。依次切开皮肤、浅筋膜，分别沿腹外斜肌、腹内斜肌及腹横肌纤维方向逐层将其腱膜及其在切口内的肌性部斜行分开，分离时注意防止损伤髂腹下神经和髂腹股沟神经。用手指分离切口周围的腹横筋膜和壁腹膜。切开腹横筋膜和壁腹膜进入腹膜腔，即可寻找阑尾。寻找阑尾时，先找到盲肠，再沿 3 条结肠带向盲肠顶端追踪，即可找到阑尾。如按上法找不到阑尾，应考虑阑尾位置异常，如盲肠后位等。找到阑尾后，在阑尾系膜处结扎并切断阑尾血管，切除阑尾并行荷包缝合，最后逐层缝合腹壁各层。

2. 分析提示：肠内容物不能正常运行、顺利通过肠道称为肠梗阻，其突出表现是腹痛、呕吐、腹胀和肛门停止排便排气。引起肠梗阻的原因有多种，由于肠腔堵塞，肠管受压或肠壁病变引起的肠腔变狭小，致使肠内容物通过受阻，称为机械性肠梗阻；由于神经反射或毒素刺激引起肠壁肌功能紊乱，造成肠麻痹，以致肠内容物不能正常运行，称为动力性肠梗阻，或麻痹性肠梗阻；由于肠系膜血管栓塞使肠管血运障碍，引发肠麻痹，而使肠内容物不能正常运行，称为血运性肠梗阻。此外还可根据梗阻的部位高低分高位性肠梗阻和低位性肠梗阻，根据梗阻的程度又可分完全性肠梗阻和不完全性肠梗阻等。诊断时应根据患者的临床表现、体征和腹部X线检查，判断肠梗阻的类型。

本例患者应属机械性、完全性肠梗阻。由于梗阻部位以上肠蠕动阵发性增强，引起阵发性绞痛；由于肠胃内容物不能下行，出现大量呕吐；由于肠内大量气体不能自肛门排出，积存于梗阻以上的肠腔内，出现腹胀及肠形（即膨胀的肠管）；肠腔内大量的气体和液体积存在梗阻部位以上，肠蠕动时即可听到气过水声，肠鸣音亢进，X 线检查时可见腹部有多个液平面及肠腔大量气体；患者由于频繁呕吐，胃肠液大量丢失，出现严重脱水及电解质紊乱等症状和体征。

治疗时，应首先纠正由肠梗阻所引起的全身生理功能紊乱，并尽快解除梗阻。手术治疗肠梗阻一般取右下腹旁正中切口（正中线右侧旁开 2～3cm 处纵行切开），依次切开皮肤、浅筋膜、腹直肌鞘前层，切断腹直肌附着在鞘前壁上的腱划，将腹直肌牵向外侧，按皮肤切口的位置，切开腹直肌鞘后层、腹横筋膜和壁腹膜进入腹膜腔，探查梗阻部位，明确梗阻原因，确定进一步的手术方案，施行手术。

手术探查梗阻部位时应根据小肠和大肠的解剖特点，鉴别梗阻发生在大肠还是小肠。如果发生在小肠，还得区分是空肠还是回肠。

（王　军）

第五章　盆部与会阴

（一）判断题

1. A　2. A　3. A　4. B　5. B　6. A　7. A　8. A　9. B　10. A

（二）最佳选择题

1. C　2. C　3. B　4. C　5. D　6. E　7. C　8. A　9. B　10. D　11. B　12. A　13. C　14. C　15. A　16. A　17. D　18. A　19. B　20. E　21. C　22. C　23. C　24. A

（三）多项选择题

1. ABDE　2. ABCDE　3. ABCE　4. ABDE　5. CE　6. ACDE　7. ABE　8. BC　9. ADE　10. ABE

（四）名词解释

1. 盆膈由盆膈上筋膜、盆膈下筋膜及其之间的肛提肌、尾骨肌所构成，封闭骨盆下口的大部分，具有支持和固定盆内脏器的作用，并与排便、分娩等有关。其后部有肛管通过。

2. 界线是由骶骨岬、弓状线、耻骨梳、耻骨嵴及耻骨联合上缘共同连成的环行线。

3. 盆筋膜相互之间潜在间隙即筋膜间隙，直肠后隙位于直肠筋膜与骶前筋膜之间，又称骶前间隙。

4. 卵巢和输卵管合称为子宫附件。

5. 广义的会阴指封闭小骨盆下口的所有软组织。狭义的会阴即产科会阴，指肛门与外生殖器之间狭小区域的软组织。

6. 肛门外括约肌的浅、深部，耻骨直肠肌、肛门内括约肌及直肠壁纵行肌的下部等，在肛管与直肠的移行处共同构成一个肌性环，称肛直肠环。其对括约肛门有重要作用，手术时若不慎被切断，可引起大便失禁。

7. 会阴中心腱位于外生殖器（男性为阴茎根，女性为阴道前庭后端）与肛门之间，是会阴深部的腱性结构。附着于会阴中心腱的肌肉有肛门外括约肌、球海绵体肌、会阴浅横肌、会阴深横肌、尿道括约肌（女性为尿道阴道括约肌）及肛提肌等，其具有加固盆底、承托盆内脏器的作用。

8. 会阴浅隙位于浅会阴筋膜与尿生殖膈下筋膜之间，又称会阴浅袋。此隙开放，其内除有会阴肌浅层、阴部神经、阴部内动脉的分支及其伴行的静脉外，男性尚有阴茎脚、尿道球及其内的尿道；女性尚有尿道、阴道下部、阴蒂脚、前庭球及前庭大腺。

9. 会阴深隙位于尿生殖膈上、下筋膜之间，又称会阴深袋。此隙封闭，其内除有会阴肌深层、阴部神经、阴部内动脉的末支及其伴行的静脉外，男性尚有尿道膜部及尿道球腺；女性尚有尿道及阴道下部。

10. 前尿道指男性尿道的海绵体部。

11. 睾丸鞘膜腔是睾丸鞘膜壁层和脏层于睾丸后缘处返折，两层之间形成内有少量浆液的密闭腔隙，又称鞘膜腔。

（五）填空题

1. 耻骨后隙　骨盆直肠隙或直肠后隙　2. 骨盆直肠隙　前列腺提肌　3.子宫主韧带　子宫阔韧带　4. 闭孔内肌　梨状肌　5. 前列腺提肌　耻尾肌　6. 会阴神经　阴茎（蒂）背神经　7. 左叶　右叶　中叶　8. 直肠子宫陷凹　直肠阴道隔　9. 直肠膀胱陷凹　直肠子宫陷凹　10. 子宫主韧带　耻骨子宫韧带　11. 卵巢　输卵管　12. 直肠上动脉　骶正中动脉　13. 前列腺鞘　直肠膀胱隔　14. 梨状肌筋膜　闭孔筋膜　15. 精囊　阴道穹后部　16. 输精管　交感干　17. 左髂总动脉末端　右髂外动脉的起始部　18.尾骨尖　骶结节韧带　19. 肛提肌　会阴深横肌　20. 两侧坐骨结节之间的连线　尿道和阴道　21.肉膜　精索内筋膜

（六）综合应用题

1. 肛门外括约肌的浅、深部，耻骨直肠肌、肛门内括约肌及直肠壁纵行肌的下部等，环绕在肛管与直肠的交界处，共同构成肛直肠环，对肛门有重要的括约作用，手术时若不慎切断此环，可引起大便失禁。

2. 输尿管盆部于髂血管处续输尿管腹部，在骨盆上口处，左输尿管越过左髂总动脉末端的前方入盆，右输尿管则越过右髂外动脉的起始部入盆。输尿管盆部沿盆腔侧壁经髂内血管、腰骶干及骶髂关节前方，继而在脐动脉起始段和闭孔血管、神经的内侧经过，至坐骨棘附近向前穿入膀胱旁组织中，继而男性：输尿管于输精管的后外方，经输精管壶腹与精囊之间达膀胱底；女性：输尿管由后外向前内，经子宫阔韧带基底部至子宫颈外侧约 2cm 处，有子宫动脉从其前上方跨过，两者距离很近，在施行子宫切除术，结扎子宫动脉时，切勿损伤输尿管。

3. 会阴手术时常将麻醉药由坐骨结节与肛门连线的中点，经皮下注射至坐骨棘的下方行阴部神经阻滞。因会阴部的感觉神经是阴部神经，该神经在行程中绕坐骨棘进入坐骨直肠窝，此位置较恒定，易操作。

4. 前尿道损伤：尿液可外渗至会阴浅隙，并向前蔓延至阴茎、阴囊，向上可达腹前外侧壁的 Scarpa 筋膜深面。后尿道损伤：尿道膜部损伤，尿液仅渗入会阴深隙中，并不向外蔓延；尿道前列腺部损伤，尿液可渗入盆筋膜间隙，如耻骨后隙。

5. 坐骨直肠窝位于肛管和坐骨之间，为一对呈楔形的腔隙，左、右各一，位于肛管两侧，其外侧壁为坐骨结节、闭孔内肌下部及其筋膜，内侧壁是肛门外括约肌、肛提肌及其筋膜，前界为尿生殖膈后缘，后界是骶结节韧带和臀大肌下缘，底朝下，为皮肤和浅筋膜，顶向上由盆膈下筋膜与闭孔内肌筋膜会合处构成。在外侧壁坐骨结节下缘上方 2～4cm 处，有由闭孔筋膜形成的阴部管，又称 Alcock 管，管的后端有阴部内动脉和阴部神经进入。在坐骨直肠窝内，除血管、神经和淋巴管外，有大量脂肪和纤维隔，其称为坐骨直肠窝脂体，具有弹性缓冲作用，在排便时允许肛管充分扩张。当肛管周围感染时可引起此窝内的炎症和脓肿。感染可经过肛管前方或后方扩散到对侧或穿过肛提肌蔓延至盆腔。

（七）临床思维能力训练题

分析提示：子宫位于小骨盆中央，在膀胱与直肠之间。下端接阴道，两侧有输卵管和卵巢。子宫底位于小骨盆入口平面以下，子宫颈的下端在坐骨棘平面的稍上方。成年女性的子宫正常姿势是轻度前倾前屈位。

子宫颈与膀胱底借疏松结缔组织相接，膀胱上面的腹膜由其后缘转折至子宫体的前面，转折处形成膀胱子宫凹陷。子宫的后面借直肠子宫凹陷与直肠前面相隔，腹膜由直肠前面经凹陷的底折至阴道后壁，向上至子宫颈和体的后面。

子宫的正常位置主要靠以下韧带维持：①子宫阔韧带，可限制子宫向两侧移动；子宫圆韧带，维持子宫前倾位的主要结构；③子宫主韧带，维持子宫正常位置，使其不致向下脱垂的主要结构；④骶子宫韧带，此韧带有牵引子宫颈向后向上的作用。除上述韧带外，盆底肌、阴道的托持和周围的结缔组织对子宫位置的固定也起很大作用。

子宫主要依靠盆底组织及各支持韧带的支托而维持在正常位置，若盆底支持组织损伤，韧带松弛，则子宫失去支持而沿阴道方向下降，导致子宫脱垂。分娩损伤是子宫脱垂的最主要原因，在急产、滞产、巨大胎儿、困难的阴道助产手术中，其可使子宫的支持组织过度伸展或撕裂，产时未及时修补，产后又未注意休息，较早参加体力劳动，尤其是重体力劳动，而导致子宫脱垂。女性营养不良、体质虚弱，也易发生子宫脱垂，并伴发胃下垂、肾下垂等。此外，腹压增加，如慢性咳嗽、习惯性便秘。长期从事蹲位、站立、肩挑或搬举重物的体力劳动，或腹部巨大肿瘤、大量腹水等，均可致子宫脱垂。

预防子宫脱垂要注意以下几点：①预防子宫脱垂，要积极治疗一些慢性病，如咳嗽、便秘，减少腹压，中老年妇女注意营养和适度体育锻炼，坚持做缩肛运动。②妇女产后应避免下蹲、长时间站立及重体力劳动。注意休息，最好侧卧，不要经常平卧，以防子宫呈后位。提倡做产后体操，锻炼腹肌及提肛肌，加强盆底肌肉力量。③配合医生积极进行治疗。④观察产程，避免并处理好难产，避免生殖道损伤。

多数子宫脱垂患者，当其大笑、剧烈咳嗽、体势用力时，腹腔压力突然增加，引起尿失禁而尿液外溢。子宫脱垂往往伴有不同程度的膀胱膨出，但是否出现压力性尿失禁，取决于膀胱与尿道的解剖关系是否改变。少数子宫脱垂患者排尿困难，导致尿潴留，需用手指将膨出的膀胱向前推举后，方能排尿。其原因为膀胱膨出严重，胀大的膀胱位置低于尿道。

（李国贵）

第六章 脊 柱 区

（一）判断题

1. A 2. B 3. B 4. A 5. B 6. B 7. B 8. A 9. B 10. B

（二）最佳选择题

1. C 2. B 3. D 4. D 5. B 6. B 7. D 8. A 9. C 10. C 11. E 12. B 13. B 14. B 15. D 16. E 17. A 18. D 19. A 20. C

（三）多项选择题

1. CD 2. DE 3. BCDE 4. ABC 5. BD 6. DE 7. ABCDE 8. AB 9. ABCDE 10. ABD 11. BCD 12. ABDE

（四）名词解释

1. 由胸腰筋膜中层连接在第 12 肋与第 1 腰椎横突之间的部分增厚形成腰肋韧带，肾脏手术时，切断此韧带可加大第 12 肋的活动度，便于暴露肾脏。

2. 枕下三角位于枕下、项区上部深层，是由枕下肌肉围成的三角。其内上界为头后大直肌，外上界为头上斜肌，外下界为头下斜肌，三角的底为寰枕后膜和寰枕后弓，前面借致密结缔组织与夹肌和半夹肌相贴。三角内有椎动脉和枕下神经通过。

3. 腰下三角位于腰区下部，腰上三角的外下方，是由髂嵴、腹外斜肌后缘和背阔肌前下缘围成的三角，表面仅覆以皮肤和浅筋膜。其下界为髂嵴，外上界为腹外斜肌后缘，内上界为背阔肌前下缘，底为腹内斜肌。此三角为腹后壁的又一薄弱区，也可形成腰疝。

4. 腰上三角位于背阔肌深面、第 12 肋下方。内侧界为竖脊肌外侧缘，外下界为腹内斜肌后缘，上界为第 12 肋，底为腹横肌起始部的腱膜。肾手术的腹膜外入路必经此三角。

5. 在斜方肌的外下方，肩胛骨下角内侧有一肌间隙，临床称其为听诊三角，其又称肩胛旁三角。其内上界为斜方肌的外下缘，外侧界为肩胛骨脊柱缘，下界为背阔肌上缘。三角的底为脂肪组织、深筋膜和第 6 肋间隙，表面覆以皮肤和浅筋膜，是背部听诊呼吸音最清楚的部位。

6. 胸腰筋膜是背部深筋膜的深层，在胸下部和腰部增厚，分三层，前层位于腰方肌前面，中层位于竖脊肌与腰方肌之间，后层覆盖于竖脊肌后面。

7. Luschka 关节即钩椎关节，由第 3～7 颈椎的椎体上面侧缘明显向上突起的椎体钩和下位椎体的相应部位呈斜坡样的唇缘所组成。椎体钩常出现骨质增生，可能压迫脊神经或椎血管。

8. 硬膜外隙是位于椎管骨膜与硬脊膜之间的窄隙，其内填有脂肪、椎内静脉丛和淋巴管，并有脊神经根通过。临床硬膜外麻醉即将药物注入此隙，从而阻滞脊神经根。

9. 蛛网膜下隙位于脊髓蛛网膜与软脊膜之间，腔内充满脑脊液，向上经枕骨大孔与颅内蛛网膜下隙相通，向下达第 2 骶椎高度。此腔在第 1 腰椎至第 2 骶椎高度扩大为终池，池内有马尾。

（五）填空题

1. 第 4 腰椎　第 2 骶椎　2. 第 7 胸椎　第 3 胸椎　3. 竖脊肌外侧缘　第 12 肋　4. 肩胛骨内侧缘　斜方肌的外下缘　5. 背阔肌　竖脊肌外侧缘　6. 腹内斜肌后缘　第 12 肋　7. 髂腹下　髂腹股沟　8. 腹外斜肌后缘　背阔肌前下缘　9. 锁骨下动脉　枕下三角　10. 胸锁乳突肌　斜方肌　11. 硬脊膜　脊髓蛛网膜　12. 椎管骨膜　硬脊膜　13. 枕骨大孔　骶管裂孔　14. 脊髓蛛网膜　软脊膜　15. 第3～4或4～5腰　终池　16. 枕下神经　椎动脉　17. 竖脊肌　腰方肌　18. 竖脊肌　腰方肌　19. 椎弓板　黄韧带　关节突关节　20. 背阔　斜方

（六）综合应用题

1. 脊肋角是位于竖脊肌外侧缘与第 12 肋下缘之间的夹角，肾脏位于该角的深部，是肾囊封闭常用的进针部位。

2. 腰上三角处由浅入深为皮肤、浅筋膜、深筋膜、背阔肌、腹横肌腱膜、肾筋膜后层、肾脂肪囊、肾纤维囊。

3. 腰上三角位于第 12 肋下方。内侧界为竖脊肌，外下界为腹内斜肌，上界为下后锯肌，底为腹横肌腱膜，三角内自上而下有肋下神经、髂腹下神经、髂腹股沟神经通过。肾脏手术腹膜外入路必经此三角，其也是腰疝好发的部位。腰下三角位于腰区下部，下界为髂嵴，外上界为腹外斜肌后缘，内上界为背阔肌前下缘，底为腹内斜肌，此三角是腹后壁的薄弱区，易形成腰疝。

4. 枕下三角的内上界为头后大直肌，外上界为头上斜肌，外下界为头下斜肌。内有枕下神经、椎动脉、枕大神经通过。

5. 胸腰筋膜是背部深筋膜的深层，分为前、中、后 3 层。前层位于腰方肌前面，中层位于竖脊肌与腰方肌之间，后层位于竖脊肌后面。

6. 听诊三角位于肩胛骨的内侧，下界为背阔肌，内上界为斜方肌，外侧界为肩胛骨，底为第 6 肋间隙、脂肪组织、筋膜，是背部听诊呼吸音最清楚的部位。

7. Luschka 关节即钩椎关节，由第 3～7 颈椎的椎体上面侧缘明显向上突起的椎体钩和下位椎体的相应部位呈斜坡样的唇缘所组成，椎体钩的后方为脊髓、脊膜支和椎体的血管，后外侧部邻接颈神经根，外侧有椎动静脉和交感神经丛。椎体钩常出现骨质增生，可能压迫脊神经或椎血管。

8. 穿刺针依次经皮肤、浅筋膜、深筋膜、棘上韧带、棘间韧带、黄韧带、硬膜外隙、硬脊膜、硬膜下隙、脊髓蛛网膜后到达终池。

9. 第 7 颈椎棘突易触及；成人男性颈静脉切迹平第 2 胸椎，女性平第 3 胸椎；两侧肩胛冈内侧端的连线平第 3 胸椎棘突；胸骨角平第 4 胸椎体下缘；肩胛下角连线平第 7 胸椎棘突；剑胸结合平第 9 胸椎；脐一般平第 3～4 腰椎间隙；两侧髂嵴最高点的连线平第 4 腰椎棘突；两侧髂后上棘的连线平第 2 骶椎棘突。

（七）临床思维能力训练题

1. 分析提示：

（1）椎间盘位于相邻椎骨之间，由纤维环、髓核和软骨板构成。椎间盘具有连接椎骨、吸收压力、提供弹性、减小震荡等功能。椎间盘可因变性出现纤维环破裂，髓核突出至椎管或椎间孔，刺激或压迫脊神经根，引起一系列临床症状，形成椎间盘突出症。

（2）脊柱颈区和腰区的椎间盘相对较厚，颈部和腰部的活动范围较大，因此椎间盘突出常发生在颈部或腰部。颈部尤以第5～6颈椎和第6～7颈椎椎骨间的椎间盘突出为多见。腰部椎间盘突出则多见于第4～5腰椎和第5腰椎与骶骨之间的椎间盘。

（3）椎间盘突出的患者常处于强迫性脊柱侧弯体位，以减轻椎间盘突出部对脊神经根的压迫。当椎间盘突出从内侧压迫脊神经根时，脊柱弯向患侧；若椎间盘突出从外侧压迫脊神经根时，脊柱就可能弯向健侧。有的患者则会出现左右交替性脊柱侧弯现象，其原因可能是突出椎间盘的顶点恰好压迫了脊神经根。此时无论脊柱向何方侧弯曲，均可缓解对脊神经根的压迫。

（4）该患者的腰部弯向右侧，说明突出的椎间盘从内侧压迫了腰神经根。

2. 分析提示：成人腰椎穿刺或麻醉部位在第3～5腰椎棘突间，因为成人脊髓下端大约平第1腰椎下缘，而马尾浸泡在终池的脑脊液中，故在第3～4腰椎间隙或第4～5腰椎间隙穿刺，一般不会损伤脊髓和马尾。两侧髂嵴最高点的连线平对第4腰椎棘突，其上方为第3～4腰椎棘突间，下方为第4～5腰椎棘突间。腰椎穿刺时，所经过的层次为皮肤、浅筋膜、深筋膜、棘上韧带、棘间韧带、黄韧带、硬脊膜和脊髓蛛网膜。

（陈龙菊）

第七章 上 肢

一、概述、肩部、臂部和肘部

（一）判断题

1. B 2. B 3. A 4. A 5. A 6. B 7. A 8. A 9. B 10. A

（二）最佳选择题

1. E 2. C 3. C 4. C 5. A 6. E 7. E 8. E 9. C 10. C 11. D 12. D 13. D 14. C 15. D 16. C 17. E 18. D 19. D 20. C 21. B 22. C 23. B 24. B 25. A 26. A 27. C 28. D 29. A 30. C 31. B 32. A 33. D 34. E 35. D 36. D 37. D 38. E 39. B 40. C 41. B 42. B 43. A 44. A 45. C 46. B 47. A 48. E 49. A 50. E 51. A 52. E 53. B 54. B 55. B

（三）多项选择题

1. ABCDE 2. ABCD 3. ABC 4. ABCDE 5. AD 6. ACD 7. AC 8. ABC 9. ABC 10. AD 11. ABE 12. ACDE 13. ABDE 14. ACD 15. ABCD 16. ABCD 17. ABD 18. ABD 19. ABD 20. ADE

（四）名词解释

1. 解剖学“鼻烟窝”是位于腕和手背的桡侧，当伸、展拇指时，呈尖向拇指的三角形凹陷，其桡侧界为拇长展肌腱和拇短伸肌腱，尺侧为拇长伸肌腱，近侧界为桡骨茎突，底为舟骨及大多角骨，窝内可触及桡动脉搏动。

2. 前臂轴与臂轴的延长线构成向外侧开放的夹角，正常时为 10°～15°，称提携角。

3. 在上肢外展时，向上呈穹隆状的皮肤凹陷，其深面四棱锥体形的腔隙称腋窝，其由顶、底和四壁构成。

4. 锁胸筋膜是位于锁骨下肌、胸小肌和喙突之间的胸部深筋膜，有头静脉、胸肩峰血管和胸外侧神经穿过。

5. 在腋窝后壁，由小圆肌、大圆肌和肱三头肌长头围成的三角形间隙称三边孔，内有旋肩胛血管经过。

6. 在腋窝后壁，由小圆肌、大圆肌、肱三头肌长头和肱骨外科颈之间围成的四边形间隙称四边孔，内有腋神经及旋肱后动脉、旋肱后静脉穿过。

7. 腋鞘由椎前筋膜向下外延续，包绕臂丛及腋血管而成。锁骨下臂丛麻醉需将药液注入此鞘内。

8. 由冈上肌、冈下肌、小圆肌和肩胛下肌的肌腱连成腱板，围绕肩关节的上方、后方和前方，并与肩关节囊愈着，对肩关节起稳定作用，称肌腱袖，又称肩袖。

9. 肱骨肌管（桡神经管）为肱三头肌的内侧头、外侧头、长头与肱骨桡神经沟共同构成的一个自内上向外下绕肱骨干后外侧面的管道，内有桡神经及伴行的肱深血管通过。

10. 肱二头肌腱膜是前臂筋膜在肘窝内向外上止于肱二头肌腱内侧的肘部深筋膜。该腱膜与肱二头肌腱交接处，是触摸肱动脉搏动和测量血压的听诊部位。

11. 肘窝是肘前区略呈三角形的凹陷，尖指向远侧，底位于近侧。上界为肱骨内上髁、肱骨外上髁的连线，下外侧界为肱桡肌，下内侧界为旋前圆肌。

12. 肘后三角是指肘关节在屈肘为直角时，肱骨内上髁、肱骨外上髁与尺骨鹰嘴尖端三者形成一个尖向远侧的等腰三角形，当肘关节伸直时，三点则在一条直线上。

13. 肘外侧三角是肘关节屈曲 90°时，肱骨外上髁、桡骨头与尺骨鹰嘴尖端三者形成尖向前的三角形，其中央点是肘关节穿刺的部位。

14. 伸肘时，肱骨小头、桡骨头与尺骨鹰嘴尖端三者之间所形成的凹陷称肘后窝。其深方有肱桡关节，并可触及桡骨头，是常用的肘关节穿刺部位。

（五）填空题

1. 肱骨头　尺骨头　2. 锁骨中点　肘前横纹中点远侧 2cm 处　3. 肩关节的下方　臂上段　4. 第 1 肋外缘　胸小肌上缘　5. 旋肩胛动脉　胸背动脉　6. 肱深　尺侧上副　7. 头静脉　肘正中静脉　8. 肘正中静脉　贵要静脉　9. 肱动脉　测量血压　10. 内　外

（六）综合应用题

1. 解剖学“鼻烟窝”是位于腕和手背的桡侧面的凹陷，在拇指充分外展和后伸时明显。其桡侧界为拇长展肌腱和拇短伸肌腱；尺侧界为拇长伸肌腱；近侧界为桡骨茎突。窝底为手舟骨和大多角骨。窝内有桡动脉通过，可触及其搏动。

2. 腋窝由顶、底和四壁构成。顶：由锁骨中 1/3 段、第 1 肋外缘和肩胛骨上缘围成。底：由浅入深为皮肤、浅筋膜及腋筋膜。前壁：由胸大肌、胸小肌、锁骨下肌和锁胸筋膜构成。后壁：由大圆肌、背阔肌、肩胛下肌和肩胛骨构成。内侧壁：由前锯肌、上 4 位肋骨及肋间肌构成。外侧壁：由喙肱肌、肱二头肌长头、肱二头肌短头和肱骨结节间沟构成。

3. 三边孔上界为小圆肌和肩胛下肌，下界为大圆肌和背阔肌，外侧界为肱三头肌长头。

内有旋肩胛动脉、旋肩胛静脉通过。四边孔上界为小圆肌和肩胛下肌，下界为大圆肌和背阔肌，内侧界为肱三头肌长头，外侧界为肱骨外科颈。内有腋神经和旋肱后动脉、旋肱后静脉穿过。

4. 腋动脉为锁骨下动脉的延续，以胸小肌为标志分为 3 段。腋动脉第 1 段位于第 1 肋外侧缘与胸小肌上缘之间，该段发出胸上动脉分布于第 1、2 肋间隙前部，腋动脉第 2 段位于胸小肌后方，胸肩峰动脉穿锁胸筋膜后，分布于三角肌、肩峰和胸大肌、胸小肌，胸外侧动脉于腋中线前方，沿前锯肌表面下行，营养前锯肌、胸大肌、胸小肌。腋动脉第 3 段位于胸小肌下缘和大圆肌下缘之间，分支有肩胛下动脉，旋肱前动脉、旋肱后动脉。肩胛下动脉向下分为胸背动脉及旋肩胛动脉，胸背动脉营养背阔肌，旋肩胛动脉穿三边孔入冈下窝营养附近的肌肉；旋肱前动脉、旋肱后动脉分布于三角肌和肩关节。

5. 腋淋巴结位于腋血管及其分支或属支周围的疏松结缔组织中，按部位分为 5 群。外侧淋巴结群：沿腋静脉远侧端排列；胸肌淋巴结群：在胸小肌下缘，沿胸外侧血管排列；肩胛下淋巴结群：位于腋窝后壁，沿肩胛下血管和胸背神经排列；中央淋巴结群：位于腋窝底的脂肪组织中；尖淋巴结群：沿腋静脉近侧端排列。

6. 乳房外侧部发生癌肿时，癌细胞常先侵入胸肌淋巴结群。因为乳房外侧和中央部的淋巴管向外上方走行，首先注入胸肌淋巴结群。在乳腺癌时，胸肌淋巴结群较其他淋巴结群更易受累，故乳腺癌根治术需将它一并切除。乳腺癌根治术时，除将乳腺、胸肌和周围组织切除外，还要清扫腋区的淋巴结，在清扫这些淋巴结时，应注意保护位于附近的胸长神经、胸背神经和头静脉。

7. 腋神经来自臂丛的后束，肌支主要支配三角肌和小圆肌。肱骨外科颈骨折时，可损伤腋神经，致三角肌瘫痪，肩不能外展，可出现“方肩”。

8. 桡神经在肱骨肌管中受损，患者伸肘关节的能力只是减弱而不是完全消失是因为伸肘关节的肌肉是肱三头肌而桡神经进入肱骨肌管前就已经发出分支支配肱三头肌长头。

9. 桡神经与肱骨中 1/3 后面相贴，损伤后出现“腕下垂”；腋神经与肱骨外科颈相贴，损伤后出现“方肩”；尺神经与肱骨内上髁后面相贴，损伤后出现“爪形手”。

10. 正中神经：与肱动脉沿肱二头肌内侧沟向下伴行，在肘部两者位于肱二头肌腱的内侧，随后正中神经穿旋前圆肌，再经指浅屈肌深面进入前臂。尺神经：在臂中部穿过臂内侧肌间隔至臂后区下行至肘后区，位于肱骨内上髁后方，再穿尺侧腕屈肌进入前臂。桡神经：经肱骨肌管后，约在臂中、下 1/3 交界处穿过臂外侧肌间隔，在肱肌与肱桡肌之间下行，约平肱骨外上髁分为深、浅两支，深支穿旋后肌进入前臂后区，浅支下行入前臂前区。

11. 肘窝是肘前区略呈三角形的凹陷，尖指向远侧，底位于近侧。上界为肱骨内上髁、肱骨外上髁的连线，下外侧界为肱桡肌，下内侧界为旋前圆肌，顶由浅入深依次为皮肤、浅筋膜、深筋膜和肱二头肌腱膜，底是肱肌、旋后肌和肘关节囊。肘窝的内容：肱二头肌腱尺侧（内侧）为肱动脉和两条伴行静脉及桡血管、尺血管，近尺侧（内侧）为正中神经。肘深淋巴结位于肱动脉分叉处。肱动脉约平桡骨颈平面分为桡动脉、尺动脉。桡神经位于肘窝外侧的肱肌与肱桡肌之间。约在肱骨外上髁前方或稍下方，桡神经分浅、深两支，浅支经肱桡肌深面，至前臂桡动脉的外侧；深支穿旋后肌至前臂后区，改称为骨间后神经。

12. 肱骨中段或中、下 1/3 交界处骨折时，容易合并桡神经损伤，因该处的桡神经在肱骨肌管内，紧贴肱骨桡神经沟骨面，活动度小。损伤后主要运动障碍是前臂伸肌瘫痪，呈现垂腕，腕及各指不能伸直，拇指不能外展；感觉障碍以第 1、2 掌骨间隙背面“虎口区”皮肤最为明显。此外前臂后面桡侧及第 1、2 掌骨背面皮肤感觉消失。主要原因是桡神经支配上肢后群肌肉及前臂后面桡侧及手背桡侧半皮肤。前臂后群肌功能主要为伸腕及伸指，此外还支配拇指外展肌，故出现以上症状。

13. 肱二头肌腱膜是前臂筋膜在肘窝内向外上止于肱二头肌腱内侧的肘部深筋膜。该腱膜与肱二头肌腱交接处，是触摸肱动脉搏动和测量血压的听诊部位。

（王振富）

二、前臂部、腕和手部

（一）判断题

1. B　2. A　3. B　4. B　5. B　6. B　7. A　8. A　9. B　10. B

（二）最佳选择题

1. E　2. A　3. C　4. D　5. C　6. B　7. C　8. E　9. A　10. B　11. C　12. B　13. B　14. A　15. E　16. C　17. D　18. A　19. D　20. B　21. E　22. A　23. B　24. B　25. C　26. A

（三）多项选择题

1. AB　2. ACD　3. ABD　4. ABCDE　5. BDE　6. ABCE　7. DE　8. ABCDE　9. ABCDE　10. ABC　11. ABD　12. ABD　13. ABDE　14. ABD　15. ABDE　16. ACD

（四）名词解释

1. 屈肌支持带又称腕横韧带，是腕前区深筋膜深层增厚形成的扁带，位于腕掌侧韧带的深面，厚而坚韧，其尺侧端附着于豌豆骨和钩骨钩，桡侧端分两层附着于手舟骨结节和大多角骨结节，与腕骨沟共同构成腕管。

2. 腕管由屈肌支持带和腕骨沟共同围成，管内有指浅屈肌腱、指深屈肌腱和拇长屈肌腱等 9 条肌腱及其腱鞘，以及正中神经通过。

3. 在腕管内包裹拇长屈肌腱的腱鞘称桡侧囊。

4. 掌腱膜为位于掌心部致密的腱性纤维膜，覆盖于指浅屈肌腱的表面，厚而坚韧，略呈三角形，尖向近侧，在屈肌支持带的浅面与掌长肌腱相连，远侧端分成 4 束，分别延续到第 2～5 指，附着于各指的指纤维鞘和掌指关节的侧副韧带上。

5. 鱼际鞘又称外侧鞘，由鱼际筋膜、掌外侧肌间隔和第 1 掌骨围成。内有拇短展肌、拇短屈肌、拇对掌肌、拇长屈肌腱及其腱鞘，以及拇指的血管、神经等。

6. 掌中间隙位于掌中间鞘尺侧半的深部，在第 3～5 指屈肌腱、第 2～4 蚓状肌与骨间掌侧筋膜之间，内侧是掌内侧肌间隔，外侧以掌中隔与鱼际间隙分开，近侧经腕管与前臂屈肌后间隙相通，远侧经蚓状肌鞘达指蹼间隙，并与指背相交通。

7. 鱼际间隙位于掌中间鞘桡侧半的深部，在掌中隔、外侧肌间隔与拇收肌筋膜之间。此间隙近侧端是盲端，远侧经第 1 蚓状肌鞘与示指指背侧相通。

8. 伸肌支持带又称腕背侧韧带，由腕背深筋膜增厚而成，其内侧附于尺骨茎突和三角骨，外侧附于桡骨远端外侧缘。

9. 指髓间隙又称指髓，是位于各指远节指骨远侧 4/5 段掌侧的骨膜与皮肤之间的密闭间隙。由近侧，纤维隔连于指远横纹皮下和指深屈肌腱末端的纤维隔与其两侧、前面和末端的致密皮肤围成。其内有许多纤维隔，纤维隔将间隙内脂肪分成许多小叶，有血管和神经行于其中。

10. 手背深筋膜的浅层较厚，是伸肌支持带的延续部分，它与伸指肌腱结合共同形成手背腱膜。

11. 手背浅筋膜与手背腱膜之间的间隙称为手背皮下间隙。

12. 指腱鞘是包绕指浅屈肌腱、指深屈肌腱的鞘管，由腱纤维鞘和腱滑膜鞘两部分组成。

13. 骨筋膜鞘在四肢是由深筋膜借肌间隔连接长骨骨膜围成的鞘，以分隔不同的肌群。

14. 在前臂前区远侧 1/4 段，指深屈肌腱、拇长屈肌腱深面和旋前方肌浅面之间，有潜在的疏松结缔组织间隙，称为前臂屈肌后间隙。该间隙向远侧经腕管与掌中间隙相交通。

（五）填空题

1. 肱桡肌腱　桡侧腕屈肌腱　2. 旋前圆　旋后　3. 桡神经深支　尺神经　4. 尺神经　尺动脉、尺静脉　5. 屈肌支持带　腕骨沟　6. 掌腱膜　指屈肌腱　尺动脉终支　桡动脉的掌浅支　7. 手背皮下间隙　手背腱膜下间隙　8. 骨膜　皮肤　9. 腱纤维鞘　腱滑膜鞘　10. 桡侧囊　尺侧囊

（六）综合应用题

1. 腕管由屈肌支持带和腕骨沟共同构成，管内有指浅屈肌腱、指深屈肌腱和拇长屈肌腱等 9 条肌腱及其腱鞘，以及正中神经通过。在管内，各指浅屈肌腱、指深屈肌腱被一屈肌总腱鞘（又称尺侧囊）包裹；拇长屈肌腱被拇长屈肌腱鞘（又称桡侧囊）包绕。屈肌总腱鞘常与小指的指滑膜鞘相通。由于拇长屈肌腱一直延续至拇指的末节，故拇长屈肌腱鞘与拇指的指滑膜鞘相连。

2. 在腕、手部由深筋膜形成的或参与形成的结构如下：①腕掌侧韧带；②屈肌支持带；③掌腱膜；④伸肌支持带；⑤手背腱膜；⑥手指腱纤维鞘。

3. 掌中间隙的前界为第 2～5 指屈肌腱和第 2～4 蚓状肌；后界为骨间掌侧腱膜；外侧为掌中隔；内侧是掌内侧肌间隔。脓液可以经腕管至前臂屈肌后间隙或向远侧沿第 2～4 蚓状肌鞘达第 2～4 指蹼间隙及指背。

4. 鱼际间隙前界为示指屈肌腱、第 1 蚓状肌及掌中隔；后界为拇收肌筋膜；内侧界为掌中隔；外侧是掌外侧肌间隔。鱼际间隙的近端是盲端，远侧经第 1 蚓状肌鞘与示指指背相通。

5. 指髓间隙又称指髓，位于各指远节指骨远侧 4/5 段，掌侧骨膜与皮肤之间的密闭间隙。由近侧连于指远横纹皮下和指深屈肌腱末端的纤维隔与其两侧、前面和末端的致密皮肤围成。其内有许多纤维隔连于远节指骨骨膜和指腹皮肤之间，将间隙内脂肪分成许多小叶，有血管和神经行于其中。指端感染肿胀时，局部压力增高，压迫血管和神经末梢引起剧烈疼痛；也可使远节指骨远侧部坏死。此时，应及时行指端侧方切开引流术，只有切断纤维隔引流才能通畅。

6. 前臂前区有 4 个血管神经束。①桡血管神经束：由桡动脉及其两条伴行静脉和桡神经浅支组成；②尺血管神经束：由尺动脉、尺静脉和尺神经组成；③正中血管神经束：由正中神经及其伴行血管组成；④骨间前血管神经束：由骨间前血管和神经组成。

7. 正中神经在前臂向尺侧发出肌支，桡侧没有分支，故前臂前面外侧是手术安全侧；此外，桡侧走行的主要神经是桡神经浅支，其是感觉神经，该神经在前臂近侧部被肱桡肌覆盖。

（七）临床思维能力训练题

分析提示：腕管是由腕前区的屈肌支持带（腕横韧带）与腕骨沟共同围成。管内有指浅屈肌腱、指深屈肌腱及屈肌总腱鞘、拇长屈肌腱及其腱鞘和正中神经通过。

本例患者出现右手桡侧三个半指麻木、疼痛病史；有拇指、示指、中指及无名指桡侧半感觉迟钝，鱼际肌轻度萎缩，拇指外展、内收及对掌力量减弱等体征，并且 Tinel 征阳性，结合肌电图检查结果，由此可诊断为右侧腕管综合征。上述这些区域的感觉和运动障碍的出现都与正中神经受压有关。正中神经出腕管后的分支支配除拇收肌以外的鱼际诸肌、第 1 蚓状肌、第 2 蚓状肌及手掌桡侧半、桡侧三个半指的掌面及其中节和远节指背皮肤。正中神经在腕管处受压致患者右手出现桡侧三个半指麻木、疼痛，感觉迟钝；鱼际肌轻度萎缩，拇指外展、内收及对掌力量减弱。

（吴　刚）

第八章　下　　肢

一、概述、臀部和股部

（一）判断题

1. B　2. A　3. A　4. B　5. A　6. A　7. A　8. B　9. B　10. A

（二）最佳选择题

1. C　2. D　3. A　4. E　5. B　6. A　7. A　8. D　9. A　10. B　11. C　12. B　13. C　14. C　15. D　16. A　17. D　18. B　19. D　20. E　21. D　22. E　23. A

（三）多项选择题

1. ACE　2. AD　3. ABD　4. BC　5. ABCD　6. ABCE　7. ABC　8. ABCD　9. ACD

（四）名词解释

1. Nelaton 是侧卧，髋关节屈 90°～120°时，髂前上棘与坐骨结节的连线。正常时，该线恰通过股骨大转子尖。

2. 在腹股沟韧带中、内 1/3 交点下方约 1 横指处阔筋膜形成的卵圆形薄弱区，称卵圆窝或隐静脉裂孔。其表面覆盖筛筋膜。内有大隐静脉及其属支穿入。

3. 存在于腹股沟韧带与髋骨之间的间隙，为腹腔、盆腔与股前区的重要通道，由髂耻弓分割成外侧的肌腔隙和内侧的血管腔隙。肌腔隙前界为腹股沟韧带，后界为髂骨，内侧为髂耻弓，腔隙内有髂腰肌、股神经和股外侧皮神经通过；血管腔隙前界为腹股沟韧带，后界为耻骨梳韧带，内侧界为腔隙韧带，内有股动脉、股静脉和腹股沟深淋巴结。

4. 股鞘为腹横筋膜与髂筋膜向下延伸并包绕股动脉和股静脉上段的筋膜鞘，呈漏斗形，长 3～4cm，由两个纵行的纤维隔将其分为 3 个腔隙，外侧是股动脉、中间是股静脉、内侧形成股管。

5. 股管是股鞘内侧一漏斗状筋膜间隙，长 1～1.5cm。其上口为股环，隔一层腹膜外结缔组织与腹腔相邻，下口是个盲端，正对着隐静脉裂孔。腹腔内容物顶着腹膜通过股环进入股管形成股疝。

6. 股三角为股前区的一个三角形区域。界线：上界为腹股沟韧带，外侧界为缝匠肌内侧缘，内侧界为长收肌内侧缘，前壁为阔筋膜，后壁为髂腰肌、耻骨肌和长收肌。内容：从外到内为股神经、股动脉及其分支、股静脉及其属支、股管（容纳股深淋巴结、脂肪组织）。

7. Hunter 管即收肌管，为位于股中 1/3 段前内侧份的一个三棱形肌间隙，长 15～17cm。管的前内侧壁为缝匠肌及大收肌腱板，前外侧壁为股内侧肌，后壁为长收肌及大收肌。上口接股三角尖，下口经收肌腱裂孔通向腘窝。收肌管自前向后有隐神经、股动脉和股静脉。

8. 颈干角为股骨颈与股骨体长轴之间形成向内的夹角，成人平均为 125°～130°。大于此角者，为髋外翻；小于此角者，为髋内翻。

（五）填空题

1. Nelaton 线　颈干角　2. 髂前上棘至耻骨联合连线的中点　收肌结节　3. 臀上神经　臀上动脉　4. 阴部内动脉　阴部内静脉　5. 隐静脉裂孔　股静脉　6. 股外侧皮神经　股神经　7. 耻骨梳韧带　腔隙韧带　8. 肌腔隙　股三角　9. 股三角　收肌腱裂孔　10. 臀大肌下缘　股二头肌长头外侧缘

（六）综合应用题

1. 大隐静脉行径：足背静脉弓内侧端→内踝前方→小腿内侧→股骨内侧髁后面→大腿内侧→大腿前面→隐静脉裂孔（耻骨结节外下方 3～4cm）→股静脉。5 条属支：旋髂浅静脉，起自髂前上棘附近浅层；腹壁浅静脉，起自脐以下腹壁浅层；阴部外静脉，起自外生殖器；股内侧浅静脉，起自股内侧部；股外侧浅静脉，起自股外侧部。上述 5 条属支之间互有丰富的侧支吻合，手术治疗大隐静脉曲张而进行高位结扎时，要分别结扎各属支，以防术后复发。

2. 股三角位于股前区。境界：上界为腹股沟韧带，外界为缝匠肌的内侧缘，内侧界为长收肌的内侧缘，前壁为阔筋膜，后壁为髂腰肌、耻骨肌和长收肌。内容：由外到内有股神经、股动脉及其分支、股静脉及其属支、股管和腹股沟深淋巴结等。

3. 梨状肌起于第 2～4 骶椎前面的骶前孔外侧，穿经坐骨大孔止于股骨大转子，将坐骨大孔分为梨状肌上孔和梨状肌下孔。梨状肌上孔内由外向内依次为臀上神经、臀上动脉、臀上静脉。梨状肌下孔内由外向内依次为坐骨神经、股后皮神经、臀下神经、臀下动脉、臀下静脉、阴部内静脉、阴部内动脉、阴部神经。

4. 收肌管位于股前区中 1/3 段内侧的一个肌间隙，长约 15cm，断面呈三角形。前内侧壁：缝匠肌和大收肌腱板；前外侧壁：股内侧肌；后壁：大收肌和长收肌。管的上口接股三角尖，下口经收肌腱裂孔通向腘窝。管内自前向后依次为隐神经、股动脉、股静脉。

5. 股管是股鞘内侧的漏斗状筋膜间隙，长 1～2cm。股管的后壁为髂腰筋膜、耻骨梳韧带、耻骨肌及其筋膜；前壁为腹股沟韧带、腹横筋膜、隐静脉裂孔镰状缘的上端和筛筋膜；内侧壁为腔隙韧带及股鞘内侧壁；外侧壁为股静脉内侧的纤维隔。股管的下端为盲端，对向卵圆窝；上口为股环。股管内有 1～2 个腹股沟深淋巴结和脂肪组织。如腹腔内容物经股环入股管，甚至自卵圆窝突出于皮下，则形成股疝。由于股环的前、后和内侧三界均为韧带结构，不易延伸，所以股疝易发生嵌顿。

（谭文波）

二、膝部、小腿部、踝与足部

（一）判断题

1. A　2. A　3. A　4. B　5. A　6. A　7. A　8. A　9. A　10. A

（二）最佳选择题

1. D　2. D　3. A　4. A　5. E　6. C　7. E　8. A　9. A　10. B　11. D　12. B

（三）多项选择题

1. ADE　2. ADE　3. ACDE　4. ABC　5. CD　6. AD　7. AC　8. BCDE　9. ABCDE　10. ABCD

（四）名词解释

1. 踝管为小腿与足底之间的通道，位于踝关节内侧，由屈肌支持带与内踝、跟骨内侧面共同构成，屈肌支持带向跟骨发出 3 个纤维隔，形成 4 个骨纤维管，踝管内由前向后依次为胫骨后肌腱及其腱鞘、趾长屈肌腱及其腱鞘、胫后静脉、胫神经、踇长屈肌腱及其腱鞘。

2. 小腿十字韧带又名伸肌下支持带，位于伸肌上支持带远侧的足背区，呈横置的“Y”形。外侧束附着于跟骨外侧面，内侧束分出上、下两支，分别附着于内踝和足底腱膜。小腿十字韧带向深部发出的纤维隔形成 3 个纤维性管，外侧管容纳趾长伸肌腱和第 3 腓骨肌腱；中间管容纳踇长伸肌腱、足背血管及腓深神经；内侧管容纳胫骨前肌腱。

3. 足弓是由跗骨与跖骨借韧带、关节连接而成的凸向上的弓。站立或行走时，其有减震、缓冲和弹拨等作用。足弓可分为足纵弓和足横弓，足纵弓又可分为内侧纵弓和外侧纵弓。内侧纵弓由跟骨、距骨、足舟骨、三块楔骨、内侧三块跖骨及其间的连接共同构成；外侧纵弓由跟骨、骰骨、外侧的两块跖骨及其间的连接共同构成；足横弓由骰骨、三块楔骨、全部跖骨及其间的连接共同构成。

4. 腘窝呈菱形，上外侧界为股二头肌腱，上内侧界为半腱肌和半膜肌，下内侧界、下外侧界分别为腓肠肌内侧头、外侧头；顶为腘筋膜；腘窝内由浅入深有胫神经、腘静脉、腘动脉及腓总神经。

5. 内踝后下方与跟骨内侧面之间的深筋膜增厚，形成屈肌支持带，又称分裂韧带，它与内踝、跟骨内侧面之间共同构成踝管。

（五）填空题

1. 股二头肌腱　半腱肌、半膜肌　2. 腓肠肌外侧头　腓肠肌内侧头　3. 胫神经　腘动脉　4. 腓浅神经　腓深神经　5. 胫前动脉　胫后动脉　6. 腓浅神经　腓深神经　7. 腓骨颈　“马蹄”内翻足　8. 胫前静脉、胫后静脉　腹股沟深淋巴结　9. 足背静脉弓的外侧份　腘静脉　10. 腓肠内侧皮神经　腓神经交通支　11. 屈肌支持带　内踝　12. 胫后动脉、胫后静脉和胫神经　踇长屈肌腱　13. 跗骨　跖骨　14. 足背动静脉　腓深神经

（六）综合应用题

1. 腘窝呈菱形，上外侧界为股二头肌腱，上内侧界为半腱肌和半膜肌，下内侧界、下外侧界分别为腓肠肌内侧头、外侧头；顶为腘筋膜；腘窝内由浅入深有胫神经、腘静脉、腘动脉及腓总神经。

2. 腓骨颈骨折可能损伤腓总神经；损伤后的主要表现为足和趾不能背屈，足下垂，并有内翻、小腿外侧面和足背感觉障碍。因为腓总神经绕行腓骨颈处，位置表浅，故腓骨颈骨折易损伤此神经。在小腿部（腓骨颈以下）腓总神经的分支有腓浅神经和腓深神经，腓浅神经发肌支支配腓骨长肌、腓骨短肌；其皮支分布于小腿外侧及足背（第 1 趾蹼，第 1、2 趾相对缘除外）的皮肤。腓深神经发出肌支支配小腿前群肌和足背肌，皮支分布于第 1、2 趾相对缘的背侧皮肤。

3. 踝管为小腿后区与足底之间的通道，位于踝关节内侧，由屈肌支持带与内踝、跟骨内侧面共同构成，屈肌支持带向深面发出 3 个纤维隔，形成 4 个骨纤维管，踝管内通过的结构由前向后依次为胫骨后肌腱、趾长屈肌腱、胫后动脉、胫后静脉及胫神经、踇长屈肌腱。踝管是小腿后区通向足底的重要路径。跟后区的外伤、出血或肿胀均可压迫踝管的内容物，引起踝管综合征。

4. 小腿后群肌由胫神经支配，胫神经损伤后常表现为足不能跖屈，不能以足尖站立，内翻量减弱，呈“钩状足”，足底皮肤感觉缺失。

5. 镰刀砍在足背上，由浅入深可能损伤：皮肤，浅筋膜（包括足背静脉弓及其属支、足背内侧皮神经、足背中间皮神经和足背外侧皮神经），伸肌下支持带，趾长伸肌腱及腱鞘，趾短伸肌及肌腱，足背动脉及其分支和伴行静脉，腓深神经。

（七）临床思维能力训练题

分析提示：坐骨神经体表投影部位为股骨大转子与坐骨结节连线的中、内 1/3 交点至股骨内侧髁、外侧髁之间中点（或腘窝上角）的连线。

坐骨神经出盆腔时与梨状肌的位置关系常有变异。常见类型如下：以一总干出梨状肌下孔者约占 66.3%；坐骨神经在盆内分为两支，胫神经出梨状肌下孔，腓总神经穿梨状肌肌腹者，约占 27.3%；其他变异 6.4%。

胫神经损伤后常表现为胫神经支配足不能跖屈，不能以足尖站立，内翻量减弱，呈“钩状足”，足底皮肤感觉缺失。腓总神经损伤后，常表现为足不能背伸及伸趾，足不能外翻，呈“马蹄”内翻足畸形，行走时呈“跨阈步态”，小腿前外侧、足背和趾背皮肤感觉缺失。

（谭　刚）